FLENSBURGER HEFTE

Konfliktbewältigung

D1986549

Liebe Leserinnen und Leser!

Eine Eigenschaft des Menschen ist seine Konflikthaftigkeit. Kaum ein Bereich des menschlichen Lebens, in dem Einigkeit und Frieden herrschen würde: Ob in der Partnerschaft, der Familie, der Ausbildung oder im Beruf – überall kommt es immer wieder zu Auseinandersetzungen. Und immer wieder führt das Unvermögen der Menschen, mit Konflikten konstruktiv umzugehen, zum Entgleisen der Situation, zur Eskalation mit all den unangenehmen Folgen, die damit verbunden sind: Freundschaften, Ehen und Familien zerbrechen, Menschen gehen sich aus dem Weg und sprechen nicht mehr miteinander. Den Erscheinungsformen von Konflikten, ihren Wirkungen im Sozialen und den Wegen der Konfliktdiagnose und -lösung versuchen wir mit diesem FLENSBURGER HEFT auf die Spur zu kommen.

Im ersten Beitrag von Thomas Höfer geht es um die Frage, wie der einzelne Mensch mit Konflikten umgeht und was er zur Verbesserung seiner Konfliktfähigkeit tun kann. Das folgende Interview mit Friedrich Glasl thematisiert grundlegende Begriffe der Konflikttypologie, -diagnose und -behandlung, so daß Sie hier wesentliche Verständnishilfen für die folgenden Beiträge finden. In das Interview sind verschiedene Übungen zur Konfliktbehandlung und Konfliktanalyse eingestreut.

Am Beispiel einer Möbelfabrik wird im Interview mit Wolfgang Schlüter gezeigt, wie ein ganzer Industriebetrieb mit Hilfe des BGO (Beraterverbund für Gegenwartsfragen und Organisationsentwicklung) umgestellt wurde und wie sich das soziale Miteinander der Menschen im Betrieb und die Wege der Konfliktbehandlung durch die Umstellung gewandelt haben. Hieran schließt ein Interview mit Stefan Leber und Manfred Leist an, in dem am Beispiel der Waldorfschule verschiedene Organisationsstrukturen auf ihre Konflikthaltigkeit hin untersucht und Wege der Konfliktbewältigung aufgezeigt werden.

Der Artikel von Klaus-Dieter Neumann wirft die Frage auf, ob wir in einer Zeit der Epidemien des Wahnsinns leben, und weist auf konstitutionelle Konfliktpotentiale hin, die sich aus der Bewußtseinsentwicklung der Menschheit ergeben. – Um Konflikte in Familien und Familientherapie dreht sich das Interview mit Helm Stierlin. Abschließend werden im Interview mit Friedemann Schulz von Thun die Gesetzmäßigkeiten der menschlichen Kommunikation unter die Lupe genommen.

Wir hoffen, daß Sie nach der Lektüre dieses FLENSBUGER HEFTES nicht den Eindruck gewinnen, die Welt bestünde *nur* aus Konflikten. Aber auch die Ansicht, es gäbe einen Lebensbereich des Menschen, der gänzlich frei von Konflikten sei, ist eine illusionäre Wunschvorstellung. Jeder Konflikt ist eine Entwicklungschance.

Es grüßt Sie Ihre
FLENSBURGER HEFTE-Redaktion

Aus dem Inhalt

Streiten will gelernt sein

KONFLIKTFÄHIGKEIT ALS SOZIALE TUGEND

Thomas Höfer

Endlich Feierabend! Auf dem Weg nach Hause geht Holger noch schnell im Reisebüro vorbei – schließlich ist heute Dienstleistungsfeierabend – und besorgt sich Prospekte für die diesjährige Urlaubsplanung. Diesmal soll es in die Berge gehen, nach Österreich oder so. Karin würde ja wieder an die Nordsee wollen, wie immer. Aber daraus würde nichts werden! Diesmal nicht!

Als Holger nach Hause kommt, etwas später als sonst und müde und abgespannt – die Rennerei durch die Stadt hat ihm den Rest gegeben –, kniet Karin auf dem Fußboden, vor sich jede Menge bunte Prospekte, Kataloge und Karten auf dem Fußboden ausgebreitet. Sie bemerkt Holger erst, als er neben ihr steht und sich lautstark räuspert.

„Oh, hallo! Da bist du ja schon! Guck mal, ich war im Reisebüro. So langsam müssen wir ja mal unsere Urlaubsplanung angehen, meinst du nicht? Ich blättere schon seit Stunden in diesen Katalogen. Sollen wir wieder ein Haus ganz dicht an den Dünen nehmen oder lieber etwas im Lande? An den Dünen wäre es dichter zur Nordsee, aber die im Lande sind billiger. – Holger! Du sagst ja gar nichts! Hast du was?"

Wortlos läßt er die Plastiktüte, in die der freundliche junge Angestellte im Reisebüro die gut zwei Kilo Kataloge, Prospekte und Karten gestopft hat, auf den Boden fallen. Dann geht er ins Bad. Duschen.

Zwei grundlegende Möglichkeiten, mit Konflikten umzugehen

Wie sich die Situation in der Wohnung von Karin und Holger weiterentwickelt, ist zunächst von der grundsätzlichen Haltung der beiden zu Konfliktsituationen im allgemeinen abhängig. Es lassen sich – trivial genug – zwei mögliche Grundhaltungen unterscheiden: Entweder man neigt dazu, Konflikte auszutragen, oder man pflegt ihnen eher aus dem Wege zu gehen. Konfliktbereitschaft contra Harmoniebedürfnis. Auf das Beispiel übertragen: Kommt es zwischen Karin und Holger zur Konfrontation, oder gibt einer von beiden seine Position auf, bevor eine klärende Auseinandersetzung stattgefunden hat?

Daß sich zwischen Karin und Holger eine Auseinandersetzung anbahnt, sobald sie in die Tüte geschaut hat und er mit Duschen fertig ist, liegt nahe. Wahrscheinlich werden die beiden heftig aneinandergeraten. Nach eigenem Empfinden werden beide Grund dazu haben:

Sie sieht sich in ihrer Vorstellung getäuscht, daß das „Wohin im Urlaub?" überhaupt keiner Erörterung bedarf. In Gedanken war sie schon viel weiter und hatte vielleicht sogar schon zwei Häuser in die nähere Wahl gezogen. Für sie ging es nur noch darum, welches Haus geeigneter wäre. Und nun wurde sie ganz an den Anfang der Urlaubsplanung zurückgeworfen. Wut steigt in ihr hoch.

Er hat keine Lust, jedes Jahr an die See zu fahren, und ist entschlossen, sich diesmal durchzusetzen. Schließlich hat er schon all die Jahre nachgegeben, ohne je ein Wort zu sagen. Er schaltet auf stur! Sie hat schon entschieden? Na warte, diesmal nicht! Wahrscheinlich wird er die Beherrschung verlieren.

Zwischen Karin und Holger schwelt ein Konflikt, ein Kampf, ein Streit, eine Konfrontation. Beide haben unterschiedliche, auf den ersten Blick nicht miteinander vereinbare Ziele. Außerdem hat sich im Laufe der Zeit schon einiges an unaufgearbeiteten Unstimmigkeiten angestaut. Vielleicht schluckt Holger auch diesmal noch seinen Zorn herunter, um des lieben Friedens willen. Schließlich ist es auch an der Nordsee schön – so war es jedenfalls die letzten acht Jahre –, und zu müde zum Streiten ist er auch. Und sie wird am Ende ja sowieso gewinnen.

Das Werte- und Entwicklungsquadrat

Bevor man aus Sympathie zu der einen oder anderen Möglichkeit neigt, sollte man sich bewußt machen, daß sowohl die Konfliktbereitschaft als auch das Harmoniebedürfnis Eigenschaften sind, die sich in positiver wie auch negativer Weise entfalten können. Um das deutlich zu machen, möchte ich auf ein gedankliches Schema zurückgreifen: das Werte- und Entwicklungsquadrat. Dieses Schema ist ursprünglich von Paul Helwig (1967) entwickelt und dann von verschiedenen Autoren aufgegriffen worden, in ausführlicher Form etwa von Friedemann Schulz von Thun (1989).

Der anthroposophischen Leserin und dem anthroposophischen Leser ist vielleicht der Gedanke von der Doppelgestalt des Bösen geläufig, wie er umfassend von Hans-Werner Schroeder dargestellt wurde: Das Gegenteil jeder negativen Eigenschaft ist nicht etwa eine positive Eigenschaft, sondern wiederum eine negative Eigenschaft. Am Beispiel einer bürgerlichen Tugend verdeutlicht: Das Gegenteil von Verschwendungssucht ist nicht Sparsamkeit, sondern übertriebene Sparsamkeit, also Geiz. Gleiches gilt für alle anderen Eigenschaften auch: Tollkühnheit – Feigheit, Überheblichkeit – Minderwertigkeitsgefühl, Phantasterei – Abstraktion, Arroganz – Anbiederung. Nicht immer läßt sich für eine Eigenschaft ein Gegenbegriff finden, der sich mit einem Wort ausdrücken läßt.

In der Gegenüberstellung solcher Begriffspaare läßt sich bemerken, daß die eine Seite auflösende Tendenzen hat (Verschwendungssucht, Anbiederung, Tollkühnheit), die andere verhärtende (Geiz, Arroganz, Feigheit). Schroeder ordnet diesen Gegensätzen die Begriffe luziferisch (auflösend) und ahrimanisch (verhärtend) zu. Von hier ist es nur ein kleiner Schritt, das Gute in der Mitte zwischen zwei negativen Polen zu suchen. So wichtig der Hinweis auf die Doppelgestalt des Bösen ist, er läßt die Tatsache unberücksichtigt, daß auch das Gegenteil eines positiven Begriffes wieder ein positiver Begriff ist: Das Gegenteil von Vorsicht ist nicht Feigheit, sondern Mut. So stehen sich Pragmatismus und Prinzipientreue, Durchsetzungsvermögen und Rücksicht, Sparsamkeit und Freigiebigkeit gegenüber. Die Spannung eines Begriffes ergibt sich nicht allein aus seinem Gegenbegriff, sondern aus einer Vierheit von Begriffen, die sich quadratisch anordnen lassen. Mit Bezug auf die Problematik des Bösen hat hierauf bereits Heinz Kloss (Dornach o.J.) hingewiesen.

Auch für den Begriff der Konfliktfähigkeit läßt sich eine Vierheit von Begriffen konstruieren. Konfliktfähigkeit meint die positive Eigenschaft, konstruktiv mit Konflikten umgehen zu können. Wer hingegen keine Gelegenheit einer Konfrontation ausläßt oder sogar aktiv den Streit sucht, aus Spaß an der Auseinandersetzung und ohne Interesse an einer konstruktiven Lösung im Zusammenwirken mit dem anderen, ist streitsüchtig.

Das Gegenteil von Streitsucht ist ein übersteigertes Harmoniebedürfnis. Jede Konfrontation wird gemieden und um des lieben Friedens willen unterdrückt. Die positive Eigenschaft ist die Versöhnungsbereitschaft, das liebevolle Entgegenkommen.

Konfliktfähigkeit	Versöhnungsbereitschaft
Streitsucht	Übersteigertes Harmoniebedürfnis

Jeder mag sich selbst prüfen, wo er sich heimisch fühlt. Einen Konflikt gewinnbringend austragen wird nur der können, der bereit ist, die Konfrontation mit einem anderen aufzunehmen, den eigenen Standpunkt gegen widerstreitende Interessen zu behaupten, auch auf das Risiko hin, als egoistisch betrachtet zu werden. Um aber nicht wie Michael Kohlhaas zu enden, muß als zweite Eigenschaft die Bereitschaft zur Versöhnung, zum Kompromiß hinzutreten.

„'Liebe' steht dann für all das, was Gegensätze überwindet und miteinander aussöhnt: das Akzeptieren und Geltenlassen des Mitmenschen auch und gerade in seiner Andersartigkeit; das Bemühen, sich einfühlend in seine Welt zu versetzen; der Mut, sich zu öffnen und anzuvertrauen, mit dem Risiko, verletzt zu werden – alles sind Aspekte dieses Teils, in distanzierteren Beziehungen wohl auch jene Höflichkeit, die den anderen nicht abwertet, was auch immer man von ihm halten mag.

Dieses auf Verständnis und Versöhnlichkeit gerichtete Prinzip macht aber nur die eine Hälfte einer vollwertigen Beziehung aus. Hinzukommen muß das kämpferische Element: die Bereitschaft und die Fähigkeit, den Partner unter Umständen hart zu konfrontieren, Gegensätze und Konflikte mit ihm auszufechten, wenn nötig mit unerbittlicher Härte und fliegenden Fetzen. 'Streiten verbindet' (...), allerdings nur in liebendem Kampf. Andernfalls droht jene ungebremste Eskalation von Kränkungen, die in blanken Haß und gegenseitige Zerfleischung mündet. Während uns diese Gefahr aus den Ehen, der Nachbarschaft, den politischen Gruppierungen wohlvertraut ist, scheint die Gegengefahr weniger als solche bekannt: zuviel Friedlichkeit und Höflichkeit ergibt Friedhöflichkeit – mit dieser Wortschöpfung möchte ich ausdrücken, daß diese Nur-Harmonie etwas Totes hat – dies gilt für Paare, aber auch für Gruppen, in denen alle außerordentlich nett sind, kein böses Wort die Eintracht zu gefährden scheint und jeder aufkommende Gegensatz sogleich mit sanften Beschwichtigungen im warmen Mulch erstickt wird.“ (Schulz von Thun 1989, S.46 f.)

Nach Schulz von Thun müßte das Werte- und Entwicklungsquadrat etwa folgendermaßen aussehen:

Konfliktfähigkeit	Liebefähigkeit
Streitsucht	Friedhöflichkeit

Im folgenden möchte ich auf die beiden negativen Extreme, die Streitsucht und das übersteigerte Harmoniebedürfnis – auch Friedhöflichkeit genannt –, näher eingehen. Ich werde mich dabei an die Darstellungen von Friedemann Schulz von Thun (1989) anlehnen, die einer kommunikationspsychologischen Sicht entstammen. Wem das zu einseitig erscheint, möge bedenken, daß der Mensch sich nicht anders als kommunizierend mitteilen kann und daß die Art der Kommunikation eines Menschen, also die Art und Weise, wie er sich sprachlich und außersprachlich anderen gegenüber gibt, ein Spiegelbild der Seelenverfassung eines Menschen an sich ist. Außerdem ist mir nicht an einer umfassenden menschlichen Charakterologie gelegen, sondern es sollen lediglich bestimmte Anteile des menschlichen Seelenlebens herausgestrichen werden. Daß im folgenden stark überzeichnet und pauschalisiert wird, ist Methode, die dazu dient, das Augenmerk auf das Wesentliche zu richten. Wer vorschnell meint, er habe mit all dem nichts zu tun, dem sei versichert, das die geschilderten Tendenzen in jedem von uns leben, zusammen mit vielen anderen.

Der Friedhöfliche

Mit Friedhöflichkeit meine ich hier das Bedürfnis nach Harmonie um jeden Preis, eben ein übersteigertes Harmoniebedürfnis. Menschen mit dieser Eigenschaft ist Streit zuwider, sie sind konfliktscheu und aggressionsgehemmt. Um des lieben Friedens willen wird darauf verzichtet, die eigenen Interessen zu artikulieren und durchzusetzten. Der Friedhöfliche steckt zurück, läßt den anderen zum Zuge kommen, paßt sich an. Der andere steht im Vordergrund, man selbst ist nichts.

Hier liegt der Kern dieser Haltung: die Überzeugung von der eigenen Wert- und Bedeutungslosigkeit. Die Folge ist, daß sich solche Menschen nur im Dienst für andere wohlfühlen, weil die eigenen Bedürfnisse ja unwichtig sind. Sie werden stets bemüht sein, in den Augen anderer Menschen als angenehmer Zeitgenosse zu erscheinen. Aus Äußerungen, die man an sie richtet, pflegen sie die Anteile herauszufiltern, die als Kritik verstanden werden können. Gegen diese Kritik wird aber nicht opponiert, sondern sie dient der Selbstherabsetzung. („Du bist heute aber hübsch angezogen!" – „Ich weiß, daß ich sonst herumlaufe wie der letzte Mensch. Tut mir leid.") Oder es wird auf versteckte Appelle gelauert: Kaum daß jemand etwas sagt, fragt sich der Friedhöfliche, ob es etwas für ihn zu tun gibt. („Hinter der Bühne sieht es ja schlimm aus!" – „Ja, da muß aufgeräumt werden. Das erledige ich schon. Darum brauchen Sie sich nicht zu kümmern.")

„Schon das selbstentwertende Verhalten hat die heimliche Wirkungsabsicht, sich selbst als möglichen Stein des Anstoßes vorsorglich aus dem Weg zu räumen und dadurch das Gegenüber zu beschwichtigen. Streit und Auseinandersetzung sind für den Selbst-losen deswegen eine so große Bedrohung, da jedes heftige Wort, sogar schon kleine Meinungsverschiedenheiten kleine Funken jener Trennungsangst in ihm aufsprühen lassen, die in seinem Seelenleben eine so große Rolle spielen.

Um Streit zu vermeiden und den anderen zu beschwichtigen, gibt er gern nach und nimmt viel Lästiges und Belästigendes auf sich: sein Buckel ist breit genug, um die Mitmenschen zu entlasten. Die Hartnäckigkeit, mit der er an diesen Lasten festhält und sie sich nicht nehmen läßt, statt dessen immer noch mehr aufläd – dieses Festhalten weist darauf hin, daß die Lasten untrennbarer Teil seiner Identität geworden sind. Was bliebe ihm übrig, wenn man sie ihm nehmen würde?" (Schulz von Thun 1989, S.98)

Es ist einleuchtend, daß solche Menschen besonders ideologieanfällig sind. Sie gehen in der Gruppe auf, haben selbst keine Bedürfnisse und machen sich daher die der Gruppe zu eigen. Wer den Gruppenfrieden stört, wird geschnitten und ausgegrenzt. („Wie können Sie es nur wagen, an unserer edlen Sache Kritik zu üben!") Die Gefahr, für bedenkliche Zwecke mißbraucht zu werden, ist naheliegend. „Der Egoismus der Gruppe wird vom Altruismus ihrer Mitglieder gespeist, und die Brutalität der Gruppe lebt von der Hingabe ihrer Mitglieder." (Arthur Koestler, zit. nach: Schulz von Thun 1989, S.106)

Wenn Sie, liebe Leserin, lieber Leser,

– der Meinung sind, daß Konflikte und Streit grundsätzlich schlecht sind und vermieden werden müssen,
– Menschen, die sich gegen die Überzeugungen der Gruppe, der Sie angehören, aussprechen, mit starken Antipathiegefühlen begegnen,
– wenn Sie Widersprüche leugnen oder umdeuten, auch wenn sie offensichtlich sind,
– Sie sich scheuen, in Versammlungen Ihre Meinung zu sagen, weil das zu einer Auseinandersetzung führen würde,
– um des lieben Friedens willen auf Ihr gutes Recht verzichten,
– dazu neigen, anderen immer zu Diensten zu sein,
– nicht nein sagen können, wenn man Sie um Hilfe fragt,

dann ist es mit Ihrer Konfrontationsbereitschaft nicht zum besten gestellt. Wahrscheinlich werden Sie mit Ihren Ansichten und Interessen öfter zurückstecken, als es der Sache und Ihnen selbst dienlich ist.

Rücksicht und Bescheidenheit

Diese Negativcharakteristik sollte nicht vergessen machen, daß die Friedhöflichkeit die einseitig übersteigerte Form durchaus positiver Eigenschaften ist. In einem gesunden Maße sind das die Eigenschaften, einem anderen Raum zur Selbstoffenbarung zu geben; zuzuhören, ohne eigene Persönlichkeitsanteile in das Gehörte zu mischen; sich in einen anderen hineinzuversetzen, die Welt mit fremden Augen zu sehen und Verständnis aufzubringen. Auch wird ein solcher Mensch nicht bestrebt sein, sich in den Vordergrund zu spielen, sondern eher zurückhaltend auftreten.

Rücksicht und Bescheidenheit – das sind die auf den Begriff gebrachten positiven Kernelemente der Friedhöflichkeit. Beides sind, wie später noch zu zeigen ist, wichtige Fähigkeiten, die zur Ausbildung einer Streitkultur unerläßlich sind. Die Voraussetzung, daß sie sich in einer gesunden Weise entfalten können, ist aber ein ausgeprägtes Selbstbewußtsein.

Der Streitsüchtige

Die zweite negativ übersteigerte Eigenschaft ist die Streitsucht. Der Streitsüchtige wird keine Gelegenheit einer Konfrontation auslassen und die

Äußerungen und Taten seiner Mitmenschen daraufhin abklopfen, ob er an ihnen etwas fehlerhaft und tadelnswert findet. Entsprechend wird das Gegenüber in arrogant-überheblicher Form herabsetzend und abwertend behandelt.

Der Streitsüchtige muß sich nicht unbedingt immer lauter und brutaler Verhaltensweisen bedienen, es sind vielmehr die feinen, diffizilen Techniken, gegen die schwer anzukommen ist: Dem Gesprächspartner wird einfach der Blickkontakt verweigert („Du bist es nicht wert, daß ich dich anschaue"), sein Redebeitrag wird einfach übergangen („Was du zu sagen hast, kann ja nichts sein"), er schaut gelangweilt aus dem Fenster, während der andere spricht usw.

Der Streitsüchtige ist stets darauf aus, dem anderen seine Überlegenheit zu demonstrieren, um sich selbst seine eigene Überlegenheit zu beweisen. Der tiefere Grund ist oftmals eine nicht eingestandene Schwäche, die hinter einem ruppig-beleidigendem Verhalten verborgen gehalten werden soll. Streitsüchtige neigen daher oft zur Projektion: Unerwünschte Persönlichkeitsanteile, die sie bei sich selbst wahrnehmen, werden verleugnet und daher bei anderen um so drastischer bekämpft. Stellt er bei sich selbst einen Hang zur Unzuverlässigkeit fest, wird er diesen bei anderen um so stärker bekämpfen.

In einem Selbsterfahrungsseminar der Pädagogischen Hochschule Flensburg gab der leitende Professor die Devise aus: „Was dich bei anderen stört und erzürnt, Gleiches oder Ähnliches ist auch in dir."

Da Streitsüchtige die eigenen Schwächen schwer wahrhaben wollen, geben sie sich nach außen als unfehlbar. Der Gegner, insbesondere im politischen und ideologischen Bereich, wird dämonisiert, verteufelt und als Feind der Menschheit bekämpft. Die Ost-West-Konfrontation ist das schon fast klassische Beispiel.

Wenn Sie dazu neigen,
- Sachkonflikte zu personalisieren,
- dem Konfliktpartner Schuldgefühle zu vermitteln,
- Konflikte um jeden Preis gewinnen zu wollen, Recht behalten zu müssen, sich durchsetzen zu wollen,
- sich selbst nicht in Frage stellen zu können,
- die Schuld für eine gescheiterte Konfliktlösung immer bei dem anderen zu suchen,
- anderen Ratschläge zu erteilen,
- den anderen zu diagnostizieren, analysieren, kritisieren und anzuklagen,

dann ist Ihre Fähigkeit, sich selbst zu betrachten, mangelhaft ausgebildet. Sie haben den anderen im Visier, und das erkennt man unter anderem an Ihren sprachlichen Äußerungen; sie betreffen meist den anderen, nicht Sie selbst: „Du bist schuld!" „So einer bist du!" „Im Grunde meinst du ja ganz etwas anderes." „Probieren Sie doch einmal diese Methode aus!"

Mut zur Auseinandersetzung

Wo liegen die positiven Wurzeln der Streitsucht, wiederum auf ein gesundes Maß zurückgeschraubt?

„Zweifellos liegt ihre Chance in der Konfliktbereitschaft und in der Fähigkeit zur direkten Konfrontation, überhaupt in dem wachen Auge für all das, was einem die Mitmenschen antun, mit ihrer Gedankenlosigkeit und Dickfelligkeit, Borniertheit und Unanständigkeit! Empörung und Mißtrauen, verbunden mit der Fähigkeit, sich nicht alles bieten zu lassen und die 'Zähne zu zeigen', sind hier zuweilen eher am Platze als die beim Selbst-losen so starke Neigung, alles gleich zu verstehen, zu verzeihen und damit auch zu verharmlosen. Kann nicht manchmal, eine tragfähige Beziehung vorausgesetzt, ein entrüstendes Donnerwetter, bei dem die Fetzen fliegen, heilsamer sein als zu frühes Einlenken, als eine konstruktive Sanftmut, um die wir uns vielleicht bemühen, obwohl wir eigentlich 'geladen' sind? Müssen wir dann nicht für diese zu frühe Konstruktivität den Preis zahlen, daß sich der Konflikt wie eine verschleppte Krankheit in unseren Stimmungen verewigt? Und ist nicht überhaupt eine Prise Polemik die Würze jedes Dialogs, zumindest wenn es darum geht, Unterschiede und Gegensätze herauszuarbeiten?" (Schulz von Thun 1989, S.131)

Weiterhin wird sich ein konfliktbereiter Mensch nicht dadurch einschüchtern lassen, daß er sich in einer Gruppe mit seiner Meinung alleine findet. Wenn ihm etwas gegen den Strich geht, wird er auch den Mut finden, das zu sagen, auch auf die Gefahr hin, daß er sich in die Isolation begibt und als der Störenfried und Nörgler verschrien zu sein. Er wird bestrebt sein, sich von der Masse abzuheben, eine kritische Distanz zu wahren, womit er weniger anfällig für Ideologien ist.

Teufelskreise

Was ist nun zu tun, wenn man die eine oder andere Einseitigkeit bei sich festgestellt hat? Ich möchte dazu noch einmal auf das Werte- und Entwicklungsquadrat zu sprechen kommen, daß jetzt in ergänzter Form so aussieht:

Konfliktbereitschaft	Rücksicht und Bescheidenheit
Mut zur Auseinandersetzung	Einfühlungsvermögen
Mut zur Meinungsäußerung	Hilfsbereitschaft
Ideologiebeständigkeit	Zurückhaltung
Streitsucht	Friedhöflichkeit
Arroganz und Überheblichkeit	Ideologieanfälligkeit
Selbstüberschätzung	Selbstherabsetzung
Herabsetzung anderer	Kritikunfähigkeit

Einer der häufigsten Ratschläge aus dem Erste-Hilfe-Kasten der Alltagspsychologie ist eine seelische Abmagerungskur: „Versuchen Sie doch das Positive in Ihrem zugegebenermaßen etwas extremen Verhalten zu sehen und drosseln Sie einfach die Intensität."

Dieser Rat, der darauf zielt, aus einem Zuviel des Guten durch Reduktion ein erträgliches Maß zu erreichen, ist meistens ebenso gut gemeint wie unbrauchbar, allein schon deshalb, weil die meisten Menschen sich dort, wo sie im Leben stehen, wohlfühlen. Außerdem ist das Ziel, zu dem man hinstreben soll, undeutlich: Wieviel des Guten ist gerade noch nicht ein Zuviel des Guten? Wo ist die gesunde Mitte?

Außerdem erzeugt das menschliche Verhalten in der sozialen Umgebung ein Echo, das in der Regel bestätigend auf das gezeigte Verhalten zurückwirkt, so daß sich der Mensch positiv bestärkt sieht und keinen Anlaß hat, sein Verhalten zu ändern. Jeder Mensch enthält starke und schwache Seiten, durch die Art aber, wie diese Seiten in den Vordergrund gestellt werden, bestimmt ein Mensch sein Erscheinungsbild nach außen. Ein Mensch, der zur Friedhöflichkeit, und damit zur Selbstherabsetzung gegenüber anderen, neigt, signalisiert durch Worte und Taten nach außen die Botschaft: „Ich bin klein und unbedeutend. Du bist großartig und bedeutend." Die eigene Person wird herabgesetzt, die des Gegenüber erhöht. Diese Botschaft muß nicht immer deutlich ausgesprochen werden, sie kann sich auf sehr subtile Weise zwischen den Zeilen äußern.

Das Gegenüber fühlt sich durch diese Botschaft geschmeichelt und in seinen starken Eigenschaften bestärkt. Es wird diese nach außen kehren, wodurch das Vorurteil, das der Friedhöfliche sendete („Du bist großartig!"), bestätigt wird. Neigt das Gegenüber dazu, die eigenen positiven Anteile in der Vordergrund zu stellen, sind beide zufrieden, da beide sich durch ihr Verhalten gegenseitig bekräftigen. Oftmals sind Partnerschaften – von Freundschaften bis hin zur Ehe – so gestrickt, daß sich zwei Menschen in ihren Eigenschaften gegenseitig ergänzen. Auf mein Beispiel übertragen: Weil Holger ein zögerlicher Typ ist und sich nicht entscheiden kann, sucht er sich einen Partner, der entschlußfreudig ist und an den er sich nur anzuhängen braucht, um mal in die Hufe zu kommen. Karin wußte schon immer, wo es langgeht, und weil Holger keine eigene Meinung hat (und immer sagt: „Du machst es schon richtig!"), entscheidet sie. Und weil sie immer entscheidet, fühlt Holger sich darin bestätigt, daß er allein keine Entscheidungen treffen kann. Beide ergänzen sich famos. – Bis es beiden zuviel wird.

„Irgendwann wird sich der Partner des Selbstlosen durch dessen ständige Selbstentwertung 'genervt' fühlen, und zwar um so deutlicher, je mehr er sich nach einem wirklichen Kontakt mit einem vollwertigen Gegenüber sehnt – und entsprechend wird sich seine herablassende Behandlung mit abweisender Distanz verbinden. Damit aber trifft er den Selbstlosen an seinem wunden Punkt: die Verlustangst treibt ihn nun, sich selbst noch kleiner zu machen, es dem anderen noch mehr recht zu machen und noch mehr auf sich zu nehmen.

Der Partner bekommt daraufhin Schuldgefühle, spürt gar Verachtung und Ekel; entsprechend 'eklig' verhält er sich auch und kommt in jene feind-selige Strömung hinein, die wir im nächsten Kapitel zu besprechen haben. Dadurch, daß der andere auf ihm herumhackt und ihn 'fertigmacht', fühlt sich der Selbst-lose vollends in seiner Nichtigkeit bestätigt, duckt sich und erträgt mit der Kraft eines Märtyrers all die Gemeinheiten. Was ihn für diese Erniedrigung entschädigt, ist das Bewußtsein seiner moralischen Überlegenheit – und diese Karte spielt er auch aus, so daß der andere noch mehr Schuldgefühle bekommt ('Warum bin ich bloß so gemein und gehässig gegenüber diesem lieben, guten Menschen?'), aber auch noch mehr Verachtung und Wut. – Alles fing an mit zwei Menschen wie du und ich – und am Ende dieser Polarisierung stehen sich ein selbstloser Engel und ein mieser Teufel gegenüber, ein duldsames Opfer und ein rücksichtsloser Täter." (Schulz von Thun 1989, S.101)

In solchen und ähnlichen, auch völlig anders gelagerten Teufelskreisen, liegt die Tragik vieler Beziehungen. Je eingefahrener sie sind, umso schwerer wird es, sie zu durchschauen, da sie sich in den Tiefenschichten der menschlichen Psyche verankern und gar nicht mehr als bewußte Motive an die Oberfläche treten. Oft hilft nur noch Hilfe von außen.

Entwicklungsmöglichkeiten

Das Werte- und Entwicklungsquadrat ist bisher in erster Linie als Wertequadrat betrachtet worden. Jetzt möchte ich auf die Entwicklungskomponente zu sprechen kommen. Statt sich nämlich um das Zurückschrauben einer einseitigen Fähigkeit auf ein gesundes Maß zu bemühen, kann als konkretes Ziel die Entwicklung der jeweiligen komplementären positiven Eigenschaft angestrebt werden. Eine gesunde Konfliktfähigkeit siedelt irgendwo zwischen Konfliktbereitschaft und Harmoniebedürfnis, je nach Situation und Umständen mal mehr zu der einen oder anderen Seite neigend. Wer ein Übermaß an Konfliktbereitschaft besitzt, sollte ein gesundes Maß an Harmoniebedürfnis und Versöhnungsbereitschaft anstreben, ohne die positiven Elemente seiner Konfliktbereitschaft einzubüßen. Die Entwicklungsrichtung im Werte- und Entwicklungsquadrat verläuft also jeweils diagonal.

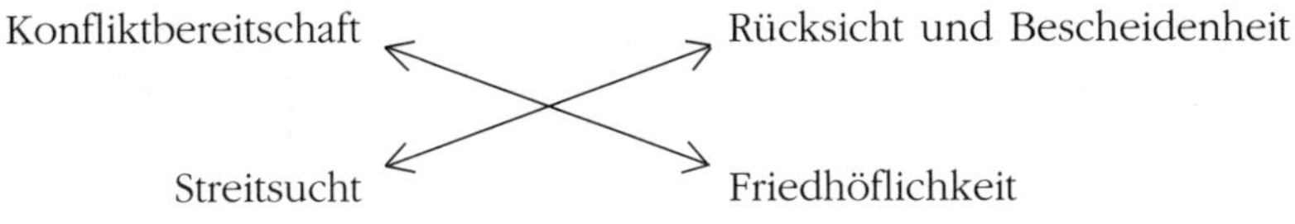

Was kann ich tun, um meine Konfliktfähigkeit zu steigern? Selbstklärung

Das Ziel einer gesunden Konfliktfähigkeit ist es, die eigenen Wünsche, Vorstellungen und Bedürfnisse gegen den Widerstand von außen durchzusetzen, die eigene Persönlichkeit zu entwickeln, zu verwirklichen, auch gegen den Widerstand verinnerlichter gesellschaftlicher Normen. Und all das, ohne andere Menschen in ihrer eigenen Entwicklung zu behindern. Ein weiter gestecktes Ziel kann die Veränderung der sozialen Wirklichkeit sein, indem sich der Widerstand gegen Zustände richtet, die als menschenunwürdig oder entwicklungsschädigend erkannt worden sind. Der Fixierung auf die eigene Entfaltung würde so durch das Engagement für ein übergeordnetes Ziel, daß anzustreben für alle Menschen einer gesellschaftlichen Gruppe gewinnbringend sein kann, entgegengewirkt. Persönlichkeitsentwicklung darf nicht zur Egozentrik verkommen. – Im weiteren möchte ich mich auf die zwischenmenschliche Ebene beschränken.

Im Konfliktfall bedeutet das zweierlei: Ich muß klären, was ich selbst will, und ich muß klären, was der andere will. Immer aber steht die Selbstklärung an erster Stelle, denn nur wenn ich wirklich weiß, was ich will, laufe ich nicht Gefahr, meine mir nicht eingestandenen Wünsche in den anderen hineinzuprojizieren. Im weitesten Sinne handelt es sich um Selbsterkenntnis.

Selbsterkenntnis ist in aller Regel bitter, denn das, was zum Vorschein kommt, sind meist die verdrängten Persönlichkeitsanteile, die man ja gerade deshalb aus dem Bewußtsein verbannt hat, weil sie nicht in das Bild passen, das man von sich selbst hat. Gerade wer nach Höherem strebt, dem wird die Arbeit am niederen Selbst unbequem sein, zeigt sie einem doch, daß man nicht so weit ist, wie man dachte. Aber gerade diese Arbeit ist unerläßlich, weil sonst die Gefahr besteht, die eigenen negativen Seelenanteile im anderen Menschen zu bekämpfen. Und: Nur wer von sich weiß, wer sie oder er ist, weiß um die eigenen Stärken und Schwächen und kann an deren Entwicklung arbeiten.

„Selbsterkenntnis ist kein Zustand, sondern ein lebenslänglicher Prozeß, der eine erhebliche Motivation voraussetzt. Brauchbare Motive, diesen Prozeß in Gang zu setzen und durchzuhalten sind etwa:

– Eine schier unersättliche Neugier, herauszufinden, wer man denn eigentlich ist, die zwar interessante, aber auch anstrengende Expedition in die Dschungel und Steppen des eigenen Selbst zu wagen.

– Ein entwickeltes Verantwortungsgefühl, das aus der Einsicht erwächst, daß ich nur andere Menschen einigermaßen zutreffend wahrnehmen kann, wenn ich zunächst einmal weiß, wer ich bin. Nur eine ausgeprägte Selbsterkenntnis verhindert selektive und projektive Fremderkenntnis. Eine eingeschränkte Femdwahrnehmung wird mich nicht nur daran hindern, mit

anderen Menschen optimal zu interagieren, sondern auch, ihnen gerecht zu werden.
– Ein erheblicher Leidensdruck, der aus der Erfahrung eigener Desorientierung (die sich heute meist als Sinnlosigkeitserfahrung deutlich macht) hervorgeht. Ist sich einmal ein Mensch darüber klargeworden, daß ihm keine Religion und keine Ideologie, kein Freund und kein Feind sagen kann, worin der Sinn des Lebens bestehe, sondern daß nur er allein seinem Leben Sinn geben kann – und es niemals mehr oder anderen Sinn haben wird als den von ihm gegebenen –, wird bald die Frage auftauchen, wer er eigentlich sei, an welchen realen Vorgaben sich Sinn orientieren müsse." (Lay, Vom Sinn des Lebens, S.142)

Nicht wenige Menschen werden nicht ohne fremde Hilfe, sei es in Form von Selbsterfahrungsseminaren oder Therapie, zurechtkommen. Um anzudeuten, in welcher Richtung zu suchen ist, um sich selbst auf die Spur zu kommen, hier einige Hinweise:

1. Besinnen Sie sich auf zehn Werte, die ihr Leben bestimmen, und schreiben Sie sie auf. Überlegen Sie, wer Ihnen diese Werte vermittelt hat. Welche Emotionen stellen sich bei Ihnen ein, wenn Sie diesen Werten wissend untreu werden?
2. Welche Eigenschaften stören Sie an sich selbst? Mit welchen Empfindungen sind sie verknüpft?
3. Welche Eigenschaften stören Sie an anderen? Wie reagieren Sie auf diese Eigenschaften?
4. Welchen Menschen fühlen Sie sich überlegen? Wie äußert sich das?
5. Welche Menschen sind Ihnen sympathisch bzw. unsympathisch? Warum? (Ausführlich zum Beispiel bei Lay, Vom Sinn des Lebens, S.142 – 151)

Wenn ich weiß, wer ich bin und was ich will, so ist der nächste Schritt, meine Wünsche und Vorstellungen dem anderen gegenüber klar zu äußern. Nicht hinten herum, sondern direkt. Wer das nicht kann, sollte sich darin üben, seine Sätze mit „Ich will ...", „Ich möchte ...", „Ich verlange ..." usw. zu beginnen. Der Ton, in dem solche Sätze vorgetragen werden, braucht ja nicht ruppig zu sein. Aber er sollte bestimmt sein. Hierzu gehört auch, nein sagen zu können, wenn man etwas nicht möchte, ohne Ausreden und Winkelzüge. Auf die Frage „Hast du nicht Lust, heute Abend vorbeizukommen?" sollte, will man der Einladung nicht Folge leisten, ein klares „Nein, danke, mir ist nicht danach" folgen. Eine solche Antwort ist ehrlich, und entsprechend kann das Gegenüber mit ihr umgehen. Wie wirkt aber folgendes: „Ich weiß noch nicht, es ist so schwer, einen Babysitter zu kriegen, und außerdem hat Ulla abends immer Kopfschmerzen. Ich ruf dich noch an."

Denken Sie daran: Niemand hat das Recht, Ihnen mit seinen Ansprüchen und Bedürfnissen zur Last zu fallen, und Sie haben das Recht, auf die Ansprüche anderer nicht zu reagieren. Sie laufen zwar Gefahr, sich unbeliebt zu machen und abgelehnt zu werden, aber Sie werden niemals voll akzeptiert werden, wenn Sie nicht bereit sind, das Risiko zu tragen, abgelehnt zu werden. Das heißt auch, daß Sie niemals etwas ausschließlich aus dem Grund tun sollten, sich bei anderen beliebt zu machen. Sie haben das Recht, sich mit Ihren Charakterfehlern abzufinden und können erwarten, daß Ihre Mitwelt das auch tut (was nicht heißt, daß die Neurosen einer Person in jeder Situation durchschlagen dürfen); Sie können aber nicht erwarten, daß ihre Mitmenschen sich von Ihnen ein Bild machen, das nicht von dem abweicht, das Sie selbst von sich haben. (Vgl. Lay 1991)

Wenn der andere im Streit Ihren Interessen widerspricht, stecken Sie nicht sofort zurück. Der oftmals zitierte Ausspruch „Der Klügere gibt nach", meist dazu gedacht eine gerade aufflammende Auseinandersetzung schlichtend zu beenden, würde – richtete man sich nach ihm – die Weltherrschaft der Dummen begründen. Kaum ein zweiter Ausspruch hat mich seit jeher dazu gebracht, nun erst recht auf meinem Willen zu beharren. Die in ihm enthaltene Botschaft „Liebes Kind, du bekommst zwar nicht deinen Willen, aber tröste dich mit dem Gedanken, dem anderen intellektuell überlegen zu sein" erzieht bestenfalls zur Arroganz, schlimmstenfalls zur Resignation der Klugen.

Fremdklärung

An zweiter, nicht im Sinne von nachgeordneter, Stelle steht die Frage: „Was hat der andere gesagt? Habe ich ihn wirklich verstanden?"

Die meisten Menschen neigen dazu, in Streitgesprächen nur das an den Beiträgen des anderen zu hören, was der eigenen Ansicht widerspricht und sich eignet, die eigene Widerrede darauf aufzubauen. Dadurch wird der Inhalt des vom Partner Gesagten verkürzt oder gar uminterpretiert. Stellt das Gegenüber richtig („Aber das habe ich doch gar nicht gesagt!"), provoziert das erneuten Widerspruch und die Konfrontation verkommt zu einem Streit um Worte. Ob man verstanden hat, was der andere gesagt hat, läßt sich am besten dadurch feststellen, daß man den fremden Redebeitrag in eigenen Worten wiederholt, verbunden mit der Frage: „Habe ich dich so richtig verstanden?" Wie schwer es sein kann, sich in den anderen hineinzuversetzen, mag das folgende Beispiel verdeutlichen.

„Ein Ehepaar mit erwachsenen Kindern kommt zur Klärungshilfe, weil die Frau nicht nur unter anderem weniger Streit, sondern auch mehr positiven Kontakt möchte:
'Ich will nett und ruhig und lieb leben. Weiter will ich gar nichts. Und dazu gehört Verständnis von meinem Mann, und das hat er nicht.'
Mann (beschwichtigend): 'Doooch.'
K(lärungs)Helfer: 'Aha? Wollen wir mal schauen, ob er das hat. (Zum Mann) Sind Sie einverstanden?'

Mann (lacht): 'Jaaah.'
KHelfer: 'Gut, dann schlage ich Ihnen mal vor, Sie wenden Ihren Stuhl frontal zu Ihrer Frau und sagen mal, was Sie bis jetzt von ihr verstanden haben: Wie es ihr geht. Was Sie glauben, was *in ihr* vorgeht. – Denn Sie sagt ja: 'Mein Mann hat kein Verständnis.' – Jetzt wollen wir mal die Probe machen: Was haben Sie bis jetzt verstanden von ihrem Zustand, wie es ihr innerlich geht?'
Mann: 'Wieso soll ich Ihnen – das hab ich doch eben alles klar vorgelegt, äh, – äh, was zwischen uns beiden los ist.'
KHelfer: 'Ja, das war *von Ihnen aus* gesehen. Jetzt mal *von ihr aus* gesehen.'
Mann: 'Jetzt soll ich mich in ihre Haut versetzten? Oder mich auf ihren Stuhl setzen?'
KHelfer: 'Ja, nur innerlich.'
Mann: 'Symbolisch?'
KHelfer: 'Symbolisch – ja. Und sagen: 'Ich weiß von dir, daß du dich so und so fühlst.' Und nicht von Ihnen reden. Mal Ihre eigene Sache *hinter* Ihren Stuhl stellen. Das ist eine schwierige Aufgabe, ich weiß.'
Mann: 'Muß ich erst einmal Luft holen.'
KHelfer: 'Ja. Nehmen Sie sich ruhig Zeit.'
Mann (scherzhaft): '´nen Cognac haben Sie nicht?'
KHelfer: 'Den kann ich Ihnen nicht bieten. Das ist eine schwierige Aufgabe für Sie.'
Mann: 'Ja. Ja – ich weiß nicht, ob ich richtig verstanden habe, äh, ich soll von mir aus sagen, was ich von ihr denke oder wie sie über mich denkt?'
KHelfer: 'Nein. Wie Ihre Frau über die Situation denkt und wie sie über sich denkt und fühlt.'
Mann: 'Das will ich – das will ich Ihnen ganz kurz anreißen.'
KHelfer: 'Nicht mir – sondern ihr.'
Mann: 'Meine Frau, – meine Frau ist ´ne herzensgute Frau.'
KHelfer: 'Einen Augenblick. – Jetzt sagen Sie, was Sie *über Ihre Frau* denken. Verständnis ist dann gegeben, wenn Sie direkt zu ihr sagen: 'Du, Erna, ich weiß von dir, daß du dich in letzter Zeit oft deprimiert fühlst. Ich weiß, daß dich nichts so die Wände hochbringt, wie, wenn ich ableugne, daß ich getrunken habe' usw. in der Art.'
Mann: 'Hm. – Ich weiß, daß ich dein Vertrauen jahrelang mißbraucht habe, äh, – ich weiß auch, wie du darüber denkst.'
(Pause)
KHelfer: 'Nämlich?'
Mann: 'Daß ich das Vertrauen mißbraucht habe, indem du deine Kontrolle über mich verschärft hast; indem du aufpaßt ob ich eine Flasche habe und wo sie steht. Und wenn sie dort steht, nimmst du sie mir weg und versuchst mir dann eben dadurch die Wahrheit zu sagen, daß ich dich belogen habe.'
KHelfer: 'Gut. Jetzt haben Sie verschiedene Taten aufgezählt. Können Sie

mal versuchen, sich innerlich auf den Stuhl Ihrer Frau zu setzen und zu denken: Was geht wohl in der Frau innerlich vor, daß sie mich kontrollieren will?'

Mann: 'Dann muß ich ja wieder von meiner Ansicht ausgehen.'

KHelfer: 'Nein, von Ihrer *Einfühlung in die Situation* Ihrer Frau.'

Mann: 'Meine Frau hat keinen anderen Willen, als mit mir harmonisch zusammenzuleben. Und wenn ich diesem Strom entgegenschwimme, dann wird sie depressiv und krank. Und kriegt hier Schmerzen und da Schmerzen. Und kriegt Kopfschmerzen und Fußschmerzen und alles mögliche. Sie lebt dann in einer gewissen seelischen Spannung. Und diese Spannung, die wirkt sich auf ihren gesamten Organismus aus. Sie ist ja über jedes, was ich mache ...'

KHelfer (unterbricht): 'Können Sie mal bitte direkt zu ihr reden: 'Du, du bist über jedes, was ich mache ...'

Mann: 'Du bist über jedes, was ich mache, was nicht nach deiner Mütze geht, traurig.'

KHelfer: (zur Frau) 'Fühlen Sie sich verstanden?'" (Thomann S.122 ff.)

Die oft auch aktives Zuhören genannte Technik, die Wiedergabe des vom anderen Gesagten und Gemeinten in eigenen Worten, verhindert ein Aneinander-Vorbeireden, da ständig direkte Korrekturmöglichkeit besteht. Beschränkt sich aber ein Partner auf aktives Zuhören, indem er immer lediglich die Beiträge des anderen retourniert und ihn so quasi zum Selbstgespräch auffordert, wird sich der andere mit Recht nach einer gewissen Zeit ausgefragt vorkommen und sich zurückziehen. Diese Technik darf stets nur aus dem Bemühen, den anderen wirklich verstehen zu wollen, gespeist werden. Dieses Bemühen allerdings wirkt positiv auf jedes Gespräch, sachlich und atmosphärisch.

„Das Erlebnis, von einem anderen Menschen gehört und verstanden zu werden, ist so befriedigend, daß es den Sender stets veranlaßt, dem Zuhörer gegenüber herzlich zu empfinden – ohne daß dies etwa ein bewußtes Ziel sein kann. (...) Ähnliche Gefühle werden im Zuhörer hervorgerufen – er beginnt, für den Sender herzlicher und inniger zu empfinden. Wenn jemand einem anderen einfühlsam und genau zuhört, kommt er dazu, diesen Menschen zu verstehen, seine Art der Weltbetrachtung anzuerkennen – in gewisser Hinsicht *wird er dieser Mensch* für die Spanne Zeit, in der er sich an seine Stelle versetzt." (Gordon, S.70)

Sollten Sie es schwer haben, an anderen Menschen ein gutes Haar zu lassen, probieren Sie folgende Übung. Rufen Sie sich einen Menschen ins Gedächtnis, der Ihnen im höchsten Maße unsympathisch ist und mit dem Sie oft aneinandergeraten. Notieren Sie alle positiven Eigenschaften, die Ihnen zu diesem Menschen einfallen. Sollte Ihnen nichts einfallen, ist Ihre Sicht auf jeden Fall einseitig. Gehen Sie auf Entdeckung, suchen Sie gezielt nach Eigenschaften, die in Ihren Augen an diesem Menschen positiv sind.

Kompromißfindung

Nachdem beide Positionen geklärt sind, kommt es darauf an, eine Lösung zu finden. Wie diese Lösung aussehen kann, ist von Fall zu Fall unterschiedlich und in höchstem Maße von den speziellen Umständen abhängig, so daß bestenfalls allgemeine Prinzipien genannt werden können.

In der Regel wird die Lösung einen Kompromiß aus den Positionen beider Parteien darstellen. Im Falle des von mir gewählten Beispiels ist ein Kompromiß leicht zu finden: Karin und Holger könnten sich in der Bestimmung des jährlichen Urlaubszieles abwechseln.

Kompromisse werden in der Regel nur Teile der Vorstellungen einer Partei enthalten, trotzdem sind sie in der Regel besser als der Sieg einer Partei über die andere. Insbesondere bei Partnerschaften wäre das Gefälle zwischen Sieger und Besiegtem fatal, da in einer auf gleichberechtigte Partnerschaft ausgelegten Beziehung autoritäre Strukturen die Oberhand gewinnen würden.

„Wir lehren deshalb, daß sich der 'Sieg' in einer Auseinandersetzung mit einem intimen Feind als geradezu gefährlich erweisen kann. Er könnte den Verlierer entmutigen und davon abhalten, in künftigen Gefechten aufrichtig zu sein. Er könnte ihn bezüglich der Zukunft seiner Ehe unnötig pessimistisch machen oder ihn gar zur Verzweiflung bringen. Er könnte ihn in einen ausweichenden, sich tarnenden Streiter verwandeln. Er könnte übertriebene Vorstellungen über die Wichtigkeit eines bestimmten Streitthemas für den 'siegenden' Partner in ihm hervorrufen. Es klingt paradox, aber wenn ein 'Sieg' zu solchen Nebenwirkungen führt, dann sind beide Partner Verlierer.

Daraus folgt, daß der einzige Weg, wie man intimen Streit gewinnen kann, der ist, daß beide Partner 'Sieger' sind. Das klingt unlogisch, wenn nicht gar unmöglich. Doch das ist es nicht. Manchmal ist es lediglich eine Frage von vernünftig und mit gutem Willen geführten Verhandlungen." (Bach, S.47)

Sachstreit und Kritikfähigkeit

Was für Intimpartner gilt, ist nicht ohne weiteres auf andere Situationen übertragbar. Insbesondere Sachkonflikte können es vertragen und erfordern es zum Teil, daß sich die objektiv richtige Lösung durchsetzt. Viele Streits entstehen dadurch, daß zwei Parteien über einen Sachverhalt keine Einigung erzielen können. Das kann zum einen daran liegen, daß die Sache real nicht zu klären ist, weil sie zu komplex oder noch nicht abschließend erforscht ist. Die Diskussion um Maßnahmen zum Klimaschutz ist ein aktuelles Beispiel. Die physikalischen und chemischen Vorgänge in der Atmosphäre sind so zahlreich und spielen sich in solchen Größenordnungen ab, daß streng kausale Zusammenhänge nicht zu klären sind. Das bedeutet, daß der Beweis für die negative Wirkung eines speziellen Gases, zum Beispiel CO_2, und die daraus resultierenden Folgen nicht zu erbringen ist. Der Beweis wäre der Eintritt der Katastrophe. Da man es aber nicht soweit kommen lassen will, wird aus dem Sachstreit ein Streit um Werte: Erhaltung der Umwelt und der Menschheit contra wirtschaftliche und politische Machterhaltung.

Eine andere Ursache für mangelnde Einigung in Sachfragen kann in der Unfähigkeit einer oder beider Streitparteien liegen, die Sache so anzuschauen, wie sie tatsächlich ist. Das beste Beispiel sind Zeugenaussagen zu Verkehrsunfällen. Selten werden Aussagen von verschiedenen Zeugen im Detail übereinstimmen, zum Teil gibt es einander widersprechende, sich gegenseitig ausschließende Aussagen, von denen aber nur eine richtig sein kann. Ob ein Fußgänger eine Straße von rechts nach links überquert hat oder umgekehrt, sollte sachlich zu klären sein, denn eine Möglichkeit gibt es nur.

Häufig entspinnt sich um solche und ähnliche Fragen ein Streit zwischen Menschen, weil einer seinen Irrtum nicht einsieht oder ihn, aus Angst vor Gesichtsverlust, nicht zugeben will.

Sagt man einem Menschen auf den Kopf zu, daß er sich geirrt oder einen Fehler gemacht hat, so führt das selten zu einer dankbaren Reaktion, denn gehört wird nicht: „Du hast einen Fehler gemacht. Lern daraus, und mach es das nächste Mal besser!", sondern der Hinweis auf einen sachlichen Fehler wird zur Kritik an der eigenen Person umgedeutet: „Du bist dumm und fehlerhaft. Ich kann es besser", ist die Botschaft, die der Kritisierte hört. Daher ist es eine Grundregel der Dialektik, daß jede Kritik dem Gegenüber die Möglichkeit geben muß, einen Fehler ohne Gesichtsverlust zuzugeben. Voraussetzung ist aber, daß der andere den Fehler bemerkt und erkennt und nicht die Tatsachen entsprechend der Vorstellung, die er sich von ihnen macht, umdeutet.

Darüber hinaus sollte es zu einer Tugend werden, Fehler zugeben zu können. Man vergibt sich nichts, wenn man sagt: „Ja, ich habe mich geirrt." Prüfen Sie sich selbst: Erinnern Sie sich an eine Situation, in der Sie einen Fehler gemacht haben, vielleicht sogar einen gravierenden, den aber niemand bemerkt hat oder den Sie nicht zugegeben haben. Welche Gefühle löst die Erinnerung daran bei Ihnen aus? Welche Emotionen stellen sich ein, wenn Sie sich vorstellen, daß Sie diesen Fehler öffentlich, womöglich sogar vor Kollegen, zugeben müßten? Und dann machen Sie die Gegenprobe, indem Sie bei nächster Gelegenheit tatsächlich einen Irrtum offen eingestehen. Beobachten Sie genau Ihre eigenen Reaktionen und die Ihrer Mitmenschen. Sie werden unter Umständen feststellen, daß allein die Vorstellung an einen verleugneten Fehler weit unangenehmer ist als die tatsächlichen Reaktionen, die entstehen, wenn Sie zu Ihren Mängeln stehen. Seien Sie ehrlich zu sich selbst, denn: „Wer gewohnt ist, sich selbst zu betrügen, wird auch gegebenenfalls bereit sein, andere zu betrügen.“ (Lay 1991, S.166)

Ein weiterer wichtiger Faktor für den Verlauf von Sachkonflikten ist die Kritikfähigkeit der Streitenden. Kritikfähig sein bedeutet letztlich, eine Sache wirklichkeitsgemäß – nicht aufgrund von Vorurteilen – beurteilen zu können. Nichts ist ermüdender, als Auseinandersetzungen um Sachen, die ohne Sachverstand geführt werden. Menschen neigen aber dazu, auch dann über Dinge zu reden, wenn Sie eigentlich nichts davon verstehen. Nicht ohne Grund wird in wissenschaftlichen Kreisen nur der ernst genommen, der in der Sache kompetent ist.

Machen Sie die Probe: Notieren Sie alle Dinge, die Sie für wahr halten, ohne daß Sie sie überprüft haben. An einer solchen Liste können Sie Monate und Jahre arbeiten, ohne daß sie vollständig würde, selbst wenn über hundert Punkte zusammenkämen. Viele Vorurteile liegen jenseits des Bewußtseins und steuern Ihr Verhalten indirekt. In der Regel können Sie davon ausgehen, daß immer dann, wenn Sie heftige emotionale Abwehr in sich hochsteigen fühlen, tiefwurzelnde Vorurteile angesprochen sind. Da es unmöglich ist, alle Vorurteile zu beseitigen – das würde Sie zur Handlungsunfähigkeit verurteilen –, kann es sich nur darum handeln, möglichst viele ins Bewußtsein zu heben und daraufhin zu überprüfen, was geschähe, wenn Sie sie fallenließen.

Zur Stärkung der Kritikfähigkeit gibt es außerdem eine Reihe von Hilfen.

„– Lesen Sie regelmäßig Zeitungen, deren Grundtenor Ihrer Ansicht völlig widerspricht. Nehmen Sie das Gelesene ernst.

– Fordern Sie zur Kritik auf, selbst wenn Sie ‘Schlimmes’ erwarten.

– Setzen Sie sich bewußt Situationen aus, die zu einem Ihnen nicht unbedingt schmeichelnden Feedback führen können.

– Fragen Sie sich, welchen Menschen, welche gesellschaftliche Gruppe, welche Partei, welche Ideologie ... Sie am heftigsten ablehnen und machen Sie sich mit deren wesentlichen Zielsetzungen vertraut.

– Halten Sie die Anordnungen, Gebote und Verbote, Anweisungen ... niemals schon allein deshalb für vernünftig, weil sie von einer Autorität gegeben wurden, die Sie prinzipiell akzeptieren.

– Verschließen Sie sich jedem Prestigedenken – vor allem, wenn es um Prestigekonsum geht. Erwerben Sie also niemals etwas, weil ein anderer es auch hat.

– Nehmen Sie sich gelegentlich vor, nichts anderes zu kaufen, als Sie vor Ihrem Kaufgang kaufen wollten – und befolgen Sie diesen Vorsatz.

– Vertrauen Sie Ihrem eigenen Urteil mehr als dem anderer – selbst, wenn Sie sich gelegentlich täuschen.

– Halten Sie niemals Strafentlassene, Marxisten, Anarchisten, Hilfsarbeiter, Neger ... (oder andere Menschengruppen, denen Sie nicht zugehören) für minderwertiger oder moralisch verwerflicher als sich selbst.

– Akzeptieren Sie niemals eine Ideologie (Marxismus, Liberalismus, Christentum ...) nur, weil sie Ihnen plausibel zu sein scheint. Plausibilität hat nichts mit Wahrheit zu tun.

– Wenn Sie einen Beweis fordern wollen, lassen Sie sich niemals von Ihrer Forderung abbringen und lassen Sie sich niemals durch Plausibilitätsargumente abspeisen." (Lay 1991, S.65 f.)

Gibt es guten Streit?

Selbstklärung, Fremdklärung, Erwerb von Kritikfähigkeit – all das setzt ein kühles Gemüt voraus, verlangt ein bewußtes und umsichtiges Vorgehen. Doch gerade diese Eigenschaften stehen in einer akuten Konfliktsituation nur selten zur Verfügung. In meinem Beispiel ist Holger so geladen, daß er zu ruhigen, klaren Gedanken kaum fähig ist. Kommt es zum Streit mit Karin, so werden die Fetzen fliegen. Laute, beleidigende, zutiefst verletzende und auch ungerechte Worte werden fallen. Beide werden versuchen, ihre Position zu behaupten und den anderen zu besiegen, ihn zum Rückzug zu bringen. Genau diese Verhaltensweisen sind es ja nach dem bisher Gesagten nicht, die einer Aufarbeitung des tatsächliches Konfliktes dienlich sind.. Sollte man es also vermeiden zu streiten?

Die Antwort ist ein eindeutiges Nein. Es wäre unmenschlich zu fordern, immer nur ruhig und beherrscht zu sein. Wut, Empörung, Verbitterung, Enttäuschung sind keine Gefühle zweiter Klasse, sie sind seelische Realitäten und haben eine wichtige Funktion als Überdruckventile und damit eine Existenzberechtigung. Sie haben ein Recht, wütend zu sein, und Sie haben das Recht, es Ihren Partner merken zu lassen. Allerdings dürfen Sie sich nicht wundern, wenn Sie mit gleicher Münze zurückgezahlt bekommen.

So berechtigt und reinigend ein hitziger Streit sein kann, er birgt die Gefahr, daß man einander verletzt und daß genau das eintritt, was oben beschrieben wurde: Der Besiegte zieht sich frustriert zurück. Daher ist es wichtig, der Phase der direkten Konfrontation eine zweite Phase der Besinnung folgen zu lassen, in der man den Streit selbst zum Thema macht. Wenn die Luft aus einem Zank heraus ist und die Gemüter sich abgekühlt haben, ist es gut, miteinander über den Streit zu sprechen. Hier ist der Ort für die Selbst- und Fremdklärung. Auch eine Entschuldigung für allzu heftige Worte sollte ohne Gesichtsverlust möglich sein. („Du, also das eben, das habe ich nicht so gemeint, aber ich war so aufgebracht. Ich wollte eigentlich ...")

Diese Manöverkritik kann sich unmittelbar an den Streit anschließen. Meist aber ist ein gewisser Abstand nötig, um die innere Ruhe und Gelassenheit aufzubringen, sich selbst und das Verhalten dem anderen gegenüber kritisch im Gespräch zu beleuchten. Was nicht geschehen sollte, ist, die einzelnen Äußerungen und ihre chronologische Abfolge zu rekonstruieren, vielleicht noch im Sinne einer Ursache-Wirkung-Analyse. („Ich bin erst wütend geworden, als du gesagt hast, daß ..." „Das habe ich nur gesagt, weil du vorher ...") So wird man dem eigentlichen Anliegen, das man im Streit verfolgte, nicht auf die Spur kommen. Bei der Nachbesinnung sollte aber genau das herauskommen: Was war eigentlich Thema? Was wollte ich? Was wolltest du? Warum fühle ich mich verletzt? Was können wir aus dem Streit lernen?

Läuft ein Streit in diesen zwei Phasen, kann tatsächlich etwas Positives dabei herauskommen, es kann ein Stück Entwicklungsarbeit geleistet werden, die die Beziehung weiterbringt.

Literatur:

Bach, George W./Wyden, Peter: Streiten verbindet. Spielregeln für Liebe und Ehe. Sonderausgabe, Frankfurt a.M. 1992

Dörner, Klaus/Plog, Ursula: Irren ist menschlich. Lehrbuch der Psychiatrie/Psychotherapie. Bonn ^{6}1990

Glasl, Friedrich: Konfliktmanagement. Ein Handbuch für Führungskräfte und Berater. Bern/Stuttgart ^{2}1990

Gordon, Thomas: Familienkonferenz. Die Lösung von Konflikten zwischen Eltern und Kind. München ^{7}1989

Jandt, Fred: Konfliktmanagement. Ich gewinne – du gewinnst. Rüschlikon-Zürich 1988

Kloss, Heinz: Grenzen und Übergänge im Bereich von Gut und Böse. Hilfen zur erkennenden Abwehr des Bösen. Dornach o.J.

Lay, Rupert: Dialektik für Manager. Methoden des erfolgreichen Angriffs und der Abwehr. Frankfurt a.M. ^{4}1990

Lay, Rupert: Führen durch das Wort. Frankfurt a.M. ^{4}1991

Lay, Rupert: Vom Sinn des Lebens. Frankfurt a.M. 1990

Perls, Frederic S./Hefferline, Ralph F./Goodman, Paul: Gestalttherapie. Grundlagen. München 1991

Perls, Frederic S./Hefferline, Ralph F./Goodman, Paul: Gestalttherapie. Praxis. München 1991

Schroeder, Hans-Werner: Der Mensch und das Böse. Ursprung und Wesen der Widersachermächte. Stuttgart 1984

Schulz von Thun, Friedemann: Miteinander reden 1. Störungen und Klärungen. Allgemeine Psychologie der Kommunikation. Reinbek 1981

Schulz von Thun, Friedemann: Miteinander reden 2. Stile, Werte und Persönlichkeitsentwicklung. Differentielle Psychologie der Kommunikation. Reinbek 1989

Thomann, Christoph/Schulz von Thun, Friedemann: Klärungshilfe. Handbuch für Therapeuten, Gesprächshelfer und Moderatoren in schwierigen Gesprächen. Reinbek 1988

Wir arbeiten daran!

INTERVIEW MIT FRIEDRICH GLASL

von Thomas Höfer

Univ.-Doz. Dr. rer. pol. Friedrich Glasl, *geboren 1941 in Wien. Berufslehre als Schriftsetzer. Maturavorbereitung im Abendgymnasium, gleichzeitig berufstätig. Mitbegründer des Wiener Kellertheaters „Die Komödianten", Regieassistent. Nach der Matura: Studium der Staatswissenschaften an der Universität Wien. Gleichzeitig teilzeitbeschäftigt als Sekretär des „Service Civil International", der im Rahmen der UNESCO Hilfeprojekte organisierte und Studentenaustausch zwischen Ost und West mit dem Ziel der Völkerverständigung durchführte. Redaktionsmitglied der interkonfessionellen Zeitschrift „Der Christ in der Welt", Wien, vorrangig mit Fragen der Friedens- und Konfliktforschung befaßt. Als Vorstandsmitglied der „International Fellowship of Reconciliation" in Österreich praktisch und wissenschaftlich mit der gewaltlosen Konfliktbewältigung auf der Grundlage christlicher Ethik beschäftigt.*

Promotion zum Thema der internationalen Konfliktverhütung und -lösung an der Universität Wien. 1967 2. Internationaler Hörspielpreis „UNDA",

Sevilla. Übersiedlung nach Zeist in den Niederlanden. Assistent am NPI-Institut für Organisationsentwicklung und Ergänzungsausbildung in angewandter Sozialpsychologie und Gruppendynamik zum Organisations- und Unternehmensberater. 1969 bis 1985 Senior-Mitarbeiter des NPI, im besonderen mit Organisationsentwicklung und Managementberatung und -training befaßt: in der Industrie, in der öffentlichen Verwaltung, in Krankenhäusern, therapeutischen Institutionen, Sozialdiensten, Forschungsinstituten, Universitäten und Fachhochschulen – sowohl in den Niederlanden, in der Bundesrepublik Deutschland, in der Schweiz, in Großbritannien, Irland und Schweden sowie in einigen afrikanischen Ländern.

In diesen Jahren zunehmende Spezialisierung auf Beratung und Begleitung bei intensiven Konflikten in Organisationen sowie Beiträge zur Überwindung der Rassendiskriminierung in Südafrika und des Bürgerkrieges in Nordirland. Parallel zur Mitarbeit am NPI als Dozent und Gastprofessor an verschiedenen Universitäten und Hochschulen im In- und Ausland tätig.

1983 Habilitation in Wirtschaftswissenschaften an der Bergischen Universität Wuppertal mit der Habilitationsschrift „Konfliktmanagement" (Bern/Stuttgart 1980)

1985 Rückkehr nach Österreich, Wohnsitz in Salzburg und Mitbegründer der Beratungsfirma „Trigon Entwicklungsberatung" Graz/Wien/Klagenfurt. Lehrstuhlvertretung für Angewandte Betriebswirtschaftslehre an der Universität Klagenfurt, seither dort als Dozent für Spezialisierungsstudium Organisationsentwicklung. 1987 Mitbegründer und Präsident der Forschungsgesellschaft „Society for the Study of Organisations", Wien, seit 1988 der Vorsitzende des Vorstandes. Seit 1986 auch Seminar- und Beratungstätigkeit in Rußland, Georgien und Slowenien.

Die wichtigsten Buchveröffentlichungen:

Organisatie-ontwikkeling in de praktijk (Niederländisch), Amsterdam/Brüssel 1975.

Organisationsentwicklung (mit L. de la Houssaye), Bern 1975

Conflicthantering I (Niederländisch), Meppel 1979

Konfliktmanagement, Bern/Stuttgart ^{1}1980, ^{2}1990, ^{3}1991

Conflict hantering II (Niederländisch), Meppel 1981

Verwaltungsreform durch Organisationsentwicklung, Bern/Stuttgart 1983

Von kooperativer Marktstrategie zur Unternehmungsentwicklung (zusammen mit W. Hasper), Bern/Stuttgart 1990

Als ich auf der Fahrt von Flensburg nach Salzburg im Zugrestaurant des Intercity gegen Mittag speisen wollte, traf es sich, daß das von mir erwählte Menü nicht zubereitet werden konnte. Aus nicht näher bekannten Gründen stand kein Strom für die Mikrowellenherde zur Verfügung. Auch einen Kaffee konnte man nicht anbieten, denn die Kaffeemaschine stand strom- und damit nutzlos in der Ecke. Nicht ärgern, nur wundern, dachte ich mir.

Nicht so mein Tischnachbar! Ihn hatte man nach seiner Bestellung eine Viertelstunde warten lassen, und als dann endlich die Bedienung an seinen Tisch trat, hoffte er schon, seinen Hunger stillen zu können. Es hätte ihn stutzig machen müssen, daß sie mit leeren Händen kam. Höflich und ein wenig verlegen teilte man ihm mit, sein Essen sei nicht lieferbar. Sein Ärger machte sich durch dezente rote Flecken im Gesicht und eine leicht schrill klingende Stimme bemerkbar. Wohl um sich zu beruhigen, bestellte er einen Cognac. „Kommt sofort!“ – sprach´s, kam nach bereits fünf Minuten ohne Cognac zurück – der war nämlich inzwischen ausverkauft – und bot als Trost einen Magenbitter an. Ich verließ darauf das Zugrestaurant, den fluchenden Fahrgast und die gleichmäßig freundliche Bedienung, um im Zugbistro zumindest ein belegtes Brötchen zu ergattern.

Die Idee hatten offensichtlich noch mehr Reisende gehabt, und auch hier tobte der Unmut, denn ob man nun die Brötchen in Hamburg auf dem Bahnhof hatte stehen lassen oder ob die Kühlschränke infolge des Stromausfalls nicht zu öffnen waren – jedenfalls waren die auf lustig-bunten Schildern angepriesenen Salami-, Schinken- und Käse-Sandwiches nicht käuflich oder sonstwie zu erlangen. Die Gäste wurden vertröstet, in Fulda würde Abhilfe geschaffen werden, spätestens in Würzburg. Der Zug hatte gerade den Bahnhof Hannover passiert, und einigen Passagieren fing die tiefere Bedeutung des Slogans vom „Unternehmen Zukunft“ zu dämmern an. Immerhin – das Personal bewahrte die Ruhe, und solange die Schokolade nicht ausging, waren tätliche Angriffe der Reisenden nicht zu befürchten. Mit knurrendem Magen begab ich mich zurück in mein Abteil. Zur Ehrenrettung der Deutschen Bundesbahn muß ich sagen, daß tatsächlich ab Fulda wieder Strom und damit Speis und Trank zur Verfügung standen. Aber das Konfliktpotential, das dieser Zug transportierte, war beträchtlich und ließ interessante Studien zu. Zwar hatte ich von vornherein vorgehabt, die Bahnfahrt zur abschließenden Interviewvorbereitung zu nutzen, aber daß derart viel praktisches Studienmaterial zur Verfügung stehen würde, hatte ich nicht geahnt.

Hier noch ein paar Hinweise zum besseren Verständnis des folgenden Interviews: Wenn von dem Buch oder Ihrem Buch die Rede ist, so bezieht sich das auf das in diesem Heft rezensierte Buch „Konfliktmanagement“, das mir zur Vorbereitung meines Interviews diente (*siehe Bücherschau;* Red.). Im Laufe des Gesprächs wird darüber hinaus immer wieder auf die Stufentheorie der Konflikteskalation Bezug genommen, die Friedrich Glasl aus seiner langjährigen Praxis als Konfliktberater und seiner wissenschaftlichen theoretischen Arbeit heraus entwickelt hat. Die Theorie selbst wird aber erst zu einem relativ späten Zeitpunkt des Interviews ausführlich erläutert.

Alle in den Text eingestreuten Übersichten, Übungen und Beispieltexte wurden mir von Friedrich Glasl zur Verfügung gestellt.

Thomas Höfer: Konflikte entstehen überall dort, wo Menschen miteinander umgehen. Allzu schnell ist man aber geneigt, jede auftauchende Schwierigkeit, selbst kleine Mißverständnisse, als Konflikt zu bezeichnen, so daß der Begriff unscharf wird. Sie wehren sich in Ihrem Buch „Konfliktmanagement" gegen eine Inflation des Konfliktbegriffs. Wie definieren Sie den Begriff Konflikt?

Dr. Friedrich Glasl: Zunächst versuche ich, den Konfliktbegriff gegenüber bloßen Unvereinbarkeiten im Wahrnehmen, Denken, Fühlen und Wollen abzugrenzen. Wenn Sie eine andere Vorstellung von Konflikt im Kopf hätten als ich, so wäre dieser Gegensatz noch kein Konflikt – auch wenn es uns nicht gelingen sollte, unsere Vorstellungen einander anzunähern –, sondern lediglich eine Unvereinbarkeit im kognitiven Bereich, im Denken. Erst wenn diese Unvereinbarkeit über die rein argumentative Auseinandersetzung hinausginge und ins *Handeln* hineinspielte, entstünde ein Konflikt. Wenn ich zum Beispiel versuchen würde, Sie an der verbalen Ausführung Ihres Konfliktbegriffs zu hindern, indem ich das Tonband- oder Kassettengerät abschaltete, Ihnen Kaffee über die Hose schüttete und ähnliches – ich konstruiere absichtlich skurrile Beispiele –, so daß Sie erleben würden, daß mein Verhalten Sie in der Entfaltung Ihrer Vorstellung hindert, dann wäre nach meinem Verständnis ein Konflikt gegeben. Die Behinderung braucht also lediglich von einer Partei als solche empfunden zu werden.

Ein ähnliches Beispiel ließe sich für den affektiven Bereich konstruieren. Ich finde die Blumen auf dem Tisch schön und Sie vielleicht nicht. Bis hierher hätten wir lediglich eine Differenz im Empfinden. Stellte ich aber die Blume weiter zu Ihnen herüber, so daß ihr betäubender Geruch Sie belästigten würde, und Sie fühlten sich im Realisieren Ihrer Auffassung dadurch behindert, dann wäre wieder ein Konflikt gegeben. Entsprechendes ließe sich über den Willensbereich sagen.

Der soziale Konflikt

T.H.: Der zentrale Begriff in Ihrem Buch ist der des sozialen Konflikts. Was verstehen Sie darunter?

F. Glasl: Der soziale Konflikt ist das Gegenstück zum intrapsychischen Konflikt, der sich in mir, in meiner Seele abspielt, wenn etwa das, was ich weiß, und das, was ich tue, nicht zusammenstimmen oder wenn ich ein moralisches Dilemma auszutragen habe. Der intrapsychische Konflikt ist aber nicht mein Fokus, auch wenn in der sozialen Auseinandersetzung innerpsychische Vorgänge eine große Rolle spielen.

Ein sozialer Konflikt dagegen ist eine Interaktion zwischen Individuen, Gruppen, Organisationen oder dergleichen, wobei wenigstens einer der

Akteure Unvereinbarkeiten im Denken, Vorstellen, Wahrnehmen, Fühlen oder Wollen in der Weise erlebt, daß eine Beeinträchtigung im Realisieren der eigenen Inhalte durch die jeweils andere Seite erfolgt.

Der Sog zum Destruktiven

T.H.: Sie sagten, daß nur eine Partei die Unvereinbarkeit und die Behinderung zu erleben braucht. Könnte es nicht sein, daß ein Konflikt lediglich in der Einbildung dieser einen Partei existiert und die andere Partei gar nicht berührt?

F. Glasl: Natürlich, aber das subjektive Erleben hat Konsequenzen, der Konflikt bleibt ja nicht in der Einbildung. Wenn ich erlebe, daß Sie mir in Ihrem Fühlen, Wollen oder Denken im Wege stehen und mich in meinem Fühlen, Wollen oder Denken aktiv behindern, dann werde ich mich Ihnen gegenüber nach einer Weile anders verhalten, als wenn ich diese subjektive Empfindung nicht hätte. Sie können noch ganz ahnungslos sein und meinen, wir hätten eine schöne akademische Diskussion. Aber plötzlich gehe ich zu einem Handeln über, das die Regeln der rein kognitiven Auseinandersetzung verläßt: Ich mache Sie unsicher oder lächerlich, gebe Ihnen Schuldgefühle oder ähnliches. Über kurz oder lang wird mein Handeln dann auch für Ihr Handeln Konsequenzen haben, Sie werden zum Beispiel aufstehen und den Raum verlassen. Spätestens dann ist der Konflikt akut.

Oder denken Sie an eine Ehebeziehung. Die Partner haben sich vielleicht schon seit Jahren mehr und mehr auseinandergelebt, und plötzlich erklärt die eine Partei: „Nun reicht es mir. So geht es nicht weiter, und jetzt ist Schluß!" Die andere Partei, bisher völlig ahnungslos, fällt aus allen Wolken. Die Wirklichkeit ist hier so, daß die eine Partei schon länger an der Ehesituation gelitten hat und sich an der Beziehung stört, während die andere nicht bemerkt hat, daß etwas nicht stimmt. Aber nun ist ein Signal gesetzt, die Karten liegen auf dem Tisch. Jetzt gibt es zwei Möglichkeiten. Entweder es kommt zur Aussprache und vielleicht auch zu einer Klärung, oder aber der Tanz geht erst richtig los und es kommt zu gegenseitigen Schuldvorwürfen, Beleidigungen, Unterstellungen usw. Ganz schnell sind beide Parteien auf dem gleichen Eskalationsniveau.

Im Laufe meiner Arbeit konnte ich immer wieder die Erfahrung machen, daß die Konfliktparteien höchstens zwei Stufen auf der neunstufigen Eskalationstreppe trennt, niemals mehr. Und selbst wenn die Parteien zwei Stufen trennt, entsteht ein Sog zum jeweils weiter eskalierten Stadium hin, so daß man schnell wieder auf derselben Ebene ist. In der Wirtschaftstheorie sagt man, daß das schlechtere Geld das bessere verdrängt. Analog kann man formulieren, daß die gewaltsamere, destruktivere Partei die konstruktivere zu sich hinzieht, wenn diese nicht stark genug ist, dem Sog standzuhalten.

„Ich will nicht missionieren“

T.H.: Ihre Arbeit gründet auf einem anthroposophischen Menschenbild. Wie macht sich das bemerkbar?

F. Glasl: Ich sehe in dieser Frage eigentlich zwei Aspekte. Zum einen: Welche Bedeutung hat dieser Hintergrund in meiner Forschung und in der Modellbildung? Zum anderen: Was merkt mein Klient, der kein Anthroposoph ist, von diesem Hintergrund? Ich beginne einmal mit dem zweiten Aspekt.

Die allermeisten meiner Klienten sind keine Anthroposophen. Von diesen weiß rund die Hälfte um meinen Hintergrund und sucht zum Teil gerade deswegen meinen Rat. So bin ich zum Beispiel verschiedentlich in katholische Institutionen gebeten worden, in denen man dezidiert keinen katholischen Berater wollte, weil man dessen Sprüche bereits kannte, schließlich argumentierte er aus dem gleichem katholischen Hintergrund heraus wie die Betroffenen selbst. Meine Tätigkeit hingegen – so wurde mir von Klienten berichtet – führte zu einer Vertiefung der eigenen Sicht auf sich selbst, forderte die Betroffenen dazu auf, als Katholik authentischer zu sein, als wenn ein Katholik beratend tätig gewesen wäre. Hinzu kommt, daß die Katholiken an mir erleben, daß ich sie nicht missioniere. Ähnliches galt auch für meine Arbeit mit evangelischen Klienten. Dogmatismus und missionarisches Auftreten sind mir zutiefst zuwider.

Oft erlebe ich, daß meine Klienten von sich aus nach meinem weltanschaulichen Hintergrund fragen, weil sie das Gefühl haben, daß hinter den Begriffen, die ich gebrauche – etwa aus der Eskalationstheorie oder der Konflikttypologie –, mehr steht, als die Begriffe aussagen. Und wenn ich gefragt werde, antworte ich natürlich entsprechend. Oder ich versuche von mir aus, die anthroposophischen Hintergründe in allgemeinverständlicher Form zu erläutern. Es bringt nichts, im „Jargon“ von Ätherleib, Bewußtseinsseele, luziferischen oder ahrimanischen Wesen und ähnlichem zu sprechen. Damit können Menschen, die von Anthroposophie keine Ahnung haben, nichts anfangen, so daß ich Umschreibungen und Beschreibungen der Phänomene bevorzuge. Das geht sehr gut.

Komplexitätskomplex und Tiefenkopfsprung

Ich möchte sogar behaupten, daß in Konflikten mit Nichtanthroposophen einfacher zu arbeiten ist als mit Anthroposophen. Bei anthroposophischen Klienten läßt sich oft etwas beobachten, was ich den „Komplexitätskomplex“ nenne. Angenommen, ich stoße Sie bei dem Versuch an, die Teekanne vom Tisch zu holen, so haben Anthroposophen den ausgeprägten Drang, diesen simplen Vorfall möglichst auf der Ebene tiefster karmi-

Übung zur Wahrnehmungsklärung

(Eskalationsstufe 3, 4 und 5)
Ziel dieser Intervention: Bewußtsein wecken für die eigenen einseitigen Perzeptionen (Wahrnehmungen) und die möglichen Bilder der Gegenpartei. Eine Partei kann dies erst alleine tun, danach im klärenden Gespräch mit der anderen Partei.
Vorgehensweise:
Wählen Sie einen Vorfall aus, der noch nicht lange zurückliegt. Dieser Vorfall sollte nach Ihrer Meinung ein typisches Beispiel für den Konflikt sein. Allein (oder mit Hilfe des Partners) untersuchen Sie:
1. Welches Bild hatte ich von meinem eigenen Verhalten in dieser Situation? Was waren meine Intentionen in dieser Situation? Welches allgemeine Bild hatte ich von mir selbst als Konfliktpartei?
2. Welches Bild hatte ich in dieser Situation vom Verhalten des Gegners? Was erlebte ich subjektiv als Motive, Ziele, Absichten der Gegenpartei? Welches Bild der Eigenschaften, Qualitäten usw. hatte ich damals von der Gegenpartei?
3. Welches Bild scheint meine Gegenpartei in dieser Situation von mir gehabt zu haben? Was könnte in meinem Verhalten dazu Anlaß gegeben haben? Wie hätte ich - rückblickend - meine eigentlichen Motive, Ziele, Absichten der anderen Partei so deutlich vermitteln können, daß sie keinen anderen Eindruck von mir hätte bekommen können als ich selber?
Am besten können Sie diese Fragen im Gespräch mit dem Gegner klären. In der Übungssituation ist es Aufgabe Ihres Gesprächspartners, Ihnen zu helfen, die mögliche Sichtweise Ihres Gegners zu entdecken und eventuell Perzeptionsunterschiede sichtbar zu machen.
Achten Sie unbedingt darauf, daß Sie jeden Satz mit einer der folgenden Formulierungen beginnen:
„Mein *Eindruck* war der, daß ...“, „Ich hatte das *Bild* ...“, „In meiner *Erinnerung* war es so, daß ...“, „Ich hatte den *subjektiven Eindruck,* daß ...“
Ihr Gesprächspartner achtet streng darauf, daß Sie mit diesen Formulierungen beginnen. Er fragt auch immer wieder: „Könnte das wirklich so gewesen sein? Ist das nicht zuviel aus Ihrer Sicht gesehen? Verteidigen Sie sich jetzt vielleicht?“

Aus: Glasl 1980

scher Verstrickungen zu interpretieren. Daß ich aus Versehen Ihren Arm berührte, weil ich mich ungeschickt bewegt habe oder der Flamme der

Kerze auf dem Tisch ausweichen wollte, wird als Erklärung nicht angenommen. Da muß mehr dahinterstecken!

Zugegeben, meine Schilderung ist Karikatur und pauschal, aber die Tendenz stimmt. Während ich mich mit nichtanthroposophischen Klienten langsam vom äußeren Geschehen in immer tiefere Schichten vorarbeite, bevorzugen die Anthroposophen den „Tiefenkopfsprung". Der Drang, in einem Klärungsgespräch die kleinen menschlichen Dinge zu mißachten und stattdessen auf vorherige Inkarnationen schauen zu wollen, ist in meinen Augen der Ausdruck großer Arroganz. Man weigert sich, zur Kenntnis zu nehmen, daß auch im Hier und Jetzt menschliche Dinge existieren, bei denen es wenig braucht, um sie zu verstehen, und auch, um sie zu verändern. Der Tiefenkopfsprung ist oft die raffinierte Ausrede, daß nur im Laufe der Inkarnationen, nicht aber im Augenblick, an den bestehenden Schwierigkeiten gearbeitet werden könnte.

Bei Führungskräften in der Industrie oder zum Beispiel im Bankwesen kann man im Gegensatz dazu erleben, daß im Aufarbeiten bestimmter Konflikte zunächst Fragen entstehen, die die geistig-seelische Existenz der Betroffenen direkt berühren. „Bin ich wirklich so ein Schweinehund, wie der andere mir vorwirft? Stimmt es vielleicht in der Tendenz doch, daß ich meine Mitarbeiter zu sehr manipuliere, daß ich karriereneurotisch bin und über Leichen gehe?" Aus diesen Fragen entsteht oftmals das Bedürfnis, tiefer zu blicken, hinter die äußeren Phänomene zu schauen und über die augenblickliche Situation hinauszugehen. Diese Art ist aus meiner Sicht hygienischer und authentischer als ein Tiefenkopfsprung.

T.H.: In meinen Augen ist die von Ihnen geschilderte Tendenz eine Flucht vor der augenblicklich gegenwärtigen und überprüfbaren Realität.

F. Glasl: Genau, es ist eine raffinierte Flucht in eine vornehme Tiefe. Fairerweise muß ich dazusagen, daß diese Hürden eher zu Beginn einer Konfliktaufarbeitung eine starke Rolle spielen, aber überwindbar sind. Sie fordern ein umsichtiges Vorgehen und mahnen zur Bescheidenheit. Hat man sie überwunden, läßt sich viel erreichen.

Gerade vor kurzem hatte ich einen Konflikt zu bearbeiten, in dem die Kerngruppe aus Anthroposophen bestand, der größere Teil aber aus Nichtanthroposophen. Und gerade auf anthroposophischer Seite war eine bewundernswerte Bereitschaft vorhanden, auf das Noch-nicht-Verstehen der anderen Seite einzugehen, es ernst zu nehmen und doch für sich selbst eine tiefere Dimension aus dem Konflikt herauszuhören.

Ablösung vom Zeitgeschehen

T.H.: Ich frage mich seit längerem, ob die intensive Beschäftigung mit Anthroposophie nicht die Gefahr birgt, das, was seit Steiners Tod zum

Beispiel in vielen Bereichen der Psychologie geleistet wurde, nicht zur Kenntnis zu nehmen. Der Ausspruch, daß sich ein Anthroposoph ständig auf dem Weg des Verstehens anthroposophischer Inhalte befindet, scheint mir schon deshalb wahr, weil das zu studierende Werk Steiners so umfangreich ist, daß ein Leben kaum ausreicht, um es in allen Teilen zu verinnerlichen. Vielleicht bleibt daneben keine Zeit, sich mit nichtanthroposphischen Inhalten auseinanderzusetzen, die aber gerade heute wirksame psychische Mechanismen, die in bestimmten Situationen zu bestimmten Reaktionen führen, ins Bewußtsein heben könnten.

F. Glasl: Steiner hat sehr gut über das Bescheid gewußt, was seine Zeitgenossen getan und geleistet haben. Ich bin immer wieder darüber erstaunt, was er alles gelesen und vor allem auch so verstanden hat, daß er urteilsfähig wurde. Er war auf der Höhe seiner Zeit. Daß er zu Freud oder Jung bestimmte Auffassungen hatte, ist seine Sache. Aber er hat die Dinge zur Kenntnis genommen und sich mit ihnen beschäftigt. Heute gibt es in der sogenannten humanistischen Psychologie oder in der Familientherapie bahnbrechende Entdeckungen und Erkenntnisse, von denen ich mir immer wieder sage, daß sie eigentlich von Anthroposophen hätten stammen müssen, denn man war nahe daran. Aber den Durchbruch haben dann Leute wie Watzlawick, Perls oder Assagioli geschafft. In meiner Arbeit habe ich mich immer darum bemüht, diese Dinge aufzugreifen und zu integrieren. Bei einigen Anthroposophen stößt genau das auf Widerstand und wird mit der Begründung „Not invented here“ – nicht aus dem eigenen Hause stammend – abgewehrt. Allerdings ist diese Reaktion heute wirklich eine Ausnahme.

Für mich ist das leitend, was Steiner unter anderem in den Karmaübungen beschreibt und was mit dem Ausdruck *Ehrfurcht vor dem Sinnenfälligen* bezeichnet werden kann: eine gegebene Situation genau und präzise erfassen, um dann in tiefere Schichten vorzudringen. Wie war die Situation konkret? Wie saßen die Personen? Was genau haben sie gesagt? Wie war der Tonfall? Wie der Lichteinfall? Hat man alle diese sinnenfälligen Erscheinungen präzise ins Bewußtsein gehoben, kann eine Kleinigkeit als Fingerzeig auf tiefere Schichten dienen, der ernstgenommen werden muß und der der Schlüssel zu einem vertieften Verständnis werden kann.

Heiß und kalt

T.H.: Ich möchte noch einmal auf den Ausgangspunkt unserer Überlegungen zurückkommen, weil ein Aspekt bisher erst sekundär behandelt wurde. Welche Rolle spielt die Anthroposophie in Ihrer Arbeit?

F. Glasl: Als ich noch in Holland lebte, hatten meine Frau und ich mit Freunden über Jahre hinweg eine anthroposophische Studiengruppe, in der wir uns unter anderem einmal mit dem Vortragszyklus „Offenbarungen des Karma" (GA 120) beschäftigten. Dort spricht Rudolf Steiner im vierten Vortrag über luziferische und ahrimanische Krankheiten. Während die luziferischen Krankheiten fiebrig verlaufen und auflösend wirken, wie zum Beispiel Lugenentzündungen, haben ahrimanische Krankheiten einen unauffälligen Verlauf und die Tendenz der Verhärtung, bis die Krankheit eines Tages akut wird, wie zum Beispiel Krebs. Mit Blick auf unterschiedliche Behandlungsweisen der beiden Krankheitstypen gebraucht Steiner zur Charakterisierung der unterschiedlichen Typen der Krankheiten die Adjektive heiß und kalt.

Und während ich mich in der Studiengruppe mit diesen Dingen beschäftigte, ging mir auf, daß sich auch die bisher von mir bearbeiteten Konflikte gut in heiße und kalte Konflikte einteilen ließen. Ich begann, mein Material danach zu ordnen.

Nimmt man die Begriffe luziferisch und ahrimanisch, so zeigt sich, daß sie sehr auf die Konflikttypen zutreffen. Mir als Berater ermöglicht die Typologisierung eine schnelle Diagnose des Konfliktgrundtyps; ich weiß, womit ich zu rechnen habe, und werde nicht so schnell überrascht. – Dies ist ein Beispiel dafür, wie ich aus der Anthroposophie eine vertiefte Sicht meiner eigenen Arbeit gewinnen konnte.

In ähnlicher Weise hat sich das anthroposophische Menschenbild befruchtend auf meine Arbeit ausgewirkt. Die Gliederung des Menschen in Leib, Seele und Geist, die Unterscheidung der Seelenfähigkeiten in Denken, Fühlen und Wollen liefern mir Ansätze für eine menschengemäße Sicht der komplexen sozialen Wirklichkeit.

Mikro-, Meso-, Makrokonflikte

T.H.: Ich möchte noch ein wenig auf die Konflikttypologie eingehen. Sie unterscheiden in Ihrem Buch Mikro-, Meso- und Makrokonflikte. Was hat es damit auf sich?

F. Glasl: Diese Unterscheidung der Konflikttypen hat einen sehr pragmatischen Zweck. Mikrokonflikte gehen über eine Primärgruppe nicht hinaus, sie werden sozusagen *face to face* ausgetragen. Die Hauptakteure in Konflikten, selbst in großen Organisationen, lassen sich in der Regel an einer Hand abzählen. Wenn diese Hauptakteure ihren Konflikt direkt miteinander austragen, spielt der Konflikt auf der Mikroebene.

In der Mesoarena spielen in die direkte Auseinandersetzung Organisationsaspekte mit hinein. Es ist ein Unterschied, ob wir beide als Glasl und Höfer miteinander über Kreuz liegen oder ob ich als Vertreter der Beratungsfirma Trigon und Sie als Vertreter der Redaktion des Flensburger Hefte Verlages agieren. In der Mesoarena spielen Vorschriften, Gepflogenheiten

Heiße Konflikte	Kalte Konflikte
– Die Parteien erhitzen sich für ihre eigenen Ziele, wollen die Gegenpartei überzeugen, gewinnen Anhänger.	– Die Parteien haben jeden Glauben an konstruktive Ziele verloren, sie dämpfen gegenseitig ihre Begeisterung, sie blockieren, hindern, bremsen.
– Übermotivation.	– Frustation, Sarkasmus, Zynismus, Desillusion.
– Die Parteien wehren Kritik an ihren Motiven ab, sie fühlen sich über jeden Zweifel erhaben.	– Die Parteien geben (persönlich) ehrlich negative Motive zu, weisen die Verantwortung für die Folgen ihres Tuns für die Gegenpartei ab.
– Die Parteien sind expansiv eingestellt, d.h. vergrößern ihre Anhängerschaft und sind auf Eroberung eingerichtet.	– Rückzugshaltung, abbrechend, ausweichend.
– Überschuß an Aktivität. Die Parteien suchen einander, die Konflikte dienen der Begegnung in der Konfrontation.	– Die Parteien gehen einander aus dem Weg, soziale Erosion, Abbröckeln, Zerfall in isolierte kleine Bestandteile.
– Jeder trägt den Konflikt mit dem anderen aus, Bild des „überfüllten Marktplatzes".	– Man meidet sich und minimalisiert die Plätze und Momente der Begegnung, Bild des „sozialen Niemandslandes".
– Regeln und Prozeduren werden als hemmend über Bord geworfen, direkter Kontakt wird angestrebt.	– Das Ausweichen wird zum System und in unpersönlichen Regeln und Prozeduren festgelegt.
– Es kommt zu zahlreichen Entladungen und „Explosionen": Angriff, extrovertierte Aktionen, Ausbrüche.	– Viele „Implosionen", ohne daß die Parteien dies voneinander sehen: Zusammenbruch, Angst und Verdruß, Selbstbeschuldigungen.
– Übertriebenes Sieger- und Überlegenheitsgefühl, beinahe uneingeschränkter Glaube an die eigene Überlegenheit.	– Ein grundsätzlicher Mangel an Selbstvertrauen, Zweifel am eigenen Selbstwert lähmt die Handlungsfähigkeit.

Nach: Glasl 1990

und Rollenzwänge in das Konfliktgeschehen hinein, die systemisch, nicht nur personell, bedingt sind.

In der Makroarena ist das Konfliktgeschehen so öffentlich, daß keine Begrenzung mehr anzugeben ist. Mal agiert diese Zeitung, dann jene

Gewerkschaft, dann ein Regierungsvertreter oder jemand von der Opposition usw.

T.H.: Bleiben die Konflikte in ihren Arenen, oder können sie sich verändern?

F. Glasl: Natürlich können sie das. Eine Sachdifferenz über die Frage „Sollen wir einen eckigen oder einen runden Tisch anschaffen?“ kann sich zu einem Positionskampf ausweiten – „Warum mußt immer du entscheiden, welche Tische angeschafft werden?“ –, bei dem es nicht mehr um die Sache, sondern um die eigene Stellung im Konfliktgeschehen geht. Schließlich kann ein Systemveränderungskonflikt entstehen, der darauf zielt, die bestehende Ordnung zu verändern: „Die Kompetenzen in der Schule sind falsch verteilt. Warum sollen nicht auch die Eltern darüber entscheiden, welche Tische angeschafft werden?“ So kann ein Konflikt immer weitere Kreise einbeziehen und sich von den ursprünglichen Konfliktparteien lösen. Konflikte können sich in vielfältiger Weise entwickeln. Ein Konflikt kann zum Beispiel auch heiß beginnen und in dem Moment, in dem er in die Mesoarena wechselt, eiskalt werden.

Der verfehlte Sinn der Suche nach der Ursache

Wichtig für die Konfliktbehandlung bestehender Konflikte ist, daß es ab einer gewissen Eskalationsstufe absolut unsinnig ist zu fragen, womit der Konflikt begonnen hat. Ein Vergleich zur Medizin kann das verdeutlichen. Wenn der Nachbar ein Schwimmbad im Garten hat und ein Kind fällt hinein und zieht sich eine Lungenentzündung zu, würde kein Arzt auf die Idee kommen, die Lungenentzündung zu behandeln, indem er hinterher das Wasser im Schwimmbad erwärmt. Die Ursache für die Lungenentzündung war zwar das kalte Wasser im Schwimmbad, für die Therapie nutzt diese Erkenntnis aber gar nichts.

Globale Konfliktdiagnose: Erscheinungsform

Denken Sie an einen konkreten Konflikt, in den Sie selber verwickelt waren und der Ihnen für die Art und Weise, wie in Ihrer Organisation Konflikte ausgetragen werden, typisch erscheint. Sie sehen unten Merkmale eines Konfliktes, die einander gegenübergestellt sind. Welche Merkmale sind für den von Ihnen ausgewählten Konflikt charakeristisch? Mehr diejenigen, die links stehen – oder mehr diejenigen, die rechts stehen? Kreuzen Sie an, und zählen Sie Ihre scores zusammen.
Die scores bedeuten:
5 = starke Ähnlichkeit mit dem linken Merkmal
3 = Ähnlichkeit mit beiden Merkmalen
1 = starke Ähnlichkeit mit dem rechten Merkmal

A. offen und direkt konfrontierend	5 - 4 - 3 - 2 - 1	„von hinten herum“
B. sichtbare Aggressionen	5 - 4 - 3 - 2 - 1	verdeckte Aggressionen
C. mit „schäumendem Mund“	5 - 4 - 3 - 2 - 1	unterdrückte Emotionen
D. Parteien geben sich idealistisch motiviert	5 - 4 - 3 - 2 - 1	Parteien geben sich zynisch
E. Haltung: Siegesrausch gewinnen“	5 - 4 - 3 - 2 - 1	Haltung: „Es gibt nichts zu
F. Parteien suchen Anhänger	5 - 4 - 3 - 2 - 1	Tendenz zum Einzelkämpfertum
G. Parteien voll Selbstüberschätzung	5 - 4 - 3 - 2 - 1	Parteien voll Ohnmacht
H. auf Eroberung/Expansion aus	5 - 4 - 3 - 2 - 1	in Laufgräben zurückgezogen
I. überhebliche Parteien	5 - 4 - 3 - 2 - 1	mutlos, deprimiert, ängstlich
J. sehr emotionsgeladen	5 - 4 - 3 - 2 - 1	sehr unterkühlt
K. Parteien scheinen überempfindlich	5 - 4 - 3 - 2 - 1	Parteien scheinen unempfindlich
L. negative Emotionen werden entladen	5 - 4 - 3 - 2 - 1	negative Emotionen werden gestaut
M. spontane Explosion	5 - 4 - 3 - 2 - 1	berechnete Aktionen
N. Parteien geben sich ungebremst	5 - 4 - 3 - 2 - 1	krampfhaft kontrolliert
O. jeder läßt sich gehen	5 - 4 - 3 - 2 - 1	jeder stark blockiert
P. Parteien in Aktionsrausch	5 - 4 - 3 - 2 - 1	Beklemmung, Blockaden
Q. spektakuläre Aktionen	5 - 4 - 3 - 2 - 1	heimliche Aktionen
R. Parteien suchen direkte Reibung	5 - 4 - 3 - 2 - 1	Parteien suchen Distanz
S. Prozeduren werden unterbrochen	5 - 4 - 3 - 2 - 1	Prozeduren werden gezielt genutzt
T. sehr formlos	5 - 4 - 3 - 2 - 1	sehr förmlich
U. Konflikt wird zugegeben	5 - 4 - 3 - 2 - 1	Konflikt wird geleugnet

Gesamtscores:

21 – 44:	kalter Konflikt
45 – 84:	lauer Konflikt
85 – 105:	heißer Konflikt

© Friedrich Glasl

Ebenso sinnlos ist eine kausale Konflikttherapie. Ein Konflikt begann an irgendeinem Punkt, führte dann zu bestimmten Beschuldigungen und Verdächtigungen, dehnte sich aus usw. Zu dem Zeitpunkt, zu dem der Konfliktberater hinzugezogen wird, hat sich die Dynamik von dem ursprünglichen Vorfall weit entfernt. Selbst wenn es gelingt, den ursprünglichen Dissens beizulegen, ändert das nichts mehr an der Tatsache, daß vielleicht schon ein Prozeß am Laufen ist, Freundschaften zerbrochen sind und Menschen nicht mehr miteinander reden. All das ist neue Wirklichkeit, ist der Status quo.

T.H.: Ich habe öfter die Beobachtung gemacht, daß ein Konflikt durch Ursachenforschung bearbeitet werden sollte. Partei A benennt eine Konfliktursache, worauf Partei B sagt: „Ja, das ist zwar richtig, aber ich habe bloß reagiert, denn vorher geschah ja schon dies oder jenes.“ Partei A geht dann noch weiter zurück usw. Der Streit um die erste Ursache nahm immer die Gestalt von gegenseitigen Schuldzuweisungen an, mit dem Ziel, sich selbst von Schuld freizusprechen. Man sieht nur den anderen, nicht sich selbst.

F. Glasl: Ja, die Suche nach der Konfliktursache ist oftmals die versteckte Suche nach dem Schuldigen. Selbstverständlich gehe ich in der Konflikttherapie auch in die Geschichte der Konfliktentstehung zurück, um zu erfahren, was bis zum gegenwärtigen Zeitpunkt geschehen ist. Der Rückblick hat aber nicht die Funktion der Ursachensuche, sondern soll die momentan aktuelle Situation beleuchten. Welches Mißtrauen herrscht momentan zwischen den Parteien? Welche Personen spielen noch eine Rolle? Wie sehen sich die Parteien gegenseitig? Wo waren die Wendepunkte im Konfliktgeschehen? Und was von alledem nährt aktuell den Konflikt und bestimmt die Menschen in ihrem Denken, Fühlen und Wollen?

Konfliktpotential

T.H.: Können Sie den Begriff des Konfliktpotentials erläutern?

F. Glasl: Der Begriff des Konfliktpotentials bringt zum Ausdruck, daß in bestimmten Konstellationen bzw. sozialen Organisationsformen, Konflikte potentiell, der Möglichkeit nach, angelegt sind, weil verschiedene Faktoren zusammenspielen. Ob es zum Konflikt kommt, hängt allerdings davon ab, wie die betreffenden Menschen mit den gegebenen Situationen umgehen. Das Konfliktpotential ist also nicht die kausale Ursache eines Konflikts, sondern stellt verschiedene Faktoren bereit, die zum Konflikt führen können – aber nicht zwangsläufig führen müssen.

Wenn man ernst nimmt, daß der Mensch ein geistiges, seelisches und körperliches Wesen ist, kann man sich beispielsweise fragen, wie die Arbeit in einer Fabrik organisiert sein muß, damit die in ihr arbeitenden Menschen geistig-seelisch nicht verarmen und körperlich nicht vor die Hunde gehen. Eine Fabrik, in der Maschinen gefertigt werden, ist zunächst darauf angewiesen, in ausreichendem Maße und möglichst kostengünstig zu produzieren. Wird die Arbeit ausschließlich nach diesem Gesichtspunkt strukturiert, werden die arbeitenden Menschen Robotern gleichgestellt, die lediglich bestimmte Arbeitsabläufe möglichst effektiv verrichten. Eine solche Fabrik würde Konfliktpotential enthalten, weil der Mensch nicht in seiner Gesamtheit berücksichtigt wird. Das muß aber nicht zwangsläufig zum Konflikt führen. Ein Arbeiter, der sich anpaßt und sich mehr und mehr wie ein Roboter benimmt, wird vielleicht kein Problem haben. Selbst wenn man ihn darauf stößt und ihm bewußt macht, in welcher menschenunwürdigen Umgebung er arbeitet, muß noch kein Konflikt entstehen, denn vielleicht möchte er in Ruhe gelassen werden, hat mit Sozialkontakten, Mitbestimmung und Selbstgestaltung des Arbeitsplatzes nichts am Hut. Vielleicht

Wir lachen die Angst aus!

(Eskalationsstufe 3 bis 6)

Ziel dieser Methode: Die Konfliktparteien stellen sich blockierenden, bremsenden oder lähmenden Ängsten und überwinden diese aus eigener Kraft. Eine wichtige – einfache und wenig riskante – Methode der sozio-therapeutischen Prozeßbegleitung in Konflikten. Auch als Hilfe für den Helfer selbst.

Vorgehensweise:

1. Erinnern Sie sich an konkrete Konfliktsituationen, in denen Sie Schwierigkeiten mit dem eigenen Funktionieren hatten, weil Sie sich bedroht, angegriffen, eingeengt, ohnmächtig oder so unbeherrscht erlebt haben, daß Sie in der Folge weit unter dem Niveau Ihres Könnens funktioniert haben. Der Konflikt hat Ihre Person und Ihre Fähigkeiten reduziert.
Wählen Sie die schlimmste (konkrete) Situation für die nächsten Schritte.
2. Erzählen Sie den Gruppenmitgliedern diese Episode so lebendig, bildhaft, konkret anschaulich wie nur möglich. Beschreiben Sie alles so, daß die Gruppenmitglieder gleichsam eine Szene wie im Theater vor sich sehen.
3. „Wie's in mir drinnen aussieht!“: Beschreiben Sie jetzt den Gruppenmitgliedern so lebhaft und anschaulich wie nur irgendwie möglich, wo Ihre Angst im Körper „zuschlägt“: Wo spüren Sie in einer solchen Situation die Spannung, den Druck, die Verwirrung, die Unsicherheit, die Wut? Wie erleben Sie diese Emotionen in Ihnen – machen Sie dies vor („Meine Kehle preßt sich zusammen ... Ich sehe lauter Nebel vor mir ... Meine Schulter verspannt sich ganz ...“).
4. „Wie ich dann funktioniere“: Zeigen Sie, wie ihr Funktionieren dann aussieht: „Ich stottere etwa so ... Ich wetze auf dem Stuhl nervös hin und her wie jetzt ... Ich rede wirres Zeug, und zwar ...“). Beschreiben Sie bzw. stellen Sie dar, wie das äußere Verhalten aussieht, das dann Ihr Problem ist.
5. „Wir übertreiben das problematische Verhalten (4) bis ins Absurde!“: Fordern Sie sich und die anderen auf, das problematische Verhalten so zu übertreiben, wie es nur irgendwie möglich ist: *Ganz extrem, ganz absurd, ganz lächerlich* – dann ist es gerade gut genug. Wenn Sie ins Stottern kommen, dann führen Sie jetzt eine Stotter-Show vor, daß Sie ins Guiness Book of Records kommen könnten! Wenn Sie sich klein vorkommen, verstekken Sie sich im Raum in allen möglichen Ecken! Die anderen Gruppenmitglieder machen auch solche Übertreibungen vor. Wichtig ist nur, daß Sie alles so absurd und lächerlich finden, daß Sie (und die anderen) in wirkliches Gelächter ausbrechen. Wenn niemand zum Lachen kommt, haben Sie die Übertreibung noch nicht gut genug gemacht. Sie haben Angst, sich lächerlich zu machen. Und Sie könnten jetzt nach dieser Methode diese Angst in der Übungssituation zum Gegenstand des Übens machen.
6. Besprechen Sie jetzt Ihre Erfahrungen.

Aus: Viktor Frankl: Theorie und Therapie der Neurosen. München/Basel 1975 wehrt er sich aber auch, und dann ist der Konflikt da. Es kommt also darauf an, was der Mensch in seiner Subjektivität aus den objektiven Gegebenheiten macht.

Das Maß aller Dinge

T.H.: Sie sprechen in Ihrem Buch in diesem Zusammenhang vom neuen Homo-mensura-Prinzip. Was hat es damit auf sich?

F. Glasl: Der Homo-mensura-Begriff kommt aus der Antike und besagt, daß der Mensch das Maß aller Dinge sei, in der Antike zum Beispiel in Bezug auf den Tempelbau. Er wurde dann sehr stark von der katholischen Rechts- und Sozialphilosophie für ethische und moraltheologische Argumentationen herangezogen, was aber, nicht zuletzt durch die Maßlosigkeit menschlichen Strebens, zunehmend auf Schwierigkeiten stieß.

Der Anlaß für mich, mich mit diesem Begriff auseinanderzusetzen, war das Werk von E.F. Schumacher: „Small is beautiful". Hier wird der Mensch als Maß aller Dinge in einer sehr interessanten und ansprechenden Weise für die Gestaltung sozialer und wirtschaftlicher Verhältnisse herangezogen – weg von den internationalen Verflechtungen wirtschaftlicher Prozesse hin zu einer für den Menschen überschaubaren regionalen Gestaltung. Durch diese Gedanken angeregt, entstand in mir die Frage, wie soziale Organismen – Familie, Schule, Betriebe, Städte und Gemeinden etc. – gestaltet werden müßten, damit sich der Mensch in seiner dreigliedrigen Wesenheit – Körper, Seele, Geist – menschengemäß entfalten kann. Sind die sozialen Strukturen, in denen der Mensch existiert, nicht so, daß sie seine geistige, seelische und körperliche Entwicklung fördern, dann behindern sie diese notwendigerweise. Auf die Dauer führt das zu einer Deformation des Menschen, zu einer Entfremdung von seinem eigentlichen Wesen.

Jedes Glied der menschlichen Wesenheit fordert in der sozialen Wirklichkeit ein anderes Gestaltungsprinzip. Ganz grob und schematisch läßt sich folgendes sagen: Die geistige Dimension verlangt nach Freiheit – Freiheit des Denkens, der Meinungsäußerung, der Religions-, Schul- und Berufswahl -; die seelische Dimension fordert Gleichheit – etwa in der Gestaltung des Rechtslebens –; die körperliche Dimension schließlich braucht Solidarität, Brüderlichkeit – Dienstleistungen haben sich nicht nach den eigenen Bedürfnissen, sondern nach den Bedürfnissen der anderen Menschen zu richten. Sie sehen, man kommt zur Dreigliederung des sozialen Organismus.

T.H.: Die Produktorganisation haben Sie schon angesprochen. In Ihrem Buch ist darüber hinaus von zwei weiteren Organisationsformen die Rede: Dienstleistungsorganisation und professionelle Organisation. Unter einer Dienstleistungsorganisation kann man sich noch etwas vorstellen, aber was ist eine professionelle Organisation?

F. Glasl: Der Organisationszweck einer professionellen Organisation ist das Produzieren von Ideen, er richtet sich damit in erster Linie auf die Befriedigung geistiger Bedürfnisse. Man könnte sagen, daß eine professionelle Organisation Know-how anbietet, aber das ist noch nicht das Entscheidende. Ihr wesentliches Element ist die Orientierung an der Einmaligkeit des Klienten, an den individuellen Bedürfnissen, die der einzelne Klient hat. Das heißt nicht, daß der professionelle Arbeiter nicht auf einen Fundus an gesicherten Erkenntnissen und bewährten Methoden zurückgreifen könnte. Aber seine Leistung richtet sich an der Einmaligkeit des Kunden und seiner Situation aus. Ein Lehrer an einer Schule zum Beispiel verfügt über ein gesichertes Wissen und über erprobte und bewährte Unterrichtsmethoden. Dennoch ist jeder Schüler anders und fordert den Lehrer in individueller Weise.

Eine professionelle Organisation baut auf die Kreativität ihrer Mitarbeiter; sie muß ihnen Raum zum Lernen und zur Entfaltung von Kreativität – kurz: professionelle Freiheit – bieten. Das bedeutet aber auch, daß der professionelle Arbeiter auf sich selbst angewiesen ist. Die Qualität seiner Leistung hängt wesentlich von seiner Erfindungsgabe und Einsatzbereitschaft ab. Und ein weiteres kommt hinzu: Da der professionelle Arbeiter mit seinem Kunden weitgehend allein fertig werden muß, muß er die Qualität seiner Arbeit selbst verantworten. Eine Kontrolle der erbrachten Leistung kann an deren eventueller Mangelhaftigkeit nichts mehr ändern, sondern in der Regel nur entschädigend wirken. Amputiert ein Arzt einem Patienten das falsche Bein, so ist dies in einer Kontrolle zwar feststellbar, das Bein ist aber

Wesensdimensionen	Konsequenzen für das Soziale
1. Mensch als biologisches Wesen	Mensch ist anti-sozial: er muss Natur konsumieren, d.h. vernichten, also anderen Menschen entziehen. Notwendig: Anerkennung der gegenseitigen Abhänigkeit. Grundsatz der Brüderlichkeit im Bereich des Konsumierens und Produzierens, d.h. im Wirtschaftsleben!
2. Mensch als seelisches Wesen	Mensch ist sozial, d.h. braucht Kontakte mit anderen Mitmenschen, ist vom Respekt der anderen abhängig. Notwendig: Anerkennung der Gleichberechtigung. Grundsatz der Gleichheit in den gegenseitigen Rechtsbeziehungen!
3. Mensch als geistiges Wesen	Mensch ist a-sozial, weil er das Bedürfnis hat, allein zu sein, um sich selbst zu finden, vorhandene Möglichkeiten zu entdecken und zu entfalten. Notwendig: Freiraum geben und beanspruchen. Grundsatz der Freiheit im geistig-kulturellen Leben!

Drei Wesensdimensionen nach D. Brüll (aus: Glasl 1990, S.28)

unwiederbringlich dahin. An diesem drastischen Beispiel möchte ich deutlich machen, daß der professionelle Arbeiter eine individuelle Moralität, eine eigene Berufsethik entwickeln muß, durch die er sich selbst Maßstäbe für die Qualität und Sorgfalt seiner beruflichen Tätigkeit setzt.

Die Dreigliederung in der Dreigliederung

T.H.: Ein wichtiger Aspekt scheint mir zu sein, daß ein Organisationsprinzip nicht für alle Teile einer Organisation gelten kann. Das Kernstück des Flensburger Hefte Verlages zum Beispiel ist die Redaktion, die ihre Themen autonom auswählt und bearbeitet, also eine professionelle Organisation. Aber nicht alle Bereiche des Verlagsgeschehens können nach den Prinzipien einer professionellen Organisation strukturiert sein.

F. Glasl: Genau. Sie können Korrekturen oder gar die Buchhaltung nicht mit der Begründung liegen lassen, daß Sie momentan nicht in der dazu notwendigen kreativen Stimmung seien. Wollte man so verfahren, wäre die Firma Flensburger Hefte Verlag schnell erledigt.

Ich erlebe solche Phänomene oftmals an Waldorfschulen. Die Freiheit, die ja eigentlich für die makrosoziale Position der Schule im gesamtgesellschaftlichen System das Um und Auf ist und für das pädagogische Handeln in seiner professionellen Eigenverantwortung nicht entbehrt werden kann, wird mitunter für Bereiche beansprucht, wo sie nichts zu suchen hat: Wenn es zum Beispiel um den Umbau einer Schule geht und drei Leute Farbe kaufen, weil keiner auf den anderen hört – Schule ist ja frei, und da braucht man sich nichts vom anderen sagen zu lassen –, so daß dreimal soviel Farbe angeschafft wurde, wie benötigt. Wenn es um solche Dinge geht, trägt das für das Geistesleben maßgebliche Prinzip der Freiheit nicht mehr. Eine Berufung auf das Prinzip der Freiheit bei Vorkommnissen, wie ich sie eben geschildert habe, ist meist eine Ausrede für schlechte Organisation und mangelnde Führung.

In Wirklichkeit ist es so, daß sich die drei großen Organisationstypen jeweils in drei Subsysteme weiter untergliedern lassen, so daß eigentlich alle Organisationsformen und Strukturprinzipien in allen vertreten sind, nur ist eine jeweils dominant. In der Praxis muß man dann unterscheiden, welcher Bereich in erster Linie betroffen ist und welches Prinzip daher gefordert ist.

T.H.: In der Verlagsarbeit habe ich mehrmals erlebt, daß Menschen nicht verstehen, daß zum Büchermachen sehr viel mehr gehört, als ein Buch oder einen Artikel zu schreiben, ohne diese Leistungen jetzt schmälern zu wollen. Aber damit ein Buch irgendwann auf dem Ladentisch liegen kann, muß es in den Computer getippt, korrigiert, gesetzt, gedruckt, gebunden, verpackt usw. werden, und hier ist Organisation, Timing und Zuverlässigkeit gefragt.

F. Glasl: Das Werbematerial sollte vielleicht auch rechtzeitig herauskommen und nicht erst zehn Jahre nach Erscheinen des Buches.

T.H.: Etwas früher wäre wahrscheinlich günstiger.

Dic Rolle, aus der man handelt

Sie nennen in Ihrem Buch vier Modelle, die grundlegende Rollenkonstellationen in Organisationen oder Kleingruppen beschreiben: Theater, Sanatorium, Festung und Kreuzritterschar. Was hat es damit auf sich?

F. Glasl: Ich gebrauche diese Begriffe im Rahmen der Konfliktdiagnose. Sie stehen jeweils für bestimmte, in Organisationen vorherrschende Rollensysteme. An einer Schule zum Beispiel geht es ruhig und beschaulich zu, alles ist in bester Ordnung, man geht nett miteinander um, und Probleme gibt es scheinbar nicht. Eine solche Schule erinnert an ein *Sanatorium*. An einer anderen Schule kracht es hinten und vorne, es werden vielleicht gerade wieder einmal zwei Leute, die man als Verräter an der wahren Pädagogik entlarvt hat, ausgestoßen; ständig kämpft man gegen Gegenkräfte, die der Schule entgegenarbeiten – man verschanzt sich quasi auf einer *Festung*. An einer dritten Schule gefällt man sich in dem Gefühl, die

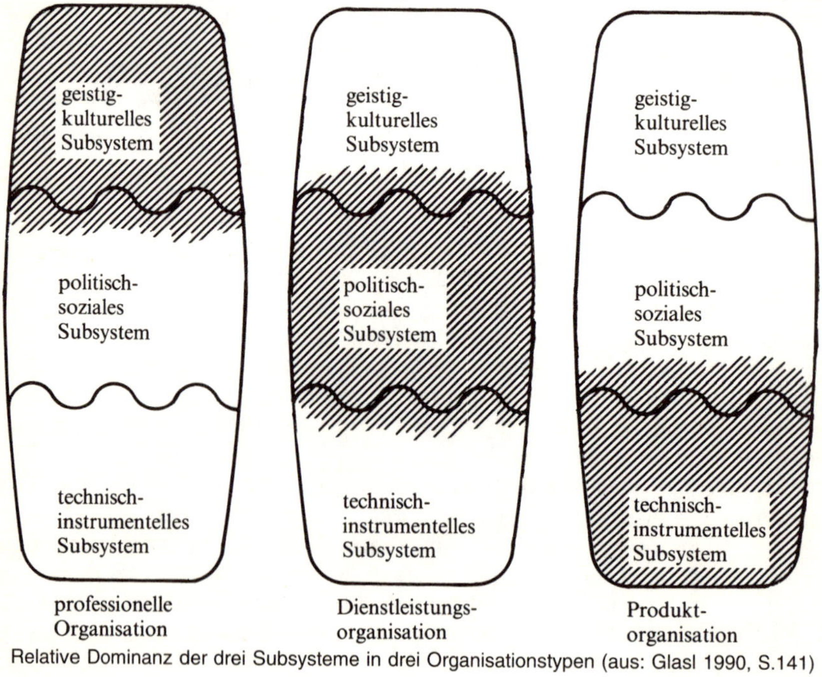

Relative Dominanz der drei Subsysteme in drei Organisationstypen (aus: Glasl 1990, S.141)

kulturtragende und die kulturvoranbringende Kraft zu sein, man hat eine Mission zu erfüllen und tritt entsprechend bestimmt und kämpferisch in der Öffentlichkeit auf.

T.H.: Das Kreuz in der Pupille und das Schwert in der Hand.

F. Glasl: Ja, man benimmt sich wie eine *Kreuzritterschar* mitten im Feindesland. – Der letzte Typ schließlich ist der des *Theaters*. Man ist ständig auf seine Außenwirkung bedacht, führt füreinander oder für Außenstehende Shows auf, lauscht dem Applaus und fühlt sich durch ihn zum Weitermachen animiert.

Ordnet man die vier Typen den Begriffen heiß und kalt zu, dann sind Burg und Sanatorium kalt, Theater und Kreuzritterschar heiß.

Die „Inszenierung" dieser vier Typen, die ich hier nur kurz angerissen habe, kann in sehr geschickter Weise dazu benutzt werden, um von den eigentlichen Problemen, die in den jeweiligen Organisationen herrschen, abzulenken.

T.H.: Wie hilft Ihnen diese Typologie bei der Konfliktdiagnose?

F. Glasl: Die Typen stehen für bestimmte Rollenverträge, die die Mitglieder einer Organisation mehr oder weniger unbewußt miteinander geschlossen haben. Habe ich erst einmal den Grundtypus erkannt, dann kann ich die einzelnen Rollen und Beziehungen der verschiedenen Rollenträger zueinander gezielt aufarbeiten. Konflikte laufen in der Realität wirklich nach dramaturgischen Regeln ab. In Seminaren inszeniere ich zum Teil zu Übungszwecken Konflikte nach dramaturgischen Regeln, wobei ich gerne mit Walter Bartussek, einem bekannten österreichischen Pantomimen, zusammenarbeite. Man schöpft dann, obwohl man von dramaturgischen Gesetzmäßigkeiten ausgeht, aus dem Leben. In einem Theater gibt es den Regisseur, den Helden, den Bösewicht, den Kulissenschieber usw. Man kann nun in Konfliktsituationen gezielt nach den Rollenträgern suchen und versteht deren Handeln aus ihrer Rolle heraus.

Auf einer tieferen Ebene ermöglicht einem die Typologie und das Rollenverständnis bei methodisch strengem Vorgehen das Aufspüren der karmischen Zusammenhänge, die in einer Menschengemeinschaft wirken. Man stößt auf die Leitthemen, die in einer speziellen Gemeinschaft vorherrschen.

Bei meiner Konfliktberatung in einer deutschen Bundesbehörde drohte ich schon zu Beginn, stecken zu bleiben. Was immer ich mit den betroffenen Führungskräften diagnostisch reflektieren wollte, wurde von diesen einmütig mit den Worten abgewiesen: „Also, Herr Glasl, das trifft überhaupt nicht auf uns zu. Da erkennen wir uns in Ihrem Diagnosebefund nicht wieder. Haben Sie sich nicht vielleicht in den Unterlagen geirrt?" Diese dreiste Unterstellung machte mich sehr böse, und ich wurde richtig bissig. Daraufhin äußerten sich manche Personen kritisch zu meinem Vorgehen – was ich meinerseits entrüstet als fachlich unbegründet zurückwies. So ging das Spiel von Kritik und Abwehr einige Zeit. Erst in der folgenden schlaflosen Nacht wurde mir – nachdem ich bereits längere Zeit mit Karmaübungen beschäftigt gewesen war – klar, daß ein Kernthema des Konflikts die Unfähigkeit war, Kritik zu äußern und Kritik entgegenzunehmen. Ich erkannte, daß sich dieses Thema als roter Faden, d.h. als zentraler Streitpunkt, durch alles hindurchzog. Und ich beschloß, selber ein Verhaltensvorbild zu leben und meine Klienten um vorbehaltlose Kritik zu bitten. Am folgenden Tag geschah dies so – zur größten Verwunderung der bertoffenen Personen. Und zu ihrer noch größeren Verwunderung war ich wirklich an ihrer Kritik interessiert, ging auf sie ein, fragte nach, stellte mich ihr und konnte daraus sogar noch vieles lernen. Dieses Vorgehen brachte meine Klienten im Laufe einer halben Stunde so aus der Fassung, daß sie über das Thema „Kritikfähigkeit" eine heftige Diskussion vom Zaune brachen und die Essenz so ausdrückten: „Wenn wir uns selber von Anfang an fähig gezeigt hätten, aus geäußerter Kritik zu lernen, dann hätten wir jetzt keine tiefen Konflikte, sondern eine äußerst effektive Verwaltungsorganisation." – Das war die Wende im weiteren Konfiktlösungsprozeß.

Den Konflikt aushalten

T.H.: Gibt es nur die vier von Ihnen genannten Typen?

F. Glasl: Vermutlich nicht. Von mir stammt nur der Typus der Kreuzritterschar, die anderen drei habe ich von dem deutschen Familientherapeuten Horst-Eberhard Richter übernommen. Diese Typen haben sich in der Praxis bewährt, aber ich schließe nicht aus, daß es weitere gibt.

T.H.: Sie beschrieben das Sanatorium als ein scheinharmonisches Gebilde. Ich habe oft erlebt, daß in Gesprächskreisen in dem Augenblick, in dem die Auseinandersetzung in der Sache hitziger wurde und vielleicht das Engagement im Ton der Beiträge durchzuklingen begann, viele Menschen sich nicht mehr wohlfühlten und die Diskussion als Streit erlebten. Statt dann in der Sache weiterzugehen, wurde erst einmal die Art des Gesprächs thematisiert, weil man keinen Streit wolle, denn der wirke zerstörerisch und bringe einen keinen Schritt weiter. Die Auseinandersetzung wird so von der Sach- auf die Beziehungsebene verlagert, und statt die Sache zu klären, wendet sich die Gruppe gegen den vermeintlichen Störer, als wäre er die eigentliche Ursache für die bestehenden Schwierigkeiten. Wie ist eine solche Haltung zu erklären?

F. Glasl: Ursächlich ist das kaum eindeutig zu erklären, denn diese Haltung kann aus einer mangelnden intrapsychischen Konfliktfähigkeit, aus dem makrosozialen Rahmen, aus dem Rollenverständnis der Gruppe, aus der Geschichte und vielen anderen Quellen gespeist werden. Es kann aber auch sein, daß die Thematisierung der Beziehungsebene gar nicht dem

Ausweichen der Auseinandersetzung, sondern der ehrlichen Aufarbeitung zwischenmenschlicher Spannungen dienen soll. Die Frage ist allerdings, ob eine solche Aufarbeitung in aller Öffentlichkeit geschehen kann.

T.H.: Konfliktfähigkeit ist ein gutes Stichwort. Konnten Sie beobachten, daß es Menschen gibt, die einfach nicht in der Lage sind, Konflikte und Spannungen auszuhalten?

F. Glasl: Natürlich. Oftmals sind solche Menschen nicht in der Lage, die Spannungen, die sie an anderen Menschen beobachten, zu ertragen, sie merken aber gleichzeitig nicht, wieviel Porzellan sie durch ihr eigenes Verhalten zerschlagen. Ich kann mich an einen Fall erinnern, wo zwei Menschen Streit hatten und ein dritter ein Trinkglas mit den Worten „Ich dulde keinen Streit!“ wutentbrannt auf den Boden warf. Doch die Sache ist ernster.

Soziale Vergiftung

Die Fähigkeit der Menschen, Spannungen auszuhalten, ihre Spannungstoleranz, ist sehr unterschiedlich ausgebildet. Hat jemand eine sehr niedrige Toleranz, wird er versuchen, der Spannung möglichst schnell zu entgehen. Mich hat zum Beispiel die Frage der Konflikteskalation seit meiner Dissertation beschäftigt, aber ich konnte sie lange Zeit nicht in für mich befriedigender Weise lösen. Um dieser Spannung auf kognitivem Felde zu entgehen, hätte ich mich auch mit einer oberflächlichen Antwort zufriedengeben können. Aber die Spannung wäre damit nicht real aus der Welt geschafft. Die Frage ist nun, wo solche Spannungen hingehen. Sie gehen ins Soziale, in zwischenmenschliche Beziehungen. Der Weg der Konfliktreduktion ist nur eine Konfliktverlagerung in andere Bereiche, ohne daß der Konflikt dort bearbeitet würde.

So bilden sich dann Verhaltensmuster aus, die den Anschein erwecken, als bestünden keine Konflikte. Man sitzt zum Beispiel beim Zweigabend – einer örtlichen Arbeitsgruppe der Anthroposophischen Gesellschaft – zusammen, liest einen Vortrag von Steiner, und wenn das Schnarchen des Nachbarn nicht zu sehr stört, lauscht man aufmerksam und ehrfurchtsvoll. Dann wird das Buch zugeklappt, alles seufzt tief und ist ganz angetan von der Tiefsinnigkeit der Ausführungen. Dann geht man nach Hause. Stellt mal jemand eine Frage, vielleicht sogar eine kritische, treffen ihn die Sanktionen der Gemeinschaft. „Wie können Sie es wagen, diese esoterische Aussage in Zweifel zu ziehen? Steiner wird schon gewußt haben, warum er das so sagt.“ Ich überzeichne jetzt, aber stört jemand das Rollenmuster der Harmonie um jeden Preis, wendet sich die Gemeinschaft gegen ihn, vielleicht wird er sogar ausgestoßen, weil er nicht hineinpaßt, so daß das Rollenmuster stabilisiert wird.

Überwinden konditionierter Reaktionen

(Eskalationsstufen 3 bis 6)
Ziel dieser Intervention: zu entdecken, wie wir auf ein „Reizverhalten" der Gegenpartei unbewußt reagieren. Dazu können wir verschiedene Verhaltensalternativen entdecken. Dadurch können wir bewußter reagieren und das eigene Verhalten unter bessere Bewußtseinskontrolle bekommen. Dies bedeutet auch „De-Konditionieren".
Vorgehensweise:
Erinnern Sie sich an einen Konflikt, in dem Sie durch Ihre Gegenpartei heftig gereizt und geärgert worden sind. Ihr Gegner hat sozusagen „wie ein rotes Tuch auf den Stier" gewirkt, so daß Sie ohne viel Nachdenken spontan reagiert haben (konditionierte Reaktion).
1. Skizzieren Sie Ihrem Übungspartner in großen Linien den Konflikt: Die wichtigsten Streitpunkte, Merkmale der Gegenpartei.
2. Beschreiben Sie nun sehr genau einige ganz kleine Vorfälle, bei denen Sie von Ihrer Gegenpartei so behandelt worden sind, daß Sie „gar nicht anders konnten, als ...".
3. Welche Verhaltensweisen (Art zu sprechen, Blick, Gebärden, Mimik usw.) üben auf Sie im besonderen diese konditionierende Wirkung aus?
4. Wie fühlen Sie sich in einer solchen Situation? Beschreiben oder zeigen Sie diese Gefühle ganz konkret: Wo spüren Sie es körperlich? Wie erleben Sie es?
5. Welches Verhalten provoziert dies dann bei Ihnen? Wie wirkt dies auf Ihr Gefühl? Beschreiben oder zeigen Sie dies konkret.
6. Was hätten Sie – hinterher besehen – lieber anders getan? Welches Bild gibt dies von Ihrem Problem im Verhältnis zum Gegner? Was gelingt also nicht?
7. Welche Verhaltensalternativen wären besser gewesen? Beschreiben Sie diese möglichst konkret, machen Sie diese am besten auch vor.
8. Schließlich: Inwiefern hat vielleicht Ihre eigene Unfähigkeit gerade das Verhalten des Gegners provoziert oder ausgelöst, das Ihnen selbst so viele Schwierigkeiten bereitet? Was könnten Sie selbst tun, um Ihren Gegner damit nicht mehr so zu „provozieren"?
Aufgabe Ihres Übungspartners ist es, bei vagen oder allgemeinen Antworten auf Konkretheit und Präzision zu drängen.

Aus: Glasl 1980

Konflikte können einen weiterbringen

T.H.: Wirken Konklikte immer zerstörerisch, sind sie in sich schlecht?
F. Glasl: Nein, durchaus nicht. Konflikte können, wenn sie entsprechend

aufgearbeitet werden, einen positiven Beitrag für die Entwicklung von Beziehungen, Organisationsformen usw. leisten. Voraussetzung ist allerdings, daß der Konflikt tatsächlich bearbeitet und nicht einfach verdrängt bzw. verlagert wird. Je früher diese Arbeit aufgegriffen wird, desto besser stehen die Chancen, daß der Konflikt nicht in ein Stadium eskaliert, das großen Schaden anrichtet und aus dem nur ein mühsamer Weg wieder in gesunde Bahnen führt.

In den frühen siebziger Jahren beriet ich in den Niederlanden eine Organisation, die als Beratungsinstitut für Schulerneuerungen eine wichtige Rolle zu spielen hatte. Die Konflikte hatten zu einer tiefen Zerrüttung der ganzen Organisation geführt. Nichts ging mehr normal, alle Entscheidungen entarteten in endlos lange Machtkämpfe. Die Gelder der öffentlichen Hand wurden ineffektiv genutzt, ja verschwendet. Der Vorsitzende des Vorstandes – ein im Lande gut bekannter Schulpolitiker – war durch dies alles politisch ins Schußfeld geraten und wiederholt zur Zielscheibe von Demonstrationen und dergleichen geworden.

Meine begleitende Prozeßberatung richtete sich dann auf die Klärung der unterschiedlichen Zielauffassungen, der pädagogischen Philosophie und des Menschenbildes, schließlich wurden die Auswirkungen auf Organisation und Führung dieser professionellen Organisation diskutiert. Zu allem gab es grundlegende Änderungen. Es blieb kaum ein Stein auf dem anderen. Denn durch die Emotionalisierung des Konflikts waren all diese Fragen keine bloß akademischen Debatten, sondern engagierte Diskussionen, bei denen es um das geistige und soziale Sein oder Nichtsein ging. Die Monate der Konfliktbearbeitung waren hart und ermüdend – aber für die Klienten wie für mich als Berater absolut befriedigend. Die neuen Arbeitsformen, die neue Führung und Organisation wurden mehr und mehr verinnerlicht und im praktischen Handeln konsolidiert. Nach etwa zwei Jahren war dieselbe Institution im Lande dafür bekannt geworden, daß sie die originellsten und interessantesten Modellösungen produzierte. Aus dem Bruchladen war durch die Herausforderung des Konflikts ein nationales Herzeigeinstitut geworden. Wenn ich heute darüber spreche, bin ich aufs neue stolz darauf.

Schulung der Konfliktfähigkeit

T.H.: Was kann der einzelne tun, um seine individuelle Konfliktfähigkeit zu stärken?

F. Glasl: Ich trage mich schon seit längerem mit dem Gedanken, genau über dieses Thema ein kleines Buch zu veröffentlichen. Dabei ist für mich wichtig, den Menschen in der Dreiheit *höheres Ich, alltägliches Ich* und *Schatten* bzw. *Doppelgänger* zu betrachten. Wie kommt der Mensch mit der Spannung zwischen dem, was im Schatten liegt, dem, was er alltäglich in seinem Bewußtsein hat, und dem, was im höheren Ich angelegt ist, zurecht? Aus der praktischen Arbeit habe ich hierzu eine Typologie entwickeln können, die sieben verschiedene Arten des Umgehens mit dieser Spannung darstellt.

Der Grundgedanke ist, daß Spannungen in diesem Bereich, die nicht innerlich bewältigt werden, nach außen verlagert werden. Ärgert mich zum Beispiel meine eigene Schlamperei, mein spezifisches Maß an Unordnung, aber nehme ich es nicht als Arbeitsauftrag, etwas daran zu ändern, dann bleibt diese Spannung unaufgearbeitet und ich verlagere sie nach außen. Die Folge ist, daß ich zunehmend Schlamperei an anderen wahrnehme und kritisiere. Oder bitterer: Wenn ich es nicht schaffe, das, was ich in wachen Augenblicken, sogenannten Gipfelerfahrungen oder *top experiences,* von meinem höheren Ich als Auftrag erfahren habe, im Leben umzusetzen, wenn ich meinem eigenen Auftrag, meinen eigenen Idealen untreu werde und sie verrate, dann werde ich sehr empfindlich auf andere Menschen reagieren, die auch mit ihren Idealen nicht zurande kommen. Ich verurteile dann an anderen, was ich in mir selbst nicht schaffe.

Wenn man sich in einer Gruppe von Menschen den Sündenbock herausgreift und anschaut, welche Dinge ihm aufgeladen werden, dann haben diese sehr viel mit den Schattenseiten jedes einzelnen Gruppenmitglieds zu tun. Der Sündenbock ist quasi das Spiegelbild für die nicht verwirklichten Ich-Potentiale.

T.H.: Ich frage mich oft, ob nicht die Kenntnis gewisser kommunikativer und affektiver Mechanismen, denen der Mensch in der Regel hilflos ausgeliefert ist, viele Konflikte vermeiden helfen könnte.

F. Glasl: Ganz sicher. Diese Dinge, etwa aus der Gesprächspsychologie, der Dialektik und Rhetorik, sollten grundlegender Bestandteil vieler Ausbildungsrichtungen sein. In einigen Helferberufen wird das schon gemacht. Allerdings würde ich diese Dinge im präventiven Bereich, in der Konfliktvorsorge, ansiedeln. Ist ein Konflikt erst einmal entbrannt und bis zur Stufe drei oder vier eskaliert, kommt man mit Modellen aus der Gesprächstherapie allein nicht mehr zurecht.

T.H.: Klar. Aber viele Leute würden sich über vieles nicht mehr wundern, wenn sie wüßten, daß bestimmte Verhaltensmuster bestimmte Reaktionen provozieren. Die Kenntnis dieser Zusammenhänge würde es auch erleichtern, sie ins Bewußtsein zu heben und zu bearbeiten.

F. Glasl: Wir sind da völlig einer Meinung.

Eskalation – der Weg in die Unterwelt

T.H.: Kommen wir zur Eskalationstheorie, die ja schon mehrfach erwähnt wurde. Was ist Konflikteskalation?

F. Glasl: Konflikteskalation ist die stufenweise Intensivierung eines Konflikts. Zwei Dinge sind mir dabei wichtig. Zum einen verläuft die Entwicklung nicht linear, sondern tatsächlich in Stufen, zum anderen geht die Bewegung abwärts. Man verstrickt sich tiefer und tiefer in das Konfliktgeschehen.

T.H.: Die Abwärtsbewegung betonen Sie ja auch in Ihrem Buch. Allgemein würde man doch annehmen, daß das Geschehen immer dramatischer und dramatischer wird, also aufwärts führt.

F. Glasl: Andere Eskalationstheorien haben die Entwicklung tatsächlich als Aufwärtsbewegung dargestellt, um den Effekt des Hochschaukelns, des zunehmenden Gewaltpotentials, zu veranschaulichen. Ich sehe in der Eskalation den Weg in die Unterwelt menschlicher Seelenkräfte, ins Unter- und Unbewußte.

T.H.: Bezogen auf die fünfte Eskalationsstufe, Gesichtsverlust, sprechen Sie von der Identifikation mit der eigenen Lichtpersönlichkeit und von der Verteufelung des Gegners. Was meinen Sie damit?

F. Glasl: Der Mensch hat auf dieser Stufe die Illusion, daß in seinem Handeln sein höheres Ich agiert. Er identifiziert sich mit einem überhöhten Selbstbild und reduziert gleichzeitig sein Gegenüber auf dessen Schattenseite, der andere wird diabolisiert, als Feind gesehen.

T.H.: Angenommen, ein Konflikt ist in vollem Gange und rutscht von einer Eskalationsstufe auf die jeweils tiefere. Ist es möglich, daß die beteiligten Parteien von sich aus einen Weg aus dem Konfliktgeschehen finden?

F. Glasl: Ich habe die Erfahrung, daß nach einem Sprung von Stufe vier zu Stufe fünf kaum ein Ausweg aus eigener Kraft gefunden wird. Durch diesen Sprung wird das Selbstwertgefühl der Betroffenen dramatisch tangiert, sie haben einen erheblichen Gesichtsverlust erlitten, und in der Regel führt das Bemühen der einen Seite um eine Lösung zu einer Verschärfung des Konflikts, weil die jeweils andere Seite darin eine raffinierte Falle wittert. Friedensstiftende Bemühungen haben so einen Vergiftungseffekt. Auf Stufe fünf geht es nicht mehr allein um Sachdifferenzen, sondern es hat bereits der *Konflikt um den Konflikt* – die Frage nach der Entstehung und Entwicklung, nach der Schuld der Beteiligten – und der *Konflikt um die Konfliktlösung* eingesetzt. Man traut sich gegenseitig nicht über den Weg. Jede Partei macht ihr Vertrauen in die Aufrichtigkeit der Gegenseite von deren Verhalten abhängig und erwartet von dieser den ersten Schritt, denn man möchte sich keiner weiteren Demütigung und Frustration durch die Gegenseite aussetzen. Und natürlich wird die Schuld für die Stagnation bei der Gegenseite gesehen, denn schließlich macht diese nicht den ersten Schritt.

Eine Möglichkeit, selbst einen Weg aus der Krise zu finden, wäre noch, psychische Distanz zu gewinnen, sich selbst im Konfliktgeschehen zu sehen, ohne aus dem Geschehen auszusteigen. Aber man muß damit

1 Verhärtung	2 Debatte	3 Taten	4 Images Koalitionen	5 Gesichtsverlust	6 Drohstrategien	7 begrenzte Vernichtungsschläge	8 Zersplitterung	9 gemeinsam in den Abgrund
Standpunkte verhärten zuweilen, prallen aufeinander zeitweilige Ausrutscher und Verkrampfung Bewußtsein der bestehenden Spannung erzeugt Kampf Überzeugung: Spannung durch Gespräch lösbar noch keine starren Parteien oder Lager	Polarisation im Denken, Fühlen und Wollen, Schwarzweiß-Denken Taktiken: quasi-rational, verbale Gewalt Reden zur Tribüne, über Dritte scores gewinnen zeitliche Subgruppen um Standpunkte Diskrepanz "Oberton und Unterton" Überlegener gegenüber Unterlegenem	"Reden hilft nicht mehr", also: Taten! Strategie der vollendeten Tatsachen Diskrepanz verbales - non-verbales Verhalten, non-verbales Verhalten dominiert Gefahr: Fehlinterpretationen "pessimistische Antizipation": Mißtrauen, Akzeleration Gruppenhaut, Kohäsion; Rollen-Kristallisation Empathie verloren	Stereotypen, Klischees, Image-Kampagnen, Gerüchte auf Wissen und Können! einander in negative Rollen manövrieren und bekämpfen Werben um Anhänger, symbiotische Koalitionen self-fulfilling prophecy durch Perzeptionsfixierung determinierbares Strafverhalten doppelte Bindungen durch paradoxe Aufträge	öffentlich und direkt: Gesichtsangriffe inszenierte "Demaskierungsaktion" Ritual Demasqué: "Enttäuschung", Aha-Erlebnis rückwirkend Engel - Teufel als Bild, Doppelgänger Ausstoßen, Verbannen Isolation, Echo-Höhle, sozialer Autismus Ekel Ideologie, Werte, Prinzipien Rehabilitierung!	Drohung und Gegendrohung: Forderung Sanktion —— Sanktionspotential Glaubwürdigkeit: Proportionalität Selbstbindungsaktivitäten, Stolperdrähte "second move" Streß Akzeleration durch Ultima, Scherenentwicklung	Denken in "Ding-Kategorien", keine menschliche Qualität mehr begrenzte Vernichtungsschläge als "passende Antwort" Umkehren der Werte ins Gegenteil: relativ kleiner eigener Schaden = Gewinn	Paralysieren und Desintegrieren des feindlichen Systems Abschnüren der Exponenten vom Hinterland vitale System-Faktoren zerstören, dadurch wird das Gegnersystem unsteuerbar, zerfällt gänzlich	kein Weg mehr zurück! totale Konfrontation Vernichtung zum Preis der Selbstvernichtung, Lust am Selbstmord, wenn auch der Feind zugrunde geht
Kooperation größer als Konkurrenz	Kooperation gleichgewichtig mit Konkurrenz	Konkurrenz größer als Kooperation						

Die 9 Stufen der Eskalation (nach: Glasl 1990, S.218 f.)

rechnen, herbe Enttäuschungen hinnehmen zu müssen, weil ein positives Bemühen zum Schlechten ausgelegt werden wird. Daher ist Voraussetzung, daß man an dem Willen zur Konfliktbewältigung festhält und den Mut nicht verliert, auch wenn zwei, drei oder noch mehr Versuche durch die Gegenseite vereitelt wurden.

Hilfreich ist auch, die Mechanismen, die in Konflikten zum Tragen kommen, zu kennen. Ich bilde mir ein, daß jemand, der sich mit diesen Fragen beschäftigt hat, mehr Möglichkeiten zu agieren und reagieren hat als jemand, der völlig unbedarft in einen Konflikt hineinschlittert.

Wenn der Hilferuf erfolgt

T.H.: Angenommen, Sie werden zu einem Konflikt mit zwei beteiligten Parteien als Berater hinzugezogen. Muß der Impuls, Sie zu rufen, von beiden Parteien ausgehen oder reicht es, wenn eine Partei die treibende Kraft ist?

F. Glasl: Es ist die Regel, daß nur eine Partei um Beratung nachsucht. Die Erkenntnis, daß man in der Sache nur weiterkommt, wenn ein unbeteiligter Dritter eingeschaltet wird, wird selten von beiden Parteien geteilt. Das Hinzuziehen eines Beraters wird oftmals von der zweiten Partei als taktisches Manöver interpretiert, nicht als konstruktiver Beitrag.

T.H.: Was machen Sie, wenn Sie von einer Partei um Hilfe gerufen werden?

F. Glasl: Als erstes interessiert mich, aus welchen Gründen ich gerufen wurde. Es ist ja tatsächlich möglich, daß mich jemand zu einem Konflikt hinzuzieht, weil er der Meinung ist, so besser gewinnen zu können. Oder ich werde hinzugerufen, damit ich die ganze unerledigte Beziehungsarbeit stellvertretend für die Konfliktparteien leiste. Mich interessiert also zunächst, welche Erwartungen man an mich hat, aber auch, wie belastbar die Partei ist, die mich gerufen hat. Ich kann keine Erfolgsgarantie abgeben, vielleicht führt das erste Gespräch mit der Gegenseite zum Scheitern meiner Bemühungen. Wie viele Enttäuschungen kann man einstecken?

Eine Unterscheidung, die ich vornehme, wenn eine Aufforderung zur Beratung an mich ergeht, ist die zwischen dem De-jure- und dem De-facto-Auftraggeber. Mich kann zum Beispiel der Vorstand eines Unternehmens rufen, weil es auf einer Ebene unterhalb des Vorstands kriselt. Damit ist der Auftrag zwar formal korrekt erteilt, aber die tatsächlich am Konfliktgeschehen Beteiligten können alles tun, um meine Bemühungen zu unterlaufen. Erst wenn von den Beteiligten eine minimale Bereitschaft signalisiert wurde, meine Hilfe in Anspruch zu nehmen, ist der Auftrag de facto erteilt. Es ist gar nicht nötig, daß alle Beteiligten zu einem Konsens kommen und der Beratung zustimmen. Mir reicht der Adsens, das heißt das Signal, daß mir keine Steine in den Weg gelegt werden und man nicht gegen eine Beratung ist. Dann habe ich eine Frist, innerhalb derer ich die Leute überzeugen kann, daß es in ihrem eigenen Interesse ist, die Beratung fortzusetzen.

Konfliktintervention

T.H.: Angenommen Sie haben das Einverständnis der Parteien, tätig werden zu dürfen. Was tun Sie dann konkret?

F. Glasl: Zunächst geht es darum, den Konflikt einzuschätzen. Auf welcher Eskalationsstufe befindet sich der Konflikt? Wer ist beteiligt? Wie sind die Rollen verteilt? Was sind die Streitpunkte des Konflikts? Welche Haltungen haben die Parteien zum gegenwärtigen Konfliktgeschehen?

Zur Klärung dieser Fragen führe ich Gespräche mit den Betroffenen, einzeln oder auch in Gruppen, und lasse mir konkrete Vorfälle berichten, weil sich daraus am besten die zwischenmenschlichen Beziehungen – später auch die karmischen Gegebenheiten und Verstrickungen – erkennen lassen. Im Laufe dieser Klärung ergeben sich Hinweise darauf, in welcher Weise eine Konfliktbehandlung erfolgen kann und wie meine Rolle als Berater aussehen muß.

Der Konfliktberater kann verschiedene Positionen zu den Konfliktparteien einnehmen: Er kann zum Beispiel als Moderator tätig sein, als Prozeßbegleiter, als Vermittler oder Schiedsrichter, wobei die jeweilige Rolle weitgehend dem Eskalationsgrad angepaßt sein muß.

T.H.: Können Sie das näher erläutern?

F. Glasl: Der *Moderator* etwa ist vor allem auf den ersten Eskalationsstufen gefragt. In dieser Rolle hilft der Konfliktberater, die Standpunkte und Wahrnehmungen der Parteien an Ort und Stelle zu klären, und sorgt dafür, daß bestehende Mißverständnisse ausgeräumt werden und keine weiteren entstehen. Ansonsten vertraut man darauf, daß die Konfliktparteien den Konflikt aus eigener Kraft beilegen können.

Diese Intervention reicht nicht mehr aus, wenn der Konflikt über ein gewisses Stadium hinaus eskaliert ist und die Parteien zu sehr auf ihre Positionen fixiert sind. Auf Stufe drei der Eskalationstreppe ist daher eine *Prozeßbegleitung* angesagt, die längst fixierte Vorstellungen einer Partei über die jeweils andere auflösen und gefestigte Rollen lockern muß. Eine direkte Arbeit mit beiden Konfliktparteien gleichzeitig ist unter Umständen gar nicht mehr möglich, so daß Einzelgespräche angebracht sind.

Ist ein Konflikt bis zur Stufe sechs gediehen, so sind die Parteien nicht mehr in der Lage, sinnvoll miteinander zu reden und eine Verständigung zu erwirken. Der Konfliktberater nimmt dann eine *Vermittlerrolle* ein, in der er versucht, die Standpunkte beider Parteien einander anzunähern und Brükken zu einer Verständigung zu bauen.

Wenn gar nichts mehr läuft, muß der Konflikt von oben, entweder durch Richter, *Schiedsrichter* oder Schiedskommissionen, geregelt werden, was natürlich voraussetzt, daß entsprechende Machtbefugnisse wirksam gemacht werden können.

T.H.: Können Sie einmal einen ganz konkreten Fall als Beispiel anführen?

F. Glasl: Lassen Sie mich hierzu auf einen Modellfall zurückgreifen, den ich auch zu Ausbildungszwecken heranziehe.

Machtkampf zwischen dem Stadtrat und einem Amtsleiter

Der Stadtrat (Exekutivorgan der gewählten Gemeindevertretung) einer Stadt mit ca. 50.000 Einwohnern wendet sich an mich um Hilfe. Dazu erst die leidvolle Vorgeschichte:

Vor etwa einem Jahr war innerhalb eines Amtes der Gemeindeverwaltung ein heftiger Konflikt ausgebrochen. Die Leiter der vier Abteilungen dieses Amtes hatten sich mit einem kollektiven Brief an das Gremium des Stadtrates gewandt und um Aufmerksamkeit für ihre Probleme mit dem Amtsleiter gebeten. Die Abteilungsleiter erklärten darin, daß der Amtsleiter seinen Aufgaben des Führens und Organisierens nicht gewachsen sei. So könne er u.a. nicht delegieren, er bemühe sich um alle Details der Arbeit der Abteilungsleiter und deren Mitarbeiter. Er könne auch die Arbeit nicht gut verteilen und planen. Dadurch seien große Arbeitsrückstände, Chaos und ein schlechtes Betriebsklima entstanden.

Der Stadtrat reagierte darauf mit einer formellen Rüge an alle vier Abteilungsleiter, weil das politische Exekutivgremium einen derartigen „unfairen Angriff auf einen Amtsleiter" entschieden ablehne. Kurze Zeit später schlug der Chef der Abteilung „Personal und Organisation" dem Stadtrat vor, gemeinsam mit einem externen Beratungsinstitut – also noch nicht mit mir – die Führung und Organisation dieses Amtes zu untersuchen. Das Gremium des Stadtrates erklärte sich damit einverstanden und erteilte den Auftrag. In wenigen Wochen war die Untersuchung abgeschlossen. Der Untersuchungsbericht führte an, daß der Amtsleiter das Bestehen von Problemen selbst zugegeben hatte. Als Ursache dafür betrachtete er jedoch die Person des für sein Amt zuständigen Stadtrates, der völlig unsystematisch arbeite. Außerdem ließe sich – nach Aussage des Amtsleiters – dieser Stadtrat in Besprechungen mit Interessengruppen oder Bürgerinitiativen und dergleichen sehr leicht unter Druck setzen und zu Versprechungen verleiten, die dann vom Amt erfüllt werden müßten, obschon dies zumeist unmöglich sei. Es sei zu wenig Personal und Geld vorhanden, oder es fehlten entsprechende gesetzliche Grundlagen. Vor Jahren habe der Amtsleiter deshalb bei der Personalstelle sowie beim Stadtrat einen dringenden Bedarf an quantitativer und qualitativer Personalaufstockung angemeldet. Danach könne er als Amtsleiter die Arbeit neu organisieren und planen.

Über indirekte Wege hatte der Amtsleiter jedoch gehört, daß der Chef der Abteilung „Personal und Organisation" zu diesen Bedarfsmeldungen immer negative Empfehlungen erstattet habe, weil der Personalleiter meinte, der Amtsleiter müsse erst sein Amt anders organisieren. Wenn dann noch Personal benötigt werde, müßte dies genau überprüft werden. Der Amtsleiter war deshalb vom Chef „Personal und Organisation" sehr enttäuscht. Noch vor zehn Jahren hatten beide in der Finanzabteilung als Kollegen gearbeitet. Damals hatte zwischen ihnen zwar größere Rivalität bestanden, aber nachdem der eine als Amtsleiter auf seinen jetzigen Posten berufen worden war, hatte man einander aus den Augen verloren. Drei Jahre später wurde der andere zum Chef der verhältnismäßig kleineren Personalstelle ernannt. In wenigen Jahren war danach die Abteilung „Personal und Organisation" zu einem Umfang angewachsen, der sich mit dem des anderen Amtes vergleichen läßt.

In dem genannten Untersuchungsbericht waren die Klagen der vier Abteilungsleiter gegen ihren Amtsleiter noch wesentlich verschärft worden. Sie lieferten zahlreiche Beispiele und „Beweise" für das schlechte Funktionieren ihres Chefs. Das Gremium des Stadtrates beschloß daraufhin direkt, den Amtsleiter vorübergehend seiner Funktion zu entheben. Dies wurde von einigen regionalen Zeitungen sofort aufgegriffen und kritisiert. Stellvertretender Amtsleiter (ad interim) wurde einer der Abteilungsleiter, der von vielen als der größte Rivale des Amtsleiters bezeichnet wurde. Weil der Amtsleiter nun drohte, gegen seine verletzende Amtsenthebung beim Beamtengericht in Berufung zu gehen, begann der Leiter der Abteilung „Personal und Organisation" in der gesamten Gemeindeverwaltung belastendes

---

Fragen zur Konfliktdiagnose

1. Inhaltliche Streitpunkte = Issues

- Welche Issues werden von den Parteien vorgebracht?
- Sind die Punkte für alle dieselben? Gibt es Unterschiede? Gemeinsamkeiten?
- Kennen die Parteien gegenseitig die Issues?
- Handelt es sich um vereinzelte, isolierte Punkte – oder um zusammenhängende Punkte (packages)?
- Was sind die Kernpunkte – periphere Punkte?
- Bei welchen Punkten spielen Emotionen eine große Rolle?
- Auf welche Punkte versteifen sich die Parteien besonders?
- Welche Punkte beziehen sich auf die Objektsphäre – Subjektsphäre?

2. Konfliktverlauf

- Welche Eskalationssymptome sind wahrnehmbar?
- Wer befindet sich mit wem auf welcher Eskalationsstufe?

– Wo und wann sind die Wendepunkte aufgetreten (points of no return)?
– Wie stabil oder explosiv ist der Konflikt?
– Wie schnell kann der Konflikt weiter eskalieren?

3. Parteien
– Sind die Konfliktparteien Individuen, Gruppen, Gruppen von Gruppen?
– Bei Gruppen: Wie locker und geschlossen sind sie? Abgegrenzt?
– Wer ist Kernperson, exponierter Akteur?
– Wie ist die Beziehung bzw. Abhängigkeit Gruppe – Exponent?
– Parteiinterne Kommunikation, Führung, Entscheidungsstruktur, Macht?

4. Beziehung zwischen den Parteien
– Wie/wodurch werden Beziehungen formal bestimmt (Organigramm, Statuten, Verfahrensvorschriften etc.)?
– Wie stehen die Parteien zu den formalen Bestimmungen: ablehnend, akzeptierend, unterwandernd, verteidigend, angreifend?
– Wie sehen die informellen Beziehungen aus: Wer ist von wem abhängig?
– Wie lauten die ungeschriebenen „Rollenverträge"?
– Welche Perzeption haben die Parteien voneinander?
– Welche Verhaltensmuster praktizieren sie?
– Wie sind sie zueinander eingestellt?

5. Grundeinstellungen zum Konflikt
– Welche Philosophie haben die Parteien in bezug auf den Konflikt?
– Wie sieht die tatsächliche strategische Kalkulation der Parteien aus?
– Wie stehen sie zu den im System vorhandenen Konfliktregulatoren?
– Geht es um Friktion, Positionskampf, systemverändernden Konflikt?

© Friedrich Glasl

Material gegen den Amtsleiter zu sammeln. Damit sollte bewiesen werden, daß der Amtsleiter seiner Funktion überhaupt nicht gewachsen war. Drei Monate später lag ein „Schwarzbuch" vor. Auch dies kam der Presse zu Ohren und führte zu heftigen politischen Angriffen gegen den Stadtrat. Einige Mitglieder des Gemeinderates – die gegenüber dem Gremium des Stadtrates in Opposition waren – hatten den Stadtrat unter Beschuß genommen. Es kam zu Anfragen über die Personalpolitik und über die „Willkürherrschaft" der politischen Führungskräfte, die als schwerer Verstoß gegen Prinzipien des Rechtsstaates bezeichnet wurde. Auch die Personalabteilung war heftiger Kritik ausgesetzt.

Dies alles hatte zu vielen Reibungen und Spannungen in der Gemeindeverwaltung und in politischen Gremien geführt. Wiederholt hatte sich die Presse dieses Falles angenommen und zu Mißtrauensvoten gegen den Stadtrat gedrängt. Der Stadtrat und der Amtsleiter bereiteten sich indessen auf einen Prozeß beim Beamtengericht vor, hatten aber das Verfahren noch nicht eingeleitet. Ein Jahr lang geschahen wenig spektakuläre Dinge. Aber alle Parteien führten ihren Kampf weiter. Sie bemühten sich um Unterstützung durch ihren Anhang. Einige Stadträte hatten – wie verlautete – auf einige Amtsleiter indirekten Druck ausgeübt, daß sie sich nicht auf die Seite des seines Amtes enthobenen Amtsleiters stellen sollten. Nirgendwo kam es jetzt zu direkten Konfrontationen. Es war jedoch spürbar, daß jede Partei versuchte, die Gegenseite zu schwächen, indem sie ihr Verstöße gegen gesetzliche oder sittliche Normen nachweisen oder andere Schwierigkeiten bereiten wollte. Auf diese Weise war bei allen Kernpersonen des Konflikts die Überzeugung gefestigt worden, daß die Gegenpartei auf einen reinen Machtkampf aus sei. Einige Mitglieder der Gemeindevertretung hatten diesen Fall vor kurzem erneut aufgegriffen und vom Stadtrat gefordert, daß er die Amtsenthebung öffentlich widerrufen und eine Untersuchung über das persönliche und politische Schalten und Walten des zuständigen Stadtrates einleiten solle. So kam man schließlich auf mich.

T.H.: Wie verlief in diesem Fall die Konfliktbehandlung?

F. Glasl: Als ich als Vermittler tätig wurde, war der Konflikt schon auf Stufe sechs gesackt. Ich habe daher den Parteien zunächst angeboten, als Vermittler tätig zu werden, so daß ein direkter Kontakt zwischen ihnen unterbunden wurde. Auf diese Weise konnte ich zunächst verhindern, daß weiter gestritten wurde und der Konflikt weiter eskalierte. Dann habe ich in langen Einzelgesprächen mit den Konfliktparteien versucht, die wesentlichen Streitpunkte, die unlösbar zwischen ihnen standen, herauszubekommen. – Ein Problem war, daß der Konflikt bereits in der Makroarena ausgetragen wurde und die politischen Parteien, die Medien und verschiedene Interessensgruppen in den Konflikt hineinspielten. Es ist einem Konfliktberater aber aus praktischen Gründen gar nicht möglich, auf dieser Ebene zu agieren. Aus diesem Grund habe ich zunächst mit den Parteichefs der im Stadtparlament vertretenen Parteien eine Vereinbarung über Nichtintervention während eines bestimmten Zeitraums getroffen. Außerdem wurde beschlossen, daß die Presse in festgelegten Abständen gemeinsam von den Konfliktparteien und mir informiert werden sollte. Die Presse hatte das Verdienst, den Konflikt publik gemacht zu haben, und sollte auch weiterhin ihre notwendige Kontrollfunktion ausüben. Aber ich mußte verhindern, daß durch unkontrollierte Pressemitteilungen weitere eskalierende Elemente in den Konflikt hineingetragen wurden.

Der nächste Schritt bestand darin, mit den Kernpersonen gemeinsam Gespräche zu führen, um die gemeinsamen Streitpunkte zu klären. Der Konflikt war dermaßen mit persönlichen Aspekten und Nebensächlichkeiten angereichert, daß die eigentlichen sachlichen Konfliktthemen in den Hintergrund geraten waren. Diese galt es, wieder zusammen mit den Beziehungsfragen in den Mittelpunkt der Auseinandersetzung zu rücken. In einer Vielzahl von Klärungs- und Vermittlungsgesprächen gelang es den Konfliktparteien, von ihren verfahrenen Standpunkten mehr und mehr

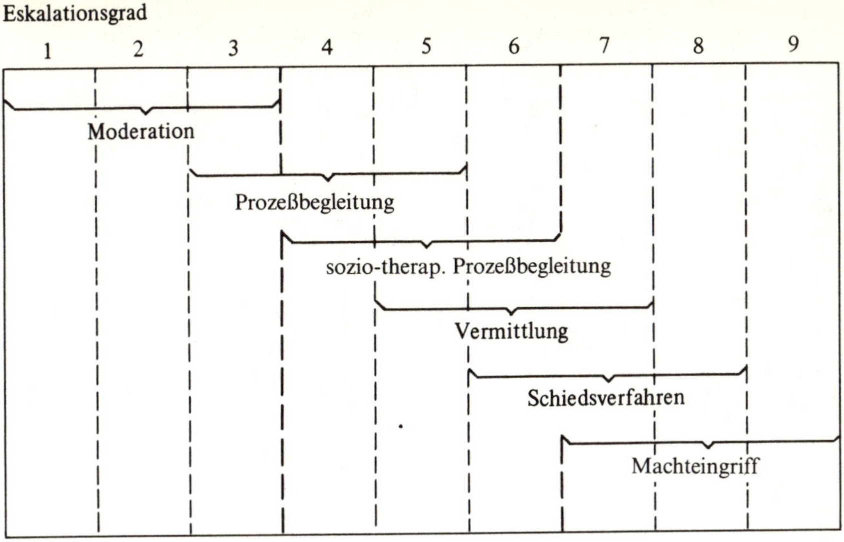

Rollen- und Strategiemodelle und Eskalationsgrad (aus: Glasl 1990, S.361)

abzurücken und wieder einen Sinn für die Realitäten und das Machbare zu gewinnen.

Die Lösung sah dann so aus, daß der Amtsleiter wieder eingestellt wurde, aber nicht an seinen alten Arbeitsplatz zurückkehrte. Es wurde eine neue Stelle für ihn geschaffen, die die Aufgabe der Politikkoordination hatte. Der Amtsleiter hatte zum Beispiel darauf zu achten, daß bestimmte Schwerpunkte der Politik, etwa die Integration von Minderheiten, in allen Bereichen der praktischen Politik, Schul-, Wohnraum-, Verkehrspolitik etc., in ausreichendem Maße berücksichtigt wurden.

Supervision

T.H.: Als Konfliktberater werden Sie ja in der Regel erst dann hinzugebeten, wenn schon ein Konflikt am Laufen ist. Wäre es nicht sinnvoll, in Institutionen präventiv zu arbeiten? Ich könnte mir vorstellen, daß von Zeit zu Zeit ein Betriebsfremder in eine Organisation gebeten wird und quasi als Supervisor das Geschehen dort beobachtet.

F. Glasl: Das halte ich für sehr sinnvoll. In der Schweiz arbeite ich schon seit längerem an einer entsprechenden Weiterbildung von Supervisoren, denn dort ist das Instrument der Supervision öffentlich anerkannt und wird auch gefördert. Ein Team eines Krankenhauses zum Beispiel darf jährlich in bestimmtem Umfang Supervision beanspruchen, und das wird auch be-

Goldene Augenblicke – „Michael und der Drache“

(Eskalationsstufen 4 und 5, sozio-therapeutische Prozeßbegleitung)

Ziel dieser Intervention: Wenn ein Konflikt bis zum Eskalationsgrad 4 oder 5 angewachsen ist, dann kostet es die Parteien besonders viel Mühe, um beim Gegner noch einige positive Qualitäten, gute Absichten oder Haltungen wahrzunehmen. Der Blick ist nur noch auf die negativen Eigenschaften gerichtet.

Mit der folgenden Methode können die Parteien für sich – also ohne daß die Gegenpartei anwesend ist – etwas tun, um die negative Filterwirkung ihrer Wahrnehmung zu durchbrechen.

Methodische Schritte:

1. Suchen Sie in einem sehr, sehr intensiven Konflikt einen Vorfall, der zu einer wesentlichen Verschärfung des Konflikts beigetragen hat.
2. Wählen Sie jetzt aus diesem Vorfall einige Momente, in denen ein Gegner nicht ausschließlich seinen negativen Antrieben gefolgt ist, sondern wo zu sehen war, daß er sich irgendwie bemühte, seinen Ärger oder seine Wut zu beherrschen. Also: Wo der andere irgendwie seinem Gewissen gefolgt ist.
3. Beschreiben Sie jetzt ganz konkret und in allen Details, wie sich Ihr Gegner in diesem Augenblick verhalten hat, auch den Raum, die Temperatur, die Stimme, das Licht, die Farben usw., alles so genau wie nur möglich.
4. Suchen Sie noch so einen Moment (wie 2) und beschreiben Sie ihn.
5. Nehmen Sie nun alle in diesen Momenten sichtbaren positiven Absichten und Bemühungen und machen Sie daraus *eine eigene Person,* d.h. eine Märchenfigur, einen Helden aus einer Sage oder dergleichen, die eine Personifizierung dieser guten Eigenschaften ist. Und nehmen Sie jetzt alle sichtbaren negativen Eigenschaften oder Haltungen zusammen, und bilden Sie daraus eine zweite Figur, d.h. die Personifikation dieser Eigenschaften in Gestalt einer anderen Märchenfigur etc.
6. Lassen Sie jetzt diese Personen etwas miteinander tun, ein Gespräch führen, ein Abenteuer erleben, wobei diese Figuren miteinander tätig sind. Machen Sie daraus eine kleine Geschichte. Diese Geschichte braucht nicht ein Ende zu haben.

Aus: Glasl 1980

zahlt. Man verspricht sich davon eine vorbeugende Wirkung. Aufkommende Probleme können so im Ansatz erkannt und behandelt werden und weiten sich unter Umständen gar nicht erst zu einem Konflikt aus.

T.H.: Können Sie das Wesen der Supervision etwas näher erläutern?

F. Glasl: Supervision ist eine bestimmte Begleitberatungsform, die darin besteht, bewußt eine externe Person, die nicht in die Belange der betreffenden Organisation verstrickt ist, zur Beobachtung in eine Organisation hineinzuholen. Ziel der Supervision ist zunächst, ablaufende Prozesse im kommunikativen und gruppendynamischen Bereich den Beteiligten stärker ins Bewußtsein zu heben und die kommunikative Kompetenz zu verbessern. Der Supervisior wirkt dabei vornehmlich wie ein Reflektor, der das, was er beobachtet, an die Beobachteten zurückgibt und hinterfragt, ohne selbst pro oder contra Stellung zu beziehen.

War Supervision zunächst hauptsächlich auf den kommunikativen, den mikrosozialen Bereich beschränkt, so wird in der Fachpressse mehr und mehr die Forderung laut, daß Supervisoren auch etwas von Organisationsformen und -strukturen, Führungsfragen usw. verstehen müssen. Denn wenn man nur den Hammer als Werkzeug hat, wird jedes Problem zum Nagel, sagte einmal Watzlawick.

T.H.: Ich kann mir gut vorstellen, daß sich Institutionen mit der Begründung gegen Supervision sperren, daß ein Außenstehender das Wesen der jeweiligen Einrichtung gar nicht wirklich erfassen könne.

F. Glasl: Eine solche Haltung wäre ja schon ein Warnsignal, daß wahrscheinlich etwas nicht zum Besten steht. Eine Beratung zum rechten Zeitpunkt kann viel Unheil verhindern, so daß Supervision sehr hilfreich sein kann. Ich könnte mir auch gut vorstellen, daß Supervisoren in Waldorfschulen und in heilpädagogischen Institutionen segensreich wirken könnten. Immer wieder erhalte ich Post von Waldorflehrern, die aus der Tätigkeit in der Schule aussteigen und in den Beraterberuf wechseln wollen, und ich überlege mir, ob ich nicht eine Spezialausbildung für solche Leute anbiete, mit dem Ziel, sie der Waldorfbewegung zu erhalten, aber eben als Berater und Supervisoren.

T.H.: Gibt es so etwas nicht bereits?

F. Glasl: Es gibt Berater für den pädagogischen Bereich, oft altgediente Lehrer, die Berufsanfängern Starthilfe geben. Aber ich dachte mehr an Beratung im Organisatorischen und Strukturellen. Gerade dort manifestieren sich ja immer wieder Konflikte, nicht nur im rein Pädagogischen. Die Ausbildung zum Berater müßte alo Rechtsfragen, Organisationsformen, Entscheidungsaspekte, Zusammenarbeit zwischen Schule und Eltern, Finanzierungsformen und dergleichen mit berücksichtigen.

Literatur:

Glasl, Friedrich: Konfliktmanagement. Bern/Stuttgart [1]1980,[2]1990

Die Abbildungen aus Glasl 1990 erfolgen mit freundlicher Genehmigung des Verlages Freies Geistesleben, Stuttgart.

Vertrauen in die Zukunft

INTERVIEW MIT WOLFGANG SCHLÜTER

von Judith Pehrs und Wolfgang Weirauch

Wolfgang Schlüter, *geboren 1942 in Stadthagen, 4 Kinder.*
Realschule, Tischlerlehre in Rinteln/Weser, Gesellenjahre in Augsburg und Ostfriesland.
1963 Studium an der Werkkunstschule Hildesheim zum Holzbetriebstechniker und Innenarchitekt, Tischlermeister.
1966 erste Begegnung mit der Anthroposophie. Seit 1970 Mitglied in der Allgemeinen Anthroposophischen Gesellschaft.
1967 Eintritt in das Familienunternehmen. 1978 Übernahme der Geschäftsführung, gemeinsam mit dem Bruder. Aufbau einer international erfolgreichen Polstermöbelkollektion. Ausbau des Handwerksbetriebes zu einem modernen Industrieunternehmen.

Den Kopf voller Begriffe – Konfliktberatung, Betriebsumstrukturierung, BGO, NPI – fuhren wir nach Stadthagen. Was wir uns theoretisch erarbeitet hatten, wollten wir nun auch in der Wirklichkeit erleben und kennenlernen: wie ein bislang konventioneller Betrieb mit Hilfe des Beraterverbundes für Gegenwartsfragen und Organisationsentwicklung (BGO) umstrukturiert worden ist, wie dort Konflikte bewältigt und wie mit Phantasie neue Strukturen verwirklicht werden.

In dem folgenden Interview wird ein Betrieb vorgestellt, in dem Umstrukturierung kein theoretischer Begriff mehr ist, sondern Berufsalltag. Wolfgang Schlüter, Anthroposoph und Geschäftsführer der Schlüter Werke, einem Unternehmen mit 160 Angestellten in Stadthagen, das sich auf Polstermöbel – vor allem Schlafsofas – spezialisiert hat, erzählte uns von der Umstrukturierung seines Betriebes mit der Hilfe des BGO. Hier hat nun ein hundertjähriger Betrieb – die Jubiläumsfeier ist am 01.10.1992 – den Sprung ins kalte Wasser gewagt. In Zusammenarbeit mit einem Berater des BGO wurde alles, was es bisher an festen Strukturen gegeben hat, hinterfragt und – wenn notwendig – konsequent geändert bzw. neu geformt.

Und es ist gelungen!

Das Klima im Betrieb hat sich total verändert, und auch wirtschaftlich ging es bergauf. Wieviel Mut zum Neuen, Phantasiekraft und Wille zum Durchhalten dazu gehören, können wir als Außenstehende nur ahnen. Aber dieser Betrieb ist ein anderer geworden. Das merkt man allein schon bei einem Rundgang durch die Gebäude: Gleich am Eingang empfängt den Besucher eine große Graphik, auf der das Wort Sofa in arabischer und persischer Schrift prangt, in allen Büroräumen, Fluren und Werkshallen hängen selbstgemalte Bilder, die während der Workshops entstanden sind. Man entdeckt dabei Bilder von türkischen und griechischen Lehrlingen neben solchen, die in der Leitbildkommission gemalt worden sind. Auch ein Teil des Gebäudes zieht unser Augenmerk auf sich, denn es ist in Form eines Pentagrammes errichtet, in dessen Zentrum der Runde Tisch steht, an welchem die Konfliktlösungsgespräche geführt, Änderungen besprochen werden und vieles mehr.

Wolfgang Schlüter, der Initiator der gesamten Betriebsumstrukturierung, schildert in folgendem Interview seine Ideen, Krisen und Zukunftsprojekte mit besonderer Offenheit und Anteilnahme. Dieses Beispiel der Schlüter Werke macht Mut und läßt hoffen, daß auch andere Betriebe erkennen: Es gibt menschlichere Wege, wie wir miteinander umgehen und arbeiten können!

Judith Pehrs: Am 1. Oktober dieses Jahres hat Euer Betrieb 100jähriges Jubiläum. Wie waren die Schlüter Werke vor der Zusammenarbeit mit dem BGO (Beraterverbund für Gegenwartsfragen und Organisationsentwicklung) ausgerichtet?

Wolfgang Schlüter: Entstanden sind die Schlüter Werke als Handwerksbetrieb, haben dann aber eine Entwicklung zum Industriebetrieb durchgemacht. Zunächst waren wir als Firma wachstums- und gewinnorientiert. Dadurch wurde aus dem Handwerksbetrieb ein ständig wachsender Organismus, aber es fehlte an einer wirklichen Zielsetzung. Zwar war das Ziel Gewinn und Wachstum, aber das gibt keinen eigentlichen Sinn.

Jede Organisation, jeder Organismus und jede Firma, die wächst, bekommt irgendwann Probleme, und dies trat auch bei uns auf. Auch eine Familie, die ständig wächst, bekommt Probleme: Das kennen wir alle. Ich selbst bekam in unserer Firma ständig Schwierigkeiten, die ich nicht selbst lösen konnte, vor allem Probleme in der Führung von Menschen. Im Jahre 1987/88 hatten wir unter unserem Firmenlogo den Satz geschrieben: „Der Mensch ist auch für uns das Maß aller Dinge." Aber dieser Satz war irgendwie nur hingedacht, hingefühlt, nebulos gewollt. Wir wollten es so handhaben, aber ich hatte nicht die Technik, diesen Satz sinnvoll in die Praxis umzusetzen.

Der Weg zum BGO

J.P.: Das sind wahrscheinlich die Gründe, die Dich bewogen haben, Dich an den BGO zu wenden?

W. Schlüter: So war es.

J.P.: Lagen die Gründe, Dich an den BGO zu wenden, hauptsächlich in den Konflikten im Betrieb, oder führte die Tatsache, daß Du in der bloßen Gewinnmaximierung keinen Sinn mehr gesehen hast, und die Einsicht in die Notwendigkeit neuer Formen der Betriebsführung und -gestaltung mit anthroposophischem Hintergrund zu diesem Schritt?

W. Schlüter: Ich habe das *Goetheanum* gelesen, in dem eine Rezension aus dem Wirtschaftsmagazin *Capital* erschien. Im *Capital* wurde von anthroposophischen Unternehmensberatungen berichtet. Davon war ich total fasziniert und wußte seitdem, daß das mein Weg sein würde, weil ich ja auch selbst Anthroposoph bin. Ich habe mir dann die entsprechende Ausgabe des *Capitals* gekauft, fand darin die Adresse des BGO und habe an diesen Beraterverbund geschrieben.

Meine Worte lauteten damals folgendermaßen: „Das Unternehmen befindet sich in einer guten Entwicklung und ist nach wie vor geprägt von starkem Wachstum. Trotz aller guten Entwicklung treten nun zunehmend Probleme auf hinsichtlich der Leistungsbereitschaft, der Mitarbeiter im produktiven Bereich, begleitet von hoher Fluktuation und einem hohen Krankenstand." Das sind die typischen Probleme, wenn nicht richtig geführt wird: Krankheit, Fluktuation, Flucht, Leistungsverweigerung – also innere Kündigung. Dann habe ich weiter geschrieben: „Wir fragen uns nun, was wir im zwischenmenschlichen Bereich verändern müssen, wie wir richtig miteinander kommunizieren müssen, wie wir unsere Mitarbeiter in der richtigen Weise ansprechen und motivieren können. Wir fühlen uns dem kooperativen Führungsstil verpflichtet ..."

J.P.: Kannst Du zwischendurch kurz erklären, was der BGO ist, welche Aktivitäten er durchführt und was das Anthroposophische an ihm ist?

W. Schlüter: Der BGO fußt in der Zielsetzung und Aufgabenstellung auf dem NPI (Nederlands Pedagogisch Instituut), begründet von Professor Lievegoed. Der BGO versteht sich im Grunde genommen als Partner vom NPI, und die Menschen dort führen Unternehmensberatung durch, gewissermaßen als Einzelkämpfer. Zur Zeit gibt es in Deutschland sechs oder sieben Personen, die das machen, sie treffen sich etwa alle sechs Wochen, besprechen ihre Erfahrungen aus der Beratungspraxis, gehen dann wieder auseinander und treten als Einzelunternehmer auf. Der BGO ist also keine einheitliche Gesellschaft, sondern etwas ganz Heterogenes. Man trifft sich einfach, man ist Kollege, allerdings gehört man zu diesem Verbund dazu.

Was ist daran nun anthroposophisch? Der gesamten Organisationsentwicklung, die man mit diesen Menschen macht – wir haben dies mit Herrn Huneck aus Kassel durchgeführt –, liegt das Menschenbild Rudolf Steiners zugrunde, zum Beispiel die Dreigliederung nach Denken, Fühlen und Wollen. So wie der Mensch durch Rudolf Steiner als dreigliedrig erkannt wurde, kann man diese Dreigliederung auch auf eine Organisation anwenden, denn diese drei Bereiche Denken, Fühlen, Wollen durchströmen auch den sozialen Organismus. Darin sehe ich den anthroposophischen Weg.

Im Mittelpunkt steht das Gespräch

J.P.: Im Sommer 1989 begann die Arbeit mit dem BGO anhand einer Betriebsstudie mit einem Gespräch, Eure Anfrage hast Du ja schon verlesen. Aus diesem Gespräch entstand ein Entwurf zur Personalentwicklung, beginnend mit den Führungskräften in der Produktion. Kannst Du das ein bißchen schildern, vor allem was dadurch verändert worden ist?

W. Schlüter: Das war ein relativ weiter Weg. Wir waren ganz schnell entschlossen, Arbeitsgruppen zu bilden, und zwar nach Sachgebieten, in denen zum Beispiel jeweils die technischen Führungskräfte der Firma, die kaufmännischen Mitarbeiter der Firma oder der Außendienst zusammenarbeiteten. Diese Gruppen waren also immer abteilungsbezogen, zunächst auch noch hierarchisch gedacht. Diese Gesprächskreise und Seminare haben wir sofort durchgeführt. Angefangen hat der Geschäftsleitungskreis, damals noch fünf Personen; heute sind wir sieben. Bevor wir mit dem BGO in nähere Verbindung traten, mußten wir als Geschäftsleitungskreis einmal zusammentreten und uns über die Methodik dessen auseinandersetzen, was wir eigentlich wollten.

In den folgenden Workshops der einzelnen Abteilungen leisteten wir zunächst Gedankenarbeit, indem wir uns damit auseinandersetzten, was wir wollten und welches unsere Probleme waren, also eine allgemeine Bewußtwerdung des gegenwärtigen Zustandes und unserer Ziele. Zusätzlich haben wir künstlerisch gearbeitet: Malen, Zeichnen, Plastizieren. Für die meisten unserer Mitarbeiter war dies die erste Begegnung mit der Kunst seit ihrem Schulabgang. Hinzu kamen noch rhythmische Übungen, zum Beispiel Gruppengymnastik.

J.P.: Du hast dann aus Anregungen und Wünschen der Auszubildenden ein Förderungsprogramm für Lehrlinge entwickelt. Was beinhaltet dieses Programm, und hat sich die Praxis bei den Einstellungsgesprächen dadurch verändert?

W. Schlüter: Bei den Einstellungsgesprächen hat sich sehr viel verändert. Wir bemerken, daß wir mittlerweile eine sehr gesuchte Ausbildungsfirma sind, also junge Menschen kommen von sich aus auf uns zu. Ferner geben wir uns viel mehr Mühe, geeignete junge Menschen für unsere Berufe zu finden, d.h. daß wir Raum für sehr ausführliche Einstellungsgespräche geben. Im Mittelpunkt steht wirklich das Gespräch, das immer zwei Personen aus dem Geschäftsleitungskreis führen. Wir haben ein eigenes Ressort gebildet, das Ressort der Mitarbeiterentwicklung. Der Leiter dieses Ressorts und der kaufmännische Leiter führen die Einstellungsgespräche.

Verantwortung für die jungen Menschen

Noch einige Worte zu dem Lehrlingsprogramm: Ich hatte immer ein schlechtes Gefühl, daß wir uns zu wenig um die jungen Menschen gekümmert haben. Uns wurde sehr schnell klar, daß, wenn wir die Probleme unserer Firma, die Konflikte, die zwischenmenschlichen Streitigkeiten lösen wollten, wir am besten bei den ganz jungen Leuten anfangen mußten. Gleichzeitig kam für mich eine Art Verantwortungsgefühl hinzu, denn zu dieser Zeit hatte ich selbst vier Kinder in dem gleichen Alter wie unsere Lehrlinge. Wir haben hier Hauptschüler, Realschüler und auch Gymnasiasten, also eine Altersstruktur von 16 bis 21 Jahren.

Es wurde mir sehr schnell klar, daß wir uns um diese jungen Menschen sehr viel mehr kümmern mußten, und daß der Ausbildungsplan der IHK (Industrie- und Handelskammer) nicht reicht, auch nicht der unserer Fachverbände. Deswegen mußten wir etwas Zusätzliches tun. Im Zuge dessen kam der Begriff des Ganzheitlichen auf, denn wir wollten nicht nur das tun, wozu wir aufgrund des Lehrvertrages verpflichtet sind, was sich vorwiegend nur an den Kopf der Lehrlinge wendet, sondern wir beschäftigten uns damit, wie man zum Beispiel auch Sozialverhalten vermitteln könne. Wie vermitteln wir, daß sich diese jungen Menschen mit sich selbst und mit dem

Unternehmen identifizieren können, daß sie zu sich selbst stehen, daß sie initiativ sind, daß sie verantwortungsbewußt werden? Diese Initiative, diesen Mut und dieses Verantwortungsbewußtsein brauchen wir bei den jungen Menschen, damit sie entsprechende Qualitäten mit in ihr Leben hineinnehmen, nicht nur in unsere Firma. Natürlich hat die Firma auch sehr viel davon, wenn unsere jungen Menschen eine entsprechende Lebenseinstellung gewinnen.

Dann haben wir Herrn Huneck vom BGO gebeten, ein Programm zu entwickeln, welches den ganzheitlichen Aspekt von Denken, Fühlen und Wollen bei den jungen Menschen schult. Und das ist ein ganz umfangreiches Werk geworden.

J.P.: Was gehört alles dazu?

W. Schlüter: Zum einen die künstlerischen Übungen im Sinne von Malen, Plastizieren, Zeichnen und Gymnastik.

J.P.: Auch Eurythmie?

W. Schlüter: Noch nicht. Bisher nur rhythmische Gymnastik, Kugelübungen und dergleichen. Diese Übungen führt eine Kulturpädagogin (Anne Rosch) durch, und zwar nicht nur mit den Lehrlingen, sondern auch mit uns. Eurythmie möchte ich ja sehr gerne einführen, aber dazu ist es meines Erachtens noch ein wenig zu früh. Aber vielleicht wird das ein nächster Schritt.

Problemstücke, die unter die Haut gehen

Im weiteren besuchen wir mit den Lehrlingen Theateraufführungen und Museen, setzen uns also mit der Kunst auseinander. Außerdem gehen wir in die Natur und betrachten Bäume, denn wir haben es in unserer Firma mit Möbeln, also auch mit Holz zu tun. Unsere jungen Menschen sind äußerst aufgeschlossen, Baumkunde mitzumachen, Bäume kennenzulernen, überhaupt zu entdecken, wie man eine Eiche, eine Ulme, eine Linde oder eine Esche erkennt. Was sind die Eigenschaften dieser Hölzer, warum gibt es überhaupt so viele verschiedene Bäume?

Dann gibt es ein ganz breites Spektrum, in dem wir uns mit Sinnfragen des Lebens auseinandersetzen. Diese allgemeinen Lebensfragen entzünden sich durchaus auch am Theater. Wir schauen uns zum Beispiel „Kabale und Liebe" von Schiller an, wir machen „Eines langen Tages Reise in die Nacht" von O'Neill, wir schauen uns einen Brecht an, also weniger schöngeistige Stücke als vielmehr Problemstücke, bei denen es einem wirklich unter die Haut geht. Und gerade das arbeiten wir am nächsten Tag auf.

J.P.: Machst Du diese Aufarbeitung?

W. Schlüter: Ich bin durchaus daran beteiligt, aber Anne Rosch ist früher auch Schauspielerin gewesen, deswegen dazu prädestiniert, mit den jungen Menschen über diese Theaterstücke zu arbeiten.

Seminararbeit mit Auszubildenden

Wolfgang Weirauch: Wieviel Arbeitszeit widmet Ihr diesen künstlerischen Übungen, Theaterbesuchen und Gesprächen mit den Lehrlingen pro Jahr?

W. Schlüter: Mit den Lehrlingen veranstalten wir in jedem Jahr zwei einzelne Wochen, und zwar alternierend eine Woche, dann nach einem Vierteljahr ein einzelnes Wochenende, wiederum ein Vierteljahr später eine erneute ganze Woche und nach einem weiteren Vierteljahr ebenfalls ein weiteres Wochenende. Ein Jahr haben wir jetzt mit diesem Zyklus herum und dabei festgestellt, daß die Wochenenden nichts bringen. Denn unsere jungen Menschen brauchen einfach Zeit, warm zu werden, sich einzustimmen, sich an diese Neuartigkeiten zu gewöhnen. Hinzu kommt, daß wir ein sehr heterogener Haufen sind, denn wir haben sowohl 16jährige als auch 24jährige, es sind junge Menschen, die teilweise zur gewerblichen Berufsschule gehen und von der Hauptschule kommen, wir haben auch Abiturienten und junge Menschen, die die Berufsakademie besuchen. Das ist eine solche Spannbreite, daß es schwierig ist, alle unter einen Hut zu bekommen, denn ihre Ansprüche sind äußerst breit und verschieden gelagert. Deswegen beschränken wir uns jetzt auf die Wochenveranstaltungen, die wir weiterhin zweimal pro Jahr durchführen.

Während dieser Wochen sind die jungen Menschen nicht in der Firma, sondern wohnen in einem Hotel. Entweder arbeiten wir im Rahmen unserer Seminare in diesen Hotels oder in unserem zweiten Werk, wo wir hervorragende Räume haben, die sehr gut für diese Seminarveranstaltungen genutzt werden können. Derzeit sind wir dabei, in einem jetzt vermieteten alten Werk hier in der Innenstadt von Stadthagen ein Kommunikationszentrum aufzubauen, in dem wir dann auch diese Veranstaltungen durchführen können. Zusätzlich beabsichtigen wir, uns in diesem Kommunikationszentrum auch mit Kunden zu treffen. Wir lernen also jetzt, was die Bedürfnisse der jungen Menschen sind, welche Notwendigkeiten es gibt, welche Erfolge wir haben und entwickeln daraus alles weitere.

Zusätzlich hat der Ausbildungsleiter alle sechs Wochen sämtliche jungen Menschen einmal am Runden Tisch und führt mit ihnen Gespräche, die wir einmal „Blick über den Horizont" genannt haben. In diesen Gesprächen wird zunächst Gelegenheit gegeben zu fragen.

W.W.: Auch Lebensfragen?

W. Schlüter: Selbstverständlich. Wenn jemand Probleme hat, die er nicht in der Gruppe besprechen möchte, stellen wir uns auch zu Einzelgesprächen zur Verfügung; übrigens auch Herr Huneck. Dieser „Blick über den Horizont" soll die jungen Menschen auch darüber informieren, welche Aktivitäten die Firma derzeit durchführt, denn oft ist es so, daß die Menschen nur das begreifen, was man ihnen sagt. Man könnte ihnen Gold hinlegen, sie würden aber nicht begreifen, daß es Gold ist, bevor man ihnen nicht den Begriff Gold genannt hat. Ferner setzen wir uns mit aktuellen Zeitfragen auseinander, zum Beispiel mit dem Krieg. Wie berührt Euch der Krieg? Berührt Euch das überhaupt? Natürlich sprechen wir auch darüber, wie es uns selbst betrifft, was in der Welt vorgeht. Wir versuchen, die jungen Menschen zu sensibilisieren, so daß sie wissen, daß sich der Schlüter oder der Ausbildungsleiter auch darüber Gedanken machen. Das hat dann schon etwas Vorbildhaftes an sich.

Während dieser jeweiligen Woche wird etwa die Hälfte der Zeit mit den künstlerischen Arbeiten verbracht, die andere Hälfte mit Gesprächsgruppen. Obendrein kommt noch das soziale Tun, die Bereitung des Essens und sämtliche Organisationsaufgaben hinzu.

Vom Einzelakkord zum Gemeinschaftslohn

J.P.: Mittlerweile fertigt ein Team von sechs Mitarbeitern jeweils ein Sofa. Ist das auch ein Ergebnis aus einem Eurer Leitbildseminare?

W. Schlüter: Nein, das haben wir schon vorher gemacht. Dabei hatten wir den Gedanken, wie wir in irgendeiner Form vom Einzelakkord wegkommen konnten. Beim Einzelakkord geht es immer nur darum, daß der einzelne für sich am meisten Geld herausholen will. Und so haben wir uns überlegt, ob man eine Art anfänglichen Gemeinschaftsgeist herausbilden, ob man eine Gruppe von Menschen zu einer Gemeinschaftsarbeit zusammenführen könnte. Allerdings haben wir das schon vor der Zusammenarbeit mit dem BGO versucht, was aber auch nicht ohne Probleme verlief, denn der Egoismus ist doch so stark, daß es immer wieder vorkam, daß der einzelne am meisten für sich beanspruchen wollte. Aber diese Gruppen sind auch heute noch ein Problem, denn mittlerweile werden sie einheitlich bezahlt, alle sieben einer Gruppe bekommen das gleiche. In bezug darauf ist bei den Mitarbeitern mittlerweile eine gewisse Reife bzw. Bereitwilligkeit entstanden, daß der eine etwas Verzicht übt, ein anderer dafür etwas mehr bekommt. So etwas ist zumindest ansatzweise vorhanden.

W.W.: Klären das Deine Mitarbeiter untereinander?

W. Schlüter: Ja, wenn sie dazu bereit sind. Nun ist es so, daß wir natürlich an feste Tarifverträge gebunden sind und wir es bei dieser Lohnverteilung sofort mit der Gewerkschaft zu tun haben und sofort den Betriebsrat oder den Gewerkschaftssekretär am Tisch haben. Ich gehe meinerseits immer den Weg, daß ich möglichst an die Gewerkschaftsspitze herantrete, für uns ist das der Gewerkschaftssekretär bzw. Bezirksleiter, und trage ihm dann vor, was wir wollen. Wir haben einen sehr verständnisvollen Mann dort, der mir mehrfach gesagt hat: „Herr Schlüter, tun Sie das, wir müssen einfach neue Dinge entwickeln, wir kommen sonst nicht weiter und hängen ständig bei dem Sekundenakkord und dergleichen, und das muß nun auch einmal überwunden werden."

J.P.: Gibt es bei Euren Mitarbeitern auch Gewinnbeteiligung?

W. Schlüter: Nein, im klassischen Sinne gibt es das nicht. Statt dessen haben wir ein Lohnsystem entwickelt, das wir ein markt-preis-abhängiges Entlohnungssystem genannt haben. So wie wir am Markt Preise durchsetzen können, hat dies Auswirkungen auf unsere Unternehmung, d.h. wir koppeln das Niveau der Entlohnung an den Markt, stellen also im Grunde eine direkte Beziehung zwischen Markt und Lohn her. Wir bekommen das Geld vom Markt, von den Kunden bzw. Käufern. Jetzt ist es nur noch die Frage, wie wir dieses Geld verteilen. Wir haben die Summe der Kosten, wir brauchen Strom, müssen Zinsen bezahlen, kaufen Holz, Stoff und Schaumstoff, und ferner haben wir Menschen, die bezahlt werden müssen. Der Pegel, der anzeigt, wie wir verteilen können, hängt vom Markt ab. Er hängt davon ab, was der Markt bereit ist, für unsere Sofas zu zahlen. Das versuchen wir bis zu unseren Mitarbeitern hin zu tragen. Konkret heißt das, daß wir heutzutage die Verkaufspreise, die wir erzielen, über den Computer auswerten, woran wir sehen können, ob der Pegel steigt oder sinkt. Wenn er steigt, dann gibt es mehr Lohn, wenn er sinkt, gibt es weniger. Und das Weniger ist nun das große Problem, weil die Mitarbeiter ein ganz elementares Sicherheitsbedürfnis haben, denn sie wollen eine ganz bestimmte Summe verdienen. Das geht jedem Menschen so. Jeder Mensch hat feste Kosten, Mieten, Krankenversicherung usw., auf die er bauen muß. Und dieses Sicherheitsbedürfnis befriedigen wir mit unserem Entlohnungssystem noch nicht.

J.P.: Gibt es einen Mindestlohn?

W. Schlüter: Ja natürlich, den dürfen wir ohnehin nicht unterschreiten. Aber wenn der Verkaufspreis eines Sofas auf dem Markt eine relative Höhe erreicht hat, gewöhnen sich unsere Mitarbeiter sofort an ihren höheren Lohn, und man nimmt es nicht hin, wenn der Lohn wieder zurückgeht.

Natürlich haben wir weiter darüber nachgedacht, wie man das Sicherheitsbedürfnis unserer Mitarbeiter im Sinne des Geldes befriedigen könne. Vor kurzem habe ich deswegen mit unseren Mitarbeitern etwas entwickelt: Die Mitarbeiter haben ihr Sicherheitsbedürfnis, das unsere Unternehmung befriedigen will. Aber auch die Unternehmung hat ein elementares Sicherheitsbedürfnis, und zwar im Sinne einer Leistung, und diese Leistung muß ich von meinen Mitarbeitern bekommen. Davon bin ich abhängig. Das sind zur Zeit etwa 250 Sofas am Tag, im Umsatz gemessen sind dies etwa 170.000 DM. Nun habe ich mit unseren Mitarbeitern am Runden Tisch gesprochen und ihnen gesagt: Wißt Ihr was, Ihr habt ein Sicherheitsbedürfnis, ich habe ganz viel Vertrauen zu Euch, und aus diesem Vertrauen heraus komme ich Euch so weit entgegen, daß ich Euch diese bestimmte Summe Geldes, die Ihr braucht, garantiere. Dafür gibt es natürlich Erfahrungswerte, die wir über Jahre gewonnen haben. Unsere Mitarbeiter haben auch gesagt, was sie brauchen. Sie haben auch gesagt, was sie sich wünschen, aber das ist noch etwas anderes.

Aber dann habe ich gesagt, daß ich eine Gegenleistung von ihnen benötige, und zwar eine Stückzahl Sofas bzw. eine Umsatzleistung, die machbar ist. Auch dafür gibt es Erfahrungswerte. Ich habe sie gefragt, ob sie dazu bereit seien, und sie haben zugestimmt. Auf dieser Basis haben wir eine Verabredung in Form eines Schriftstückes getroffen. Das haben wir gerade erst vor drei bis vier Wochen verabredet. Wir machen jetzt unsere ersten Gehversuche in einer Geld- und Leistungsverabredung, um die gegenseitigen Sicherheitsbedürfnisse zu erfüllen.

Gläserne Taschen?

J.P.: Das geht ja in die Richtung der Entkoppelung von Lohn und Arbeit, bei der man als Ziel zwei Verträge, einen Einkommens- und einen Arbeitsvertrag abschließen könnte.

W. Schlüter: Ja, wir sind auf dem Wege dahin, aber ich glaube nicht, daß dies schon diesen Ansprüchen Genüge tut. An dem, was Rudolf Steiner damit meint, habe ich es nicht abgeprüft, sondern es mehr aus einer sozialen Phantasie heraus entwickelt, und ich suche auch weiterhin nach Phantasiekräften, die uns helfen, neue Wege zu finden. Denn die Entlohnungsfragen sind die kompliziertesten und schwierigsten. Vor allem gibt es hier auch Konfliktpotential im Sinne von Gerechtigkeit. Alle Menschen bei uns wissen untereinander, was sie verdienen. Eigentlich haben wir gläserne Taschen, denn es hat überhaupt keinen Sinn, daß man etwas verdunkelt, sondern man muß es offenlegen und begründen. Dann kann man nur noch darauf hoffen, daß der einzelne der Begründung folgt oder sie doch zumindest auf der Basis eines Konsenses gutheißt.

W.W.: Da Du von gläsernen Taschen sprichst: Wissen denn die Mitarbeiter auch, was Ihr in der Geschäftsleitung verdient bzw. entnehmt?

W. Schlüter: Der Führungskreis weiß dies untereinander ganz genau. So weit reichen die gläsernen Taschen immerhin. Das betrifft sieben Personen, zwischen denen alles ganz offen ist. Aufgrund unserer Gesellschaftsstruktur, unserer Gesellschaftsverträge und Gesellschaftsform haben wir noch keine Geschäftsführerverträge. Derzeit sind wir zwei Geschäftsführer, mein Bruder und ich. Aber dieser Zustand soll verändert werden, und wir haben gerade Geschäftsführerverträge entworfen, die die Geschäftsführer relativ stark an die Kandarre nehmen und auch das, was sie entnehmen können, sehr streng regulieren. Hier wird dann auch die gläserne Tasche zum Tragen kommen, denn das soll zukünftig in der Unternehmung bekannt werden. Hinzu kommt noch, daß die Geschäftsführer an der Leistung gemessen werden sollen; das gilt dann auch für unsere Nachfolger, und zwar an der Leistung des Unternehmensergebnisses. Ob wir das später bekanntgeben, wissen wir noch nicht. Das ist noch offen, aber im Prinzip bin ich auch dafür, möglichst alles offenzulegen, denn unsere Mitarbeiter sollen alles wissen. Ich selbst mache mich zwar immer verletzbarer, je mehr ich weggebe, andererseits bildet sich daran auch das Vertrauen, und letztlich baue ich mehr auf das Vertrauen als auf das Versteckspiel. Das ist ein großes Übungsfeld.

Das Leitbild als Prüfstein des unternehmerischen Handelns

J.P.: Seit Mitte 1991 beschäftigt sich Euer Geschäftsleitungskreis mit einem Leitbild. Was ist damit gemeint?

W. Schlüter: Ich möchte das mit einem Vergleich erklären: Die Bundesrepublik Deutschland hat ein Grundgesetz, auf das wir berechtigt stolz sind. Unser Leitbild ist so etwas wie ein Grundgesetz unseres Unternehmens. Es gibt uns Sinn, Ziel und Richtung.

J.P.: Welche weitere Bedeutung hat dieses Leitbild für Euer Unternehmen?

W. Schlüter: Es hat viele Bedeutungen. Die hauptsächlichste ist, daß alles, was wir tun, am Leitbild abprüfbar sein wird. Es ist ein Prüfstein für unser unternehmerisches Handeln, ein Prüfstein dafür, sinnvolle Ziele zu finden.

J.P.: Ist dieses Leitbild nur betriebsintern oder auch für die Veröffentlichung nach außen gedacht?

W. Schlüter: Im ersten Schritt ist es nur für die Unternehmung selbst gedacht, für die Belegschaft. Aber in einem zweiten Schritt selbstverständlich auch für alle diejenigen Menschen und Organisationen, die mit unserem Unternehmen in Verbindung stehen: die Behörden, die Kammern, die Stadt, die Kommune, der Landkreis, die Schulen, die Banken und unsere Kunden, unsere Lieferanten sowie die Familien unserer Mitarbeiter.

Existentielle Ängste

J.P.: Dieses Leitbild wurde mit allen Mitarbeitern in großer Offenheit entwickelt, wozu auch Einzelgespräche der Führungskräfte mit Meistern, Vorarbeitern, Technikern usw. gehörten. Kannst Du bitte einmal anhand eines Satzes des Leitbildes darstellen, wie dieser entstanden ist? Dazu böte sich zum Beispiel folgender Satz an: „Wir sind lebensbejahend, selbstbewußt und aufgeschlossen. Das zeigen wir in unserem Unternehmensauftritt, den kommunikativen Maßnahmen und im Verhalten jedes einzelnen."

W. Schlüter: Das ist ein ganz wichtiger Punkt, der folgendermaßen entstanden ist: Schon im Vorfeld der Leitbildseminare haben wir an entsprechenden Sinnfragen gearbeitet, die klassische Leitbildarbeit kam erst später. Damals haben wir uns im kleinen Kreis von etwa fünf Mann gefragt, was eigentlich unsere Hauptprobleme und unsere größten Ängste sind. Und unsere Hauptängste betrafen – im Bild gesprochen – den Markt als schwarze Wand, das Bedrohliche des Marktes. Schließlich lebt unsere Unternehmung vom Markt, wir erzeugen etwas für Menschen, und diese Erzeugnisse werden über den Markt an die Menschen herangebracht. Unser Markt ist der Fachhandel, und diesen Fachhandel haben wir als Bedrohung empfunden.

J.P.: Warum?

W. Schlüter: Wir haben einen Abnehmermarkt, der uns sagt, was wir für unsere Produkte bekommen können. Ich kann nicht einfach den Preis eines Sofas zum Beispiel mit DM 1.000.– festsetzen und damit zur Firma Kraft nach Bad Segeberg gehen, um meine Sofas dort für den entsprechenden Preis zu verkaufen. Denn dort bietet man mir vielleicht nur die Hälfte. Nun entsteht die Frage, wie ich mich mit der Firma Kraft einige und ob wir durch unsere Produktivität, unsere Motivation, unsere Ideen in der Lage sind, ein Sofa für 500 DM zu erzeugen. Selbst wenn uns das gelingt, so kommt immer noch der Wettbewerb hinzu, und ein anderer Anbieter kann dieses Sofa zum Beispiel für DM 480.– verkaufen. Dann kommt Herr Kraft

Mitarbeiter aus allen Abteilungen bei der Leitbildarbeit

zu mir und sagt: „Schlüter, weißt Du was, DM 450.– ist der neue Kurs." Also das meine ich mit der Bedrohung des Marktes. Daraus entstehen Ängste, ganz tiefe existentielle Ängste.

Deswegen haben wir uns gesagt, daß, wenn wir diese Ängste nicht unterbinden können, wenn wir uns nicht in eine wirkliche Partnerschaft zu unseren Kunden begeben, wir dann aus dieser Bedrohung nie herauskommen, daß wir dann nie unsere Angst verlieren werden. Was müssen wir dafür tun? Wir müssen kreativ sein, eine hervorragende Qualität liefern, wir müssen unendlich viele Leistungen erbringen, so daß wir ein gesuchter Partner werden, daß wir partnerschaftsfähig werden. Daraus folgend haben wir erkannt – und das führte zu diesem Satz im Leitbild –, daß wir nur dann, wenn wir selbstbewußt auftreten, Selbstbewußtsein auf einer Leistungsgrundlage entwickeln, wenn wir kreativ und qualitativ gut sind, eine sehr hohe Produktivität entwickeln, Eigenständigkeit und Unverwechselbarkeit als Attribut haben, den Markt nicht mehr als Bedrohung empfinden werden. Aber wenn wir uns alle diese Attribute nicht erkämpfen, dann können wir auch nicht selbstbewußt und lebensbejahend sein, denn dann ziehen wir – streng genommen – den Schwanz ein. Wenn wir die Partnerschaft mit dem Markt und unseren Kunden nicht bekommen, so ist das wie eine Strafe. Ich selbst habe das immer als eine Bestrafung empfunden, weil es letztendlich hieß, daß wir nicht gut genug waren. Also mußten wir uns mehr anstrengen, und diese Anstrengung hat dazu geführt, daß wir heute sagen können: wir sind lebensbejahend, aufgeschlossen, selbstbewußt usw.

J.P.: Wenn man das als Außenstehender liest, ohne die näheren Zusammenhänge zu kennen, dann hören sich manche Sätze Eures Leitbildes, zum Beispiel die eben erwähnten, ein wenig nach Parolen an, wie es sie früher in der DDR gegeben hat.

W. Schlüter: Das mag sein. Diese Sätze haben neun Menschen entwikkelt, acht Männer und eine Frau. Sie haben daran Wochen gearbeitet. Diese Leitbildgruppe hat relativ früh angefangen, schon nach dem ersten Workshop, der drei Tage und drei Nächte lang dauerte. Mit der Leitbildgruppe, die wir auch die Startgruppe genannt haben, sind wir dann sehr bald an die Belegschaft herangetreten, nachdem wir skizzenhaft festgelegt hatten, um was es eigentlich mit unserem Leitbild gehen sollte. Wir haben also keineswegs nur die Führungskräfte angesprochen, sondern ganz bewußt die Basis, den Arbeiter, sowohl den Facharbeiter als auch den ungelernten Hilfsarbeiter. Mit etwa 100 Arbeitnehmern haben wir mehrtägige Seminare durchgeführt, um an unserem Leitbild zu arbeiten. Wenn man alle Tagewerke, die wir an dem Leitbild in Anwesenheit von Herrn Huneck gearbeitet haben, zusammenreiht, so ergeben sich bestimmt siebzig, wenn nicht noch mehr Tage. Wir haben also das Leitbild von der Basis aus, von unten nach oben erarbeitet, haben erfragt, welche Ängste und Befürchtungen unsere Mitarbeiter haben.

Es gibt ja die Pyramide der Bedürfnisse, deren breite Basis unten aus Nahrung, Wohnung und Sexualität besteht, und die nach oben, wo die geistigen Bedürfnisse anzusiedeln sind, immer spitzer wird. Jetzt haben wir uns vorgenommen, diese Pyramide umzudrehen, so daß die breite Seite aus den geistigen Bedürfnissen besteht. Aus diesen beiden Pyramiden ergibt sich ein Schnittpunkt, und wir haben intensiv darüber gesprochen, wo sich die geistigen und materiellen Bedürfnisse der Menschen treffen. In der Gruppe mit den 100 bis 110 Menschen haben wir nichts anderes besprochen als in derjenigen Leitbildgruppe, mit der wir im Kleinen angefangen haben, denn die eigentlichen Haupt- und Sinnfragen sind für alle Menschen gleich. Daraus haben wir – ähnlich wie die zehn Gebote – unser Leitbild entworfen, und genauso wie man lange über jedes Gebot sprechen kann, was es an ethischer Substanz enthält, genauso kann man über jeden Leitsatz sprechen.

J.P.: Und wie siehst Du es mit dem Parolenhaften?

W. Schlüter: Wenn ich in das Grundgesetz hereinschaue und mir einen Satz herausnehme, so ist das meistens auch sehr parolenhaft, zum Beispiel wenn jeder Mensch Anspruch auf freie Meinungsäußerung oder Gleichheit hat. Freiheit, Gleichheit und Brüderlichkeit sind dann irgendwo auch Parolen. Unsere Leitsätze sind eigentlich Konzentrate, Essenzen, die wir gebildet haben, keine Parolen.

J.P.: Du sagtest vorhin, daß Ihr mit Eurem Leitbild auch nach außen geht, für die Werbung ist es aber wohl nicht geeignet?

W. Schlüter: Wir möchten damit keine Werbung treiben, allerdings wird unser Leitbild nach und nach an alle unsere Kunden übergeben, und das sind immerhin einige tausend. Unsere Kunden sitzen nicht nur in Deutschland, sondern auch in Österreich, in der Schweiz, in Holland und Skandinavien.

„Der Substanz des Leitbildes fühlen wir uns mindestens eine Generation lang verpflichtet“

J.P.: Du hast geschildert, wie über hundert Menschen an diesem Leitbild mitgearbeitet haben. Würdest Du sagen, daß jeder Mitarbeiter von Euch hinter jedem Satz des Leitbildes steht?

W. Schlüter: Ja. Ich kann dies deshalb so sicher sagen, weil ich alle hundert Mitarbeiter persönlich begleitet, auch mit jedem einzeln gesprochen, alle persönlich zu diesen Seminaren eingeladen habe und in der Regel auch immer dabei gewesen bin. Wir haben es so gemacht, daß wir immer nach mehreren Workshops versucht haben, alle aufkommenden Vorbehalte wegzuarbeiten und daraus dann für die Firma Handlungen abgeleitet. Das gesamte Klima hier in der Firma hat sich nach diesem Workshop vollkommen geändert. Was in den Leitsätzen enthalten ist, ist natürlich ein ungeheuer hoher Anspruch, das wissen wir, und das zu erfüllen, ist eine Aufgabe der Zukunft. Das Leitbild soll mindestens eine Generation halten, es wird sich auch verändern, aber in den Kernaussagen, in der eigentlichen Substanz muß es eine Generation halten.

J.P.: Was geschieht, wenn ein neuer Mitarbeiter auftritt, der mit Eurem Leitbild nicht einverstanden ist?

W. Schlüter: Dann wird er nicht Mitarbeiter der Firma Schlüter werden. Das gilt ganz besonders für Führungskräfte. Wir bereiten ja die Nachfolge der Firma aus der Familie und dem Geschäftsleitungskreis vor. Ich habe einen Sohn, der 24, und eine Tochter, die 25 Jahre alt ist, und diese zwei haben Interesse an der Fortführung des Unternehmens als Familienunternehmen bekundet, und zwar ausdrücklich mir als Vater gegenüber. Ich habe mich darüber gefreut, und wir berücksichtigen das auch bei der Neugestaltung der Gesellschafterverträge, aber sie sind dem Leitbild verpflichtet. Wenn sie das nicht können, mögen sie wegbleiben und können nicht die Generationsfolge antreten. Das ist eine Aufgabe für die nächste Generation, und mit diesem Leitbild müssen sie sich auseinandersetzen.

W.W.: Wie ist es aber mit der Verpflichtung gegenüber dem Leitbild bei Lehrlingen und Arbeitnehmern, die Ihr einstellt? Ich stelle es mir schwierig vor, gleich im Einstellungsgespräch das Leitbild so zu vermitteln, daß davon die Einstellung abhängig gemacht wird.

W. Schlüter: Wenn junge Menschen zu uns in ein Aufnahmegespräch kommen, so kommt das Leitbild auf den Tisch, und wir teilen denjenigen, die bei uns arbeiten wollen, mit, daß wir einmal das anbieten, wozu wir verpflichtet sind, daß wir aber obendrein noch mehr anbieten, und zwar auf der Basis dieses Leitbildes. Wir erklären dann die Inhalte des Leitbildes und merken natürlich an der Reaktion der jungen Leute, ob sie es gut und richtig finden, ob sie zumindest einmal anfangen zu denken, daß das etwas Gutes sein könnte, oder ob sie es vollkommen ablehnen. Das fühlt und spürt man.

J.P.: Habt Ihr auch Mitarbeitern gekündigt, weil sie mit dem Leitbild nicht einverstanden sind?

W. Schlüter: Es hat ganz schwere Krisen in der Vergangenheit gegeben, und zwar eine Entwicklungskrise innerhalb des Geschäftsleitungskreises, der auseinanderzubrechen drohte. Drei oder vier Leute hätten unter Umständen sogar das Unternehmen verlassen, es war ein riesengroßer Konflikt. Dazu habe ich ein Entwicklungsgespräch am Gründonnerstag diesen Jahres gewählt, ganz bewußt an diesem Tag, was mit Sicherheit das schwierigste Gespräch war, das ich in diesem Leben überhaupt geführt habe. Das war schlimm! Aber es ist gelungen!

Wir sind seitdem eine ganz homogene, aber veränderte Mannschaft geworden, und wir alle haben uns unheimlich verändert. Im Unternehmen selbst ist eine ganz große Ruhe und Sicherheit innerhalb der Mitarbeiterschaft eingetreten. Wir haben überhaupt keine Fluktuation mehr, verzeichnen einen zurückgehenden Krankenstand und haben eine erstaunlich hohe Leistung. Das ist gut so, denn wir sind eine Möbelfabrik, und da kommt es auf Produktivität, auf Leistung und auch auf Stückzahlen an. Wir haben eine wesentlich verbesserte Qualtität und eine wesentlich verbesserte Produktivität, und das in ganz großer Ruhe, es gibt überhaupt keinen Streß mehr. Auch die „dicke Luft" ist weg. Ich traue dem Frieden noch nicht so ganz, eigentlich kann ich es noch nicht fassen, aber es entspricht den Tatsachen.

Ein riesiges Kompliment an die Frauen

J.P.: Wie wurde die Umstrukturierung von den Mitarbeitern aufgenommen? Die Bereitwilligkeit zum Mitmachen war doch sicher, vor allem in der Anfangsphase, nicht gleich bei jedem Mitarbeiter vorhanden. Haben Frauen anders als Männer, Ältere anders als Jüngere reagiert?

W. Schlüter: Grundsätzlich möchte ich zuerst einmal den Frauen ein riesiges Kompliment machen, die wesentlich aufgeschlossener als die Männer waren. Es gab keine einzige Frau, die meiner Einladung nicht gefolgt wäre. Und ich habe alle Mitarbeiter persönlich eingeladen und ihnen erklärt, was wir vorhaben. Nicht eine einzige Frau hat abgesagt! Bei den Männern war dagegen sehr viel Mißtrauen, sehr viel Reserviertheit und Ausredenhaftes, Sich-Verstecken und auch offenes Sich-Verweigern, etwa nach dem Motto: „Laß mich zufrieden, ich will hier mein Geld verdienen, basta!" Das hat mir sehr weh getan! Ich habe zum Beispiel einmal in einer großen Welle sechzig Einzelgespräche mit meinen Mitarbeitern an ihrem jeweiligen Arbeitsplatz geführt. Das habe ich ganz bewußt gemacht, denn der Mensch fühlt sich immer sicherer in seiner Umgebung. Die Einladung war zwar vorher am Schwarzen Brett bekanntgemacht worden, trotzdem bin ich – wie gesagt – noch einmal zu diesen sechzig Mitarbeitern hingegangen und habe sie persönlich eingeladen. Daraus entspann sich dann jeweils ein Dialog von etwa fünf Minuten. Was ich dabei erlebt habe, das saß schon sehr tief. Ein ganz breites Spektrum kam mir entgegen, bis hin zu Aussagen: „Ihr wollt doch nur unser Geld."

Gekündigt hat aber niemand. Und ich muß sagen, daß ich denjenigen, die mit Vorwürfen kamen, daß wir nur ihr Geld oder ihre Arbeitskraft wollten, überhaupt nicht gram bin. Im Gegenteil, ich bin ihnen innerlich sogar sehr nahegekommen. Allerdings hat es zuerst sehr weh getan, ich konnte sie sogar kaum noch angucken, wenn ich durch den Betrieb ging, aber das habe ich mir sehr schnell abgewöhnt und kann heute damit sehr gut umgehen. Das war sehr heilsam. Wir erfüllen mit unserer Umstrukturierung natürlich kein missionarisches Bedürfnis, es ist nur ein Angebot, wir bieten für jeden einzelnen Entwicklungsmöglichkeiten an. Wir freuen uns, wenn man davon Gebrauch macht, aber ein Zwang ist es nicht. Wenn man alles ignorieren würde, müßten wir uns natürlich auch fragen, was wir unsererseits verkehrt machen.

Heute kann man etwa sagen, daß gut zwei Drittel unserer Mitarbeiter – über hundert von etwa hundertfünfzig – dem Leitbild sehr positiv gegenüberstehen. Im Grunde ist es sogar so, daß eher die älteren Mitarbeiter dem Leitbild positiver gegenüberstehen als die jüngeren, obwohl wir ein sehr junger Betrieb sind. Das Durchschnittsalter unserer Mitarbeiter liegt bei 29 Jahren. Mein 86jähriger Vater, der auch noch hier im Betrieb ist, hat dagegen ein offenkundiges Mißtrauen gegen alles das, was neu ist. Mein Bruder Hans ist 56 Jahre alt und im Grunde der älteste. Und dann kommt die ganze junge Truppe. Aber die Älteren, die die Lebensmitte bereits überschritten haben, sind dem Leitbild gegenüber sehr aufgeschlossen.

J.P.: Wie sah das Werben um Verständnis bei Deinen Mitarbeitern für Eure Organisationsentwicklung konkret aus, zum Beispiel im praktischen Arbeitsalltag?

W. Schlüter: Ich habe die Menschen direkt auf Sinnfragen des Lebens angesprochen und sie darauf hinzuweisen versucht, daß sie etwa ein Drittel ihres Lebens hier im Betrieb verbrächten, daß es aber doch noch mehr gebe. Schließlich habe ich sie gefragt, warum sie denn eigentlich jeden Tag, manchmal sogar fluchend, in diesen Betrieb kämen und ob dem vielleicht noch etwas ganz anderes zugrunde liege außer dem Verdienen von Geld. Ich habe ihnen klargemacht, daß wir an diesen Fragen interessiert seien und sie gefragt, ob sie nicht daran mitarbeiten wollten. Wie gesagt, die Frauen waren am aufgeschlossensten. Wir würden uns auch wünschen, in der Führung Frauen zu haben, aber dort ist leider keine.

Am Arbeitsplatz sitzt der Sachverstand

J.P.: Welche Konsequenzen und Personalveränderungen ergeben sich aus dem Leitbild, welche habt Ihr durchgeführt?

W. Schlüter: Das Wichtigste ist, daß wir in den Mittelpunkt der Zusammenarbeit das Gespräch gestellt haben. Das Gespräch steht bei uns über allem. Hinzu kommt sehr viel menschliche Nähe und Berührung. Konkret heißt das, daß wir sehr viele Gesprächskreise gebildet haben, die ganz durchgängig sind, also ohne jede Form einer Hierarchie. Diese Gesprächskreise haben wir aus allen Abteilungen gebildet, sie sind also interdisziplinär besetzt. Dadurch haben wir Möglichkeiten geschaffen, sich an verschiedenen Orten im Betrieb treffen zu können, immer dort, wo das jeweilige Problem auftaucht.

Eine weitere ganz wichtige Konsequenz ist, daß wir möglichst wenig Hierarchie haben wollen, und daß die Probleme dort gelöst werden sollen, wo sie entstehen, nicht immer dort, wo der Geschäftsführer sitzt. Was an der Nähmaschine als Problem auftaucht, muß auch vor Ort gelöst werden. Der Geschäftsführer kann zur Lösung dieses Problems vollkommen ungeeignet sein. Die Frauen an der Nähmaschine wissen auch sehr viel besser, wie sie arbeiten möchten. Ich kann nicht wissen und lösen, wo bei ihnen der Schuh drückt. Die Frauen an der Nähmaschine haben den Sachverstand, also müssen sie ihre Probleme auch lösen. Das nennen wir Teilautonomie. Diese weitgehende Selbstorganisation verändert einfach das Klima an den Arbeitsplätzen.

Eine weitere Konsequenz ist die offene Führung: möglichst wenig Reglementierungen, keine starren Organigramme, viel mehr Durchlässigkeit und Offenheit. Das Hierarchische, was in unserer Firma steckt, muß nach und nach verschwinden, die Führung muß auf die Basis zugehen. Ich versuche das als Vorbild zu leben, indem ich jeden Tag mit meinem Tagebuch durch den Betrieb gehe. An manchen Tagen bin ich den ganzen Tag im Betrieb und spreche mit meinen Mitarbeitern, habe konkrete Fragen und Botschaften, höre mir ihre Probleme an und schaue zu, wie sie arbeiten. Ich bitte auch meine engsten Mitarbeiter, den Verkaufsleiter, den Marketingleiter, den technischen Leiter, den kaufmännischen Leiter oder meinen Bruder als Vertriebschef, in den Betrieb zu gehen, um mit unseren Mitarbeitern ebenfalls zu sprechen. Ich fordere sie auch auf, in die Verwaltung zu gehen, um dort zu fragen, was es für Probleme gibt.

In der Berufsschule wird nur das eingetrichterte Wissen ausgekotzt

J.P.: Empfinden Eure Mitarbeiter genauso wie Du, daß das Klima in der Firma offener geworden ist?

W. Schlüter: Vielleicht nicht genauso, jeder Mensch empfindet ganz individuell, aber im großen und ganzen merken sie ganz stark die Veränderung und sprechen dies auch aus. Ich möchte an dieser Stelle einmal den Originalton eines Lehrlings aus der lokalen Presse zitieren: „Die Einstellung zu unserer Firma hat sich komplett geändert. Wir verstehen uns mit den anderen Mitarbeitern viel besser. Die Aufträge, auch die unbeliebten, gehen wir nun motivierter an. Wir identifizieren uns mehr mit der Firma." Das ist Originalton, und ich finde es super, daß das unsere jungen Leute so aussprechen. Dann heißt es hier weiter: „Die Azubis zeigten sich von dem Seminar begeistert, welches im krassen Gegensatz zum ermüdenden Berufsschulunterricht stand. 'Dort wird uns doch nur Wissen eingetrichtert, das wir zur Prüfung wieder auskotzen sollen' analysierte ein Azubi knallhart den Berufsschulalltag." Wegen dieser Äußerung hat es einen enormen Aufstand gegeben. Allein daran sieht man, daß die Mitarbeiter auf allen Ebenen die große Veränderung in unserem Betrieb spüren.

Weiterbildungsbedürfnis und Qualitätsbewußtsein

J.P.: Sind seit Eurer Umstrukturierung bei Euren Mitarbeitern neue Arbeitshaltungen und Bedürfnisse entstanden? Entwickeln Sie auch nach und nach andere Gewohnheiten und Werte?

W. Schlüter: Es zeichnet sich zum Beispiel ein deutliches Weiterbildungsbedürfnis ab. Man fragt aktiv nach Weiterbildung. Dieser Punkt ist auch in unserem Leitbild enthalten, und wir bemerken zunehmend, daß viele unserer Mitarbeiter davon Gebrauch machen. Das ist sehr auffallend.

Nun müssen wir natürlich sehen, daß wir auch in der richtigen Weise fördern, denn schließlich kostet alles viel Geld, und letztlich muß man auch darauf achten, daß diese Weiterbildung auch für die Firma nützlich ist und fruchtbar wird.

Auch die Haltung der Mitarbeiter hat sich geändert. Die Produktqualität hat sich bei uns sehr verbessert, und das ist das Resultat einer veränderten Haltung unserer Mitarbeiter. Wenn ich mir Mühe gebe, kann ich etwas in

der gleichen Zeit gut, aber auch schlecht machen. Ich kann nachlässig sein, den Dingen vielleicht auch noch einen Tritt verpassen, weil ich schlecht gestimmt bin. Als Arbeitshaltung ist seit unserer Umstrukturierung ein deutliches Qualitätsbewußtsein erkennbar. Das schlägt sich in weniger Reklamationen nieder, im freundlicheren Umgangston und in einer anderen Aufgeschlossenheit.

Ich weiß nicht, ob ich die Frage nach den Gewohnheiten und Werten richtig beantworte, aber auf jeden Fall ist bei uns ein sehr starkes soziales Wollen erkennbar, dahingehend daß man Gemeinschaftsveranstaltungen durchführen möchte. Man ist bestrebt, gemeinsam zu wandern, zu spielen, man möchte gemeinsam feiern; und das haben wir auch schon gemacht. Ebenfalls der Wunsch nach gemeinsamen Turnieren oder Fußballspielen kommt auf. Dieses Gemeinschaftsgefühl ist für mich schon ein innerer Wert.

J.P.: Bemerkst Du da auch anfängliche Veränderungen?

W. Schlüter: Wenn man die Bemühung, sich weiterzuentwickeln, als geistigen Wert bezeichnet, so ist dieser ganz ausgeprägt.

J.P.: Gibt es auch ein Interesse für die Anthroposophie oder Fragen nach den Impulsen, mit und aus denen heraus Du Euren Betrieb umstrukturiert hast?

W. Schlüter: Bei manchen ist dies erkennbar. Einer unserer Mitarbeiter ist zum Beispiel vor kurzem zur Jugendtagung nach Dornach gefahren, bedingt durch die Seminare und Gespräche mit Herrn Huneck und mir. Natürlich sprechen wir über Probleme des Lebens und versuchen auch von anthroposophischer Seite aus, Antworten zu finden.

Ich bemühe mich derzeit, Kontakt zu der Universität in Witten/Herdecke aufzunehmen. Wir fußen natürlich auch auf der entsprechenden anthroposophischen Literatur, zum Beispiel von der Wirtschaftswissenschaftlichen Fakultät der Universität Witten/Herdecke, von Fintelmann aus der Hibernia-Schule oder von Herrmannstorfer, natürlich auch Rudolf Steiner. Allerdings reicht Rudolf Steiner allein nicht aus, man braucht heutzutage einfach mehr. Wir sprechen über alles, und die Quellen gebe ich natürlich immer ganz klar und deutlich an. Man sollte allerdings jetzt nicht denken, daß hier ein Boom der Nachfrage nach Anthroposophie einsetzen würde, das ist nicht der Fall.

W.W.: Aufgrund Eurer Seminare, so stelle ich es mir vor, entsteht doch wohl eine Vielzahl von geistigen Fragen, zum Beispiel wenn Du über Sinnfragen des Lebens, Partnerschaftsprobleme und Zeitprobleme sprichst.

W. Schlüter: Das ist eine ganz wunderbare Anmerkung, denn eine ganze Fülle dieser Fragen ist tatsächlich gestellt worden. Mir selbst sind zahlreiche Fragen gestellt worden, zum Beispiel über Partnerschaftsprobleme, und ich habe ihnen Literatur angegeben. Da gibt es ja die einschlägigen FLENSBURGER HEFTE, zum Beispiel zum Thema „Partnerschaft und Ehe“.

Selbstverständlich nenne ich auch Bücher aus den anderen anthroposophischen Verlagen oder von Erich Fromm „Die Kunst des Liebens".

Inzwischen haben wir mehrere Mitarbeiter, denen der Partner an Krebs erkrankt oder denen ein Kind gestorben ist, also sehr tragische Schicksale; die haben wir auch zu Biographiearbeitsseminaren geschickt. Diese Seminare macht Albrecht Hemming, ein Mitarbeiter des BGO aus Freiburg. Einige unserer Mitarbeiter sind dort hingefahren, erstaunlicherweise wollen es aber nicht alle. Vielleicht trauen sie sich nicht. Andere wiederum greifen sehr dankbar zu und kommen äußerst bereichert wieder. Natürlich führt das keineswegs dazu, daß diese Menschen nun alle Anthroposophen werden, aber sie empfinden es als eine große Bereicherung für ihr Leben, als ein wirkliches Geschenk. Aufgrund dieser Situation – und es gibt kaum jemand, der nicht entsprechende Lebensprobleme hat – haben wir uns jetzt vorgenommen, ein Lebensorientierungsseminar bei uns durchzuführen, vielleicht für zehn bis zwölf Menschen. Der Wunsch danach ist vorhanden. Dieses Seminar würde dann Herr Huneck machen.

J.P.: Das ist ja ein großer Wandel der Werte Eurer Mitarbeiter!

W. Schlüter: So ist es. Natürlich werden auch Partnerschaftsprobleme – wer hat die nicht – besprochen. Man fragt auch um Rat und Hilfe. Ich weiß zum Beispiel, daß Herr Huneck von einigen Leuten gebeten worden ist, eine Lebensberatung durchzuführen. Ob er einwilligt, weiß ich nicht, denn das ist eine so intime Angelegenheit, aus der ich mich heraushalten möchte.

Eine gute Beratung hat ihren Preis

J.P.: Was hat Euch die gesamte Umstrukturierung bisher gekostet?

W. Schlüter: Bislang ergeben sich Gesamtkosten von ca. 450.000,– DM.

J.P.: Welcher Anteil sind davon die Ausgaben für den BGO?

W. Schlüter: Das ist ein großer Faktor in dieser Summe. Der Tagessatz des BGO liegt bei 1.800 DM. Es gibt allerdings auch andere Berater, die nehmen 3.000 DM pro Tag. Gerd Gerken aus Worpswede nimmt 18.000 DM pro Tag. Das ist aber der teuerste, soweit ich weiß. Herr Huneck liegt mit 1.800 DM im Mittelfeld, ist nicht billig, aber auch nicht teuer. Eine gute Beratung unter diesem Preis kann man eigentlich nicht erhalten.

Der Katalysator der Umstrukturierung

J.P.: Was ist das Gute an der Zusammenarbeit mit dem BGO, und was ist Deiner Meinung nach noch verbesserungsbedürftig?

W. Schlüter: Das Beste an dieser Zusammenarbeit sind vor allem die anthroposophischen Grundlagen, ferner die absolute Zukunftsorientierung.

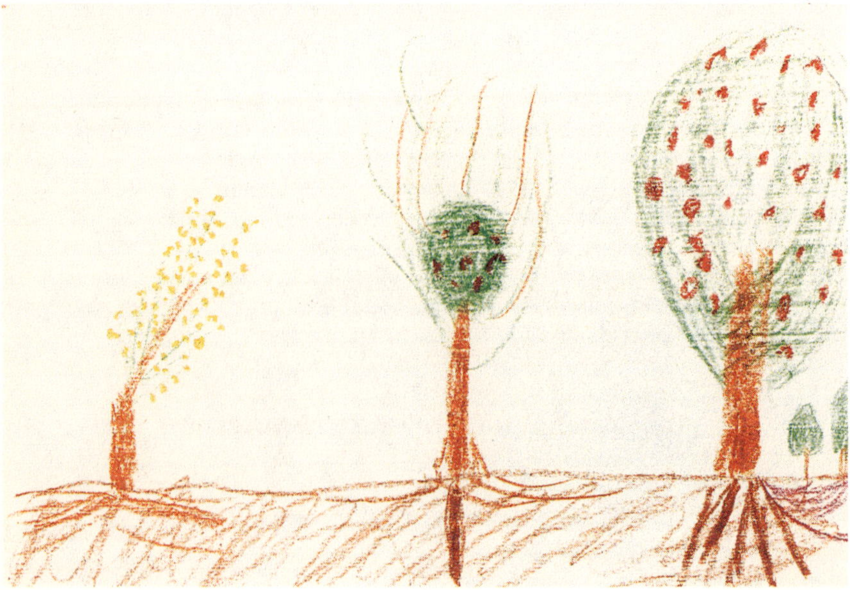

Die Arbeit mit Herrn Huneck, wie ich sie kennengelernt habe, setzt auf Entwicklung, auf Dynamik und Beweglichkeit, nicht auf Statik und starre Weltbilder. Die grundsätzliche Haltung des BGO, daß alles im Fluß ist, daß alles beweglich und entwicklungsfähig ist, daß es überhaupt keine Rezepte gibt und daß der BGO wirklich bemüht ist, für die jeweilige individuelle Firma individuelle Wege zu finden, das ist das Gute an dem BGO.

Eigentlich ist Herr Huneck ein Geburtshelfer oder ein Katalysator, er selbst kann uns die Arbeit nicht abnehmen, denn die müssen wir machen. Er gibt uns die Techniken, er weist uns auf Probleme hin und wie wir diese bewältigen können, aber wir selber müssen alles vollbringen. Und diese Freiheit ist etwas ganz Wunderbares. Das erlebt man auch, denn es ist nicht der BGO, der diese Umstrukturierung vorgenommen hat, wir sind es selbst. Wir werden also in die Fähigkeit versetzt, uns selber weiterzuentwickeln, also das, was Entwicklungshilfe eigentlich im besten Sinne sein sollte, wobei wir jetzt durchaus auch an die Dritte Welt denken sollten: daß man die Menschen dahin bringt, sich selber weiterzuentwickeln. Genauso vollzieht es der BGO.

J.P.: Womit bist Du in der Zusammenarbeit nicht zufrieden?

W. Schlüter: Jeder Mensch, auch Herr Huneck, stößt natürlich an Grenzen. Das muß man ganz klar sagen. Ich könnte mir vorstellen, daß man diese Fixierung auf eine Person, auf einen Berater überwindet, und daß der BGO mal mit zwei oder drei Beratern kommt, damit man ihre unterschiedlichen Ansätze kennenlernt. Es treten insofern gewisse Ermüdungserscheinungen auf. Herr Huneck hat seine Methode, Du hast Deine, ich habe die meine. So etwas wirkt auf Dauer immer etwas ermüdend. Wenn wir uns jetzt weiterentwickeln wollen, müssen wir irgendwann für unsere Unternehmung andere Menschen finden. Selbstverständlich werden wir weiter mit Herrn Huneck zusammenarbeiten, aber ich denke mir, daß auch der BGO von sich aus zu dieser Vielseitigkeit etwas beitragen sollte.

Visionsmanagement

Ich habe auch in der letzten Zeit darüber nachgedacht, daß man zusätzlich noch ganz andere Menschen ansprechen sollte, die wieder ihrerseits neue Ideen haben und mir dazu einen Begriff aufgeschrieben: Visionsmanagement. Natürlich gibt es so etwas überhaupt nicht, aber für mich macht dieser Begriff einen Sinn. Wir müssen also jetzt diese neuen Wege suchen, ob uns dabei jemand helfen kann, ob wir das selber finden müssen oder wie auch immer. Also brauche ich Menschen, mit denen ich darüber sprechen kann. Wo sind diese Menschen? Diese Fragehaltung, die ich immer in mir habe, hat ja auch dazu geführt, daß ich irgendwann einmal auf Herrn Huneck getroffen bin; also ist meine Frage an den BGO, was er tun kann, damit sich das gesamte Engagement nicht im Kreis dreht. Dort fühle ich ganz eindeutig ein Defizit.

Als ich mich heute auf das Interview vorbereitet habe, bin ich auf etwas gestoßen, was ich 1988 in Stuttgart aufgeschrieben habe, noch vor der Kontaktaufnahme zum BGO. Spät in der Nacht habe ich folgendes geschrieben: „Stuttgart. Heute ist der 16. Dezember 1988. In einem Dreiergespräch mit unserem technischen Leiter und unserem Finanzprokuristen über Produktivität, Leistung, Motivation und Führung im allgemeinen wurde mir der Unterschied der ideellen Motivation von der materiellen Motivation deutlich. In unserem Unternehmen fehlt es an der Durchgängigkeit der ideellen Motivation." Das war damals so eine Art Erkenntnisakt von mir. Ich fahre dann fort: „Erst damit, mit dieser ideellen Motivation, finden wir zu Höchstleistungen und Höchstzufriedenheiten." Damals waren wir noch wachstumsorientiert, ich hatte noch keine besseren Begriffe. „Ich muß eine umfassende, auf allen Ebenen des Betriebes verständliche Vision vom Unternehmensziel entwickeln. Und die muß den Menschen nahegebracht werden. Sie müssen bestensfalls schon selbst danach gesucht haben. Warum sagen wir nicht immer wieder unseren Mitarbeitern, wie wichtig sie sind, jeder von ihnen, warum bitten wir sie nicht um Hilfe bei der Lösung unserer Aufgaben und Probleme." Das ist ja noch ein relatives Gestammel, welches mich damals bewegte, aber als ich das heute las, war ich total überrascht, was ich damals mitten in der Nacht aufgeschrieben hatte. Drei Monate später stieß ich auf den BGO. Mittlerweile hat alles an Kontur gewonnen, und heute habe ich eine Sprache gefunden und kann aussprechen, was mich bewegt und wie wir an die Probleme herangehen. Das ist sicherlich ein Verdienst der Zusammenarbeit mit Herrn Huneck, vor allem auch dadurch, daß er nichts für sich behält, denn er verschenkt alles, was er hat. Das finde ich wirklich toll.

Das Hauptkonfliktpotential ist die Zusammenarbeit

W.W.: Ihr habt etwa 150 Mitarbeiter, in der Fertigung der Sofas arbeiten jeweils Teams von sechs Kolleginnen und Kollegen zusammen. Da wird es kaum konfliktfrei bei Euch zugehen. Welches Konfliktpotential entsteht vorwiegend?

W. Schlüter: Das hauptsächliche Konfliktpotential ist die Zusammenarbeit der Menschen. Es gibt Verständnis- und Verständigungsschwierigkeiten, etwa über technische Probleme und Arbeitsabläufe, insbesondere zwischen Verwaltung und Produktion. Das sind natürliche Gegensätze: die Bürokratie erledigt alles bürokratisch nacheinander, und in der Produktion stehen die Praktiker, die ihre Probleme sofort praktisch lösen wollen. Diese naturgegebenen Gegensätze machen das Hauptkonfliktpotential aus.

W.W.: Wenn wir die Begriffe Mikro- und Mesoebene mit hinzunehmen, so sind diese Probleme also hauptsächlich auf der Mesoebene, indem eine Abteilung gegen eine andere arbeitet.

W. Schlüter: Ja.

W.W.: Gibt es auch den Konflikt der gesamten Belegschaft gegen die Unternehmensführung, und wie steht es mit den Konflikten auf der Mikroebene, also wenn eine Individualität gegen eine andere angeht?

W. Schlüter: Eigentlich gibt es alles, wir hatten sogar schon Schlägereien, ferner Konflikte zwischen Nationalitäten, zum Beispiel Türken gegen Griechen. Das haben wir aber alles geregelt und einen guten Konsens gefunden. Alle Mitarbeiter sind in der Firma geblieben und irgendwie miteinander zurechtgekommen. Ein sehr großes Konfliktpotential ist natürlich immer das Geld. Es gibt Menschen, die sich ungerecht entlohnt fühlen, und die Frage, was eine gerechte Entlohnung ist, führt immer zu Konflikten. Man fühlt sich oft nicht in die richtige Lohngruppe eingestuft.

W.W.: Nehmen wir an, es entsteht auf der Mikroebene ein Konflikt, zum Beispiel zwischen den Nationalitäten oder wegen scheinbarer Ungerechtigkeit bei der Entlohnung. Wie läuft es bei Euch in der Regel ab? Gibt es Wildwuchs des Konfliktes mit ständiger Eskalation, vielleicht bis hin zur Schlägerei, oder sind Eure Mitarbeiter mittlerweile so geschult, daß sie entstehende Konflikte in der Entstehungsphase wach beobachten, damit umgehen können und notfalls rechtzeitig Bescheid geben, damit in irgendeiner Form eine Konfliktbewältigung vonstatten gehen kann?

W. Schlüter: Die Konflikte werden heute schon ganz am Anfang besprochen, vor allem haben wir auch erkannt, daß sie besprechbar sind. Wir haben gelernt, mit Konflikten umzugehen. Natürlich wird es sie immer geben, denn das ist nun einmal Bestandteil der Entwicklung, aber mittlerweile haben wir uns eine Technik erworben und erarbeitet, wie man Konflikte löst. Es gibt ja Gesetzmäßigkeiten, wie sie verlaufen und wie man sie auch lösen kann. Das versuchen und vollbringen wir, sobald sie erkannt sind, in ganz großer Offenheit.

Beim ersten Geruch eines Konfliktes ...

W.W.: Bemerkst Du nach der Umstellung eine Veränderung in der Konfliktbewältigung?

W. Schlüter: Selbstverständlich. Die Konflikte sind absolut im Bewußtsein und werden auch ausgesprochen. Konflikte können ja die Eigenheit haben, daß sie latent sind und unter der Oberfläche ständig das Klima versauen. Heute ist es so, daß, sobald irgendwo der Geruch eines Konfliktes entsteht, es überall angesprochen wird, ob irgend etwas nicht stimmt. Ich bewältige die Konflikte mit der stärksten integrativen Kraft, denn dann

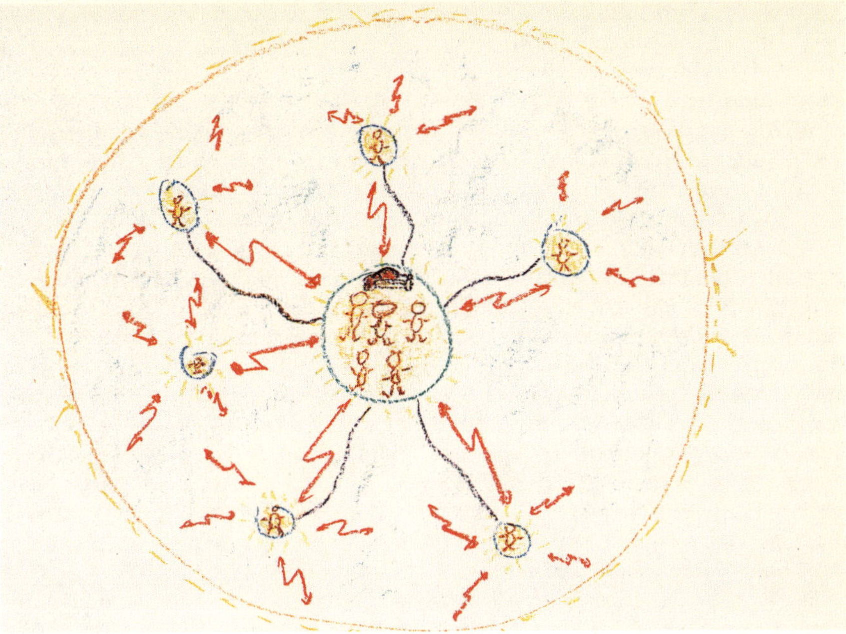

Aus dem Leitbildseminar: Konflikte eingehen und lösen schafft Entwicklung, Wolfgang Weh

sind Konflikte auch nützlich, und aus einem gelösten Konflikt kann unter Umständen etwas äußerst Fruchtbares entstehen. Ein gelöster Konflikt, den man besteht, stärkt alle Beteiligten. Das ist es, was ich hier im Haus fühle.

W.W.: Wie gehst Du praktisch an die Bewältigung eines Konfliktes heran? Wenn zwei Mitarbeiter im Streit liegen, wenn sich die Produktion mit der Buchhaltung in den Haaren liegt, wie geht Ihr dann für die Bewältigung dieser Konflikte vor?

W. Schlüter: Entweder wird der Konflikt auf der gleichen Basis, auf der gleichen Ebene gelöst, möglichst dort, wo er entstanden ist, zum Beispiel innerhalb einer Abteilung oder zwischen zwei Abteilungen, wenn zum Beispiel die jeweiligen Sacharbeiter nicht miteinander klarkommen. Klappt das nicht, geht man an den Vorgesetzten, der dann einen Menschenkreis zusammenstellt, vielleicht auch Einzelgespräche führt, oder man lädt die Betroffenen zu sich ein und versucht dann, diesen Konflikt im Gespräch zu lösen. Das Gespräch wiederum verläuft nach ganz bestimmten Gesetzmäßigkeiten.

W.W.: Auf welche Weise?

W. Schlüter: Zunächst macht man sich klar, warum man überhaupt hier sitzt, welches Problem einen zusammengeführt hat. Wir beschreiben also das Problem und fragen uns dann, ob wir es auch von allen Seiten beleuchtet haben. Dann kann man noch verschiedenes ergänzen, allerlei Querverbindungen aufzeigen, zum Beispiel wie es zu diesem Problem gekommen ist.

W.W.: Oft wird es ja so sein, daß die verschiedenen Vertreter, die miteinander in Konflikt liegen, die Sache verschiedenartig darstellen. Macht Ihr Übungen, daß zuerst jeder die Sache möglichst genau darstellt, dann aber auch, wie er die andere Seite in diesem Konflikt empfunden hat?

W. Schlüter: Wir versuchen, alles möglichst sachlich zu halten, geben dies auch deutlich zu verstehen. Wenn dann die Emotionen durchfließen, muß man sie vielleicht erst laufenlassen, aber die Menschen anschließend darauf hinweisen. Man kann das dann auffangen, auch zu verstehen suchen, sollte aber die Menschen fragen, ob sie es von der Sache her nicht auch anders verstehen können. Es sollte immer im Sinne einer Frage vorgegangen werden. Wenn ich als Vorgesetzter zum Beispiel einen Konflikt zwischen kaufmännischem und technischem Leiter zu lösen habe – und da geht es ganz schön zur Sache –, dann kann es nur so gehen, daß ich als Fragender auftrete. Die Haltung bei diesen Konfliktgesprächen ist nicht, wissend zu sein, sondern Fragen suchend. Mit dieser Grundhaltung baut man Widerstände ab.

W.W.: Wie lange dauern diese Konfliktgespräche nach Deiner Erfahrung? Oder sprecht Ihr so lange miteinander, bis der Konflikt ausgeräumt ist?

W. Schlüter: Manchmal sind die Konflikte natürlich überhaupt nicht auszuräumen, aber meistens sind sie relativ rasch zu lösen.

Der Konflikt mit der Informationsmafia

W.W.: Kannst Du mal anhand eines Beispiels darstellen, wie so ein Konfliktgespräch abläuft?

W. Schlüter: Da könnte man den Konflikt im Geschäftsleitungskreis nennen. Das war kein Konflikt zwischen zwei Menschen, sondern im Grunde schon zwischen Gruppen. Es bildeten sich Lager. Ich möchte einmal versuchen, diesen Konflikt zu schildern. Auf der Grundlage des Leitbildes war es notwendig, daß sich Haltungen einzelner Geschäftsleitungsmitglieder gravierend ändern mußten, wenn es überhaupt noch ein Miteinander geben sollte. Diese Haltungen waren zum Beispiel so, daß man von einer Informationsmafia sprechen konnte. Manche hatten viel mehr Informationen als andere, und sie benutzten diese Informationen als Machtmittel. Information ist auch in einem Betrieb Macht. Sie hatten nicht die Offenheit, darüber zu sprechen, sondern nutzten ihre Informationen einseitig aus. Diese Haltung führte natürlich zu entsprechenden Spannungen. Irgendwie fällt es mir schwer zu schildern, wie das Ganze nun ablief.

W.W.: Versuche es!

W. Schlüter: Dieser Konflikt war ein tiefgreifender, schwelender. Zunächst habe ich mit den Konfliktparteien gesprochen. Natürlich war ich auch in diesen Konflikt mit eingewoben, folglich auch tangiert. Schließlich arbeite ich mit diesen Menschen sehr eng zusammen, habe also auch unter ihnen Vorlieben, Sympathien und Antipathien. Das ist ganz klar. Ich mußte aber lernen, daß ich mich von diesen Sympathien und Antipathien verabschieden mußte und erkannte, daß ich Menschen in der Beurteilung auch Unrecht getan hatte.

Zunächst habe ich mich mit dieser Informationsmafia auseinandergesetzt und untersucht, wie diese Menschen ihre Macht hierarchisch ausnutzten. Als ich das erkannt hatte, habe ich in unserem Konfliktlösungsgespräch grundsätzlich über Macht und Machtmißbrauch gesprochen, habe also versucht, die geistigen Grundlagen einer solchen Haltung darzustellen, um die Menschen auch mitzunehmen, damit sie diesen Erkenntnisschritt machen können.

„Das hat schrecklich weh getan"

Ich habe dann einige Leitsätze aus unserem Leitbild herausgeschrieben, so daß meine Kollegen meinem Entwicklungsweg auch mit dem Kopf folgen konnten, natürlich letzten Endes auch mit ihrem Herzen. Dann mußte sich jeder dazu äußern. Niemand konnte sich verstecken. Nachdem ich mehr monologhaft meine Ansicht dargelegt hatte, mich noch einmal vergewissert hatte, ob ich richtig verstanden worden bin, hat jeder einzelne dazu Stellung genommen. Als jeder zum Thema gesprochen hatte, habe ich noch einmal dazu aufgefordert, ob es noch weiteres in den emotionalen Tiefen der einzelnen Personen gibt oder ob jemand zu feige wäre, sich zu äußern, wenn ja, warum sie feige sind. Obendrein stellte ich auch noch dar, wozu Feigheit und Versteckspielen letztlich führen. Das hat natürlich schrecklich weh getan, aber dann war eigentlich alles raus.

Für dieses Gespräch hatten wir uns drei Stunden Zeit genommen, aber wir waren schon eine halbe Stunde früher fertig. Das war sehr merkwürdig. Zum Abschluß hat noch ein anderer den gesamten Gesprächsverlauf zusammengefaßt, und ich habe an das Ende unseres Gespräches einen Satz aus unserem Leitbild gestellt, dann sind wir auseinandergegangen. Das war also unser Konfliktbewältigungsgespräch am Gründonnerstag. Ich bat meine Kollegen, alles mit in die Ostertage zu nehmen, um nach den Ostertagen Antworten und Entscheidungen der einzelnen zu bekommen. Das Schöne war, daß sich alle dazu entschieden haben, zusammenzuarbeiten und aufeinander zuzugehen. Nach Ostern hat es auch sehr viele Zweiergespräche unter diesen Menschen gegeben. Dann war alles ausgestanden.

Der Geschäftsleitungskreis am Runden Tisch

Wenn sich zwei Meister anschreien

W.W.: Kannst Du noch ein anderes Beispiel für ein Konfliktgespräch geben?

W. Schlüter: Ein klassischer Konflikt ist der zwischen verschiedenen Meistern, zum Beispiel zwischen dem der Abteilung Gestellbau und dem der Polsterei. Die Polsterei ist auf die Holzgestelle angewiesen. Wehe, sie kommen nicht. Dann steht das Team der Polsterei nutzlos herum, kann nicht weiterarbeiten und es gibt Ärger und die Meister beschimpfen sich. Was tun? Dazu habe ich die beiden betreffenden Meister an den Runden Tisch eingeladen und habe mir zusätzlich überlegt, wer zur Lösung des betreffenden Problems noch etwas zu sagen hat, so daß nicht nur die beiden Betroffenen anwesend waren. Deswegen habe ich einige Mitarbeiter von der Basis, möglichst auch eine Frau, hinzugeladen. Das waren Mitarbeiter aus den jeweiligen Produktionsgruppen, die betroffen waren, also aus der Polsterei und dem Gestellbau.

J.P.: Warum lädst Du möglichst eine Frau hinzu?

W. Schlüter: Weil ich die Beobachtung und Erfahrung gemacht habe, daß sich die Frauen nicht so sehr verstecken und die Probleme offener ansprechen. Dadurch sind die Frauen bei der Problemlösung ideenreicher als die Männer. Die Männer halten eher die Schnauze, sind muffig oder wollen einfach nicht, haben auch eine niedrigere Frustrationsschwelle. Frauen sind einfach beweglicher. Außerdem ist es so, daß sich Männer anders verhalten, wenn eine Frau anwesend ist.

Aber zurück zum Konflikt: Es ist erstaunlich leicht, diese Konflikte zu lösen. Mir jedenfalls fällt es ganz leicht. Ich habe damit so wenig Probleme, daß ich es eigentlich nicht verstehen kann. Wenn man alle Probleme sauber aufarbeitet, wird der Konflikt gelöst. Zuerst lasse ich die beiden Meister genau erklären, was ihr Problem ist. Wenn dann jeder das Problem aus seiner Sicht erzählt und dargestellt hat, wo ihn der Schuh drückt, schreibe ich erst einmal auf, was die beiden Meister berichtet haben. Im weiteren frage ich zum Beispiel die Mitarbeiter, die in den Produktionsgruppen stehen, ob es auch wirklich so ist, wie die Meister berichten. Es geht dann zum Beispiel darum, wie oft und wie lange es vorkommt, daß die Mitarbeiter der Polsterei nicht weiterarbeiten können, weil die Gestelle nicht geliefert werden.

Die Sachlage war dann zum Beispiel, daß eine derartige Störung zwei bis dreimal am Tag für eine halbe Stunde eintritt. Diese eine Stunde, die an Arbeitszeit ausfällt, kann man dann natürlich im wirtschaftlichen Sinne ausrechnen. Diese Punkte schreibe ich auch alle mit auf meine Liste. Hochgerechnet auf ein Jahr, so habe ich ihnen dann ausgerechnet, kamen wir damit bereits auf etwa eine Million DM weniger Leistung. Der Tischlereimeister bekam angesichts dieser Summe natürlich ganz große Augen und wurde immer ruhiger, denn die Sache sprach für sich.

Natürlich müssen wir gewöhnlich nun untersuchen, wie es eigentlich zu diesem Problem kommt. Das kann zum Beispiel ein Kapazitätsmangel sein, vielleicht sind zu viele Mitarbeiter krank oder die Mitarbeiterzahl insgesamt reicht nicht aus. Wir gehen dann diese Probleme ganz sachlich an, fragen auch die Mitarbeiter aus der Polsterei, ob sie noch andere Vorschläge haben, zum Beispiel ob wir mehr Leute einstellen müssen, ob wir andere Maschinen benötigen und vieles mehr. Wir gehen alle Lösungsmöglichkeiten durch. Alle diese Vorschläge schreiben wir auf, fragen uns dann, ob uns noch etwas einfällt, und wenn alle Lösungsvorschläge erschöpft sind, fragen wir uns, wozu wir uns entschließen wollen. Wollen wir mehr Mitarbeiter einstellen? Wollen wir uns ein anderes Beförderungsmittel anschaffen? Müssen wir uns vielleicht Teile zuliefern lassen, weil es an dieser Stelle einen chronischen Engpaß bei uns gibt und eine entsprechende Maschine nicht das schafft, was wir benötigen? Was wollen wir machen? Entscheidet Ihr das! Ich will es nicht entscheiden, sondern meine Mitarbeiter sollen es entscheiden. – Wenn dann eine Entscheidung gefallen ist, vergegenwärtigen wir uns noch einmal alle, ob wir diese Entscheidung mittragen wollen, und dann ist das Problem meistens gelöst.

Durch das vergiftete Klima spaltete sich die ganze Firma in zwei Lager

W.W.: Ist es angebracht, die Ursachen eines Konfliktes genau herauszufinden, oder ist dies bei einem weitgehend eskalierten Konflikt nicht mehr möglich, weil mittlerweile durch den Konflikt eine neue Wirklichkeit entstanden ist: zum Beispiel daß die Arbeitsatmosphäre völlig vergiftet ist, daß Freundschaften zerbrochen sind oder eine Fülle von Kündigungen ausgesprochen wird?

W. Schlüter: An dieser Stelle möchte ich an einen ganz tragischen Konflikt erinnern, aus dem eine ganz schreckliche Situation entstanden ist. Wir haben einen technischen Leiter, zu dem ich bisher ein ganz starkes Vertrauensverhältnis hatte, das aber mittlerweile eine große Erschütterung erlitt. Früher hatte ich ein unbegrenztes Vertrauen zu ihm und habe ihm auch Einzelprokura gegeben.

Vor zwei Jahren haben wir einen Produktionsleiter gesucht, der hierarchisch unter dem technischen Leiter steht. Der Produktionsleiter, den wir dann eingestellt haben, war ein promovierter Ingenieur aus den neuen Bundesländern, mit aller Problematik, die so ein Mitarbeiter mitbringt. Er war 38 Jahre alt, sein Vorgesetzter 53. Zuerst lief es gut, dann aber kam es zwischen beiden zu Problemen. Das Problem war zum Beispiel die geistige Haltung, die Ossi-Wessi-Problematik spielte auch eine Rolle, dann konnte der Produktionsleiter sehr lebendig denken und schreiben, was dem technischen Leiter nicht immer so gelang, und weitere Animositäten traten auf. Ich kürze das jetzt einmal ab, es endete jedenfalls damit, daß der Produktionsleiter, der später vielleicht einmal der Nachfolger des technischen Leiters hätte werden können, in die Ecke gestellt wurde, indem er zum Beispiel keine Aufgaben mehr bekam. Beide sprachen auch nicht mehr miteinander.

Ich habe das viel zu spät bemerkt und auch zu nachlässig behandelt, denn ich hatte Vertrauen zu unserem Prokuristen und ich erwartete von ihm, daß er diese Problematik lösen würde. Ich habe mich aus der Geschäftsführerverantwortung gestohlen, denn hier wäre ich gefordert gewesen. Das hat dann dazu geführt, daß der Produktionsleiter aus Dresden die Firma verlassen hat. Zwar habe ich es noch menschlich retten können, so daß der Produktionsleiter nicht daran zerbrochen ist, aber es war ein äußerst großes Unglück. Das hätte ich verhindern können, wenn ich rechtzeitig eingegriffen hätte. Natürlich hat dieses Unglück mein Verhältnis zu meinem Vertrauten enorm gestört, und dieses Problem war auch einer der Auslöser der Entwicklungskrise des Geschäftsleitungskreises. Es hat zu einer derartigen Vergiftung der gesamten Firma geführt, daß sich die Belegschaft in zwei Lager spaltete. Das Tragische ist natürlich, daß dieser Konflikt zu vermeiden gewesen wäre, aber ich habe aus diesem Konfliktfall, den wir nicht lösen konnten, enorm viel gelernt. Mittlerweile habe ich gezielt die einschlägige Literatur studiert und weiß nun, wie man es hätte anpacken müssen.

W.W.: Wie würdest Du den Konflikt anpacken, wenn er jetzt auftreten würde?

W. Schlüter: Ich hätte sofort beide an den Tisch geholt.

W.W.: Wie wäre das Gespräch verlaufen?

W. Schlüter: Ich hätte den Vorgesetzten, den technischen Leiter, ganz eindeutig daran erinnert, daß er diesen Kollegen aus Dresden eindeutig zu führen, zu fordern und zu fördern, daß er mit ihm die Probleme zu lösen hat. Führung heißt nicht, jemanden in die Ecke zu stellen und nicht mehr mit ihm zu reden. Es kann auch sein, daß man einen Mitarbeiter aus der Unternehmung herausführt, aber nicht schmeißt. Führung heißt, eine gemeinsame Perspektive zu entwickeln oder eine solche Perspektive, die zwar nicht gemeinsam ist, aber trotzdem eine für diesen Menschen.

W.W.: Nehmen wir an, es besteht ein Konflikt, der die Arbeitsatmosphäre völlig vergiftet hat, die Ursache des Konfliktes ist kaum noch zu eruieren, zwei oder mehrere Menschen haben längst aufgehört, miteinander zu sprechen, die Produktivität leidet dadurch schwer: Wie gehst Du einen derartigen Konflikt an?

W. Schlüter: Ein derart verhärteter Konflikt wird meist nicht von mir gelöst. Wenn dieser Konflikt aber bis zu mir käme, so würde ich auf jeden Fall mit diesen beiden Menschen sprechen und in diesem Gespräch zu erfühlen versuchen, ob der Konflikt zwischen beiden Menschen noch in irgendeiner Form zu lösen ist. Ich würde schauen, ob zwischen beiden noch so viel Entwicklungspotential vorhanden ist, daß es zumindest zu einer Empathie führen könnte. Wenn das nicht der Fall ist, würde ich ihnen empfehlen, sich von der Arbeitsgruppe zu trennen und sich eine andere auszusuchen.

Hier vor mir habe ich mein Betriebstagebuch liegen, in welches ich mir die Namen der einzelnen Arbeitsgruppen-Mitarbeiter geschrieben habe. In diesen Teams arbeitet zum Beispiel jeweils ein Mitarbeiter rechts und einer links an einem Sofa; wehe sie können nicht miteinander. Wenn es nicht geht, fordere ich einen von beiden auf, aus dieser Gruppe herauszugehen und frage ihn dann, in welche andere Gruppe er möchte, was meistens schon gewußt wird. Dann muß natürlich noch geklärt werden, wer aus der anderen Gruppe den Platz mit ihm tauscht. Zusätzlich würde ich aber mit den beiden Gesamtgruppen sprechen; entweder gehe ich zu ihnen hin

Die Leitbildgruppe sprach sich, ohne ein Wort miteinander zu tauschen, in einem Gesamtbild in Farbe und Form aus

Das Gesamtbild der Leitbildgruppe

oder ich lade sie zu mir ein. Ich mache ihnen dann klar, daß es ein Problem gegeben hat und daß wir gar nicht näher erforschen wollen, wer die Schuld hat, sondern daß wir bestrebt sind, dieses Problem zu lösen. Im Gespräch mit diesen Gruppen würde ich dann erklären, wer die jeweiligen Mitarbeiter sind, die ihre Gruppen im Zuge des Konfliktes tauschen.

„Bei Sachkonflikten benennen wir Ursache und Schuld klipp und klar"

W.W.: Nehmen wir eine andere Konfliktform: Es ist ein reiner Sachkonflikt, bewirkt durch eine Person, die Schuld liegt klar bei dieser einen Person. Aber wegen ihrer Uneinsichtigkeit, weil sie alle Schuld abstreitet bzw. aufgrund ihrer Persönlichkeitsstruktur ihren Fehler nicht sehen kann, entsteht unter den Mitarbeitern ein Konflikt. Dies könnte zum Beispiel ein Alkoholiker im Team sein, der nicht seine Arbeitsleistung bringt, der eine geraume Zeit sogar noch von seinen Kollegen mitgetragen wird, die ihn dann auch mit zunehmendem Druck auf seine Krankheit hinweisen, aber da sich nichts ändert, entsteht dann der entsprechende Konflikt.

W. Schlüter: Bei einem Alkoholiker würden wir sofort mit ihm sprechen und sofort die Auflage einer Entziehungskur machen. Wäre er dazu nicht bereit, müßten wir ihn sofort entlassen. Natürlich würden wir versuchen, eine Institution zu finden, die ihm hilft, aber das kann nicht unser Unternehmen sein.

W.W.: Wie steht es bei anderen klar zu ergründenden Sachkonflikten?

W. Schlüter: Diebstahl ist zum Beispiel ein derartiges Problem, da haben wir zwei Fälle gehabt. Eigentlich ist das ein Grund zur Entlassung.

W.W.: Ich denke jetzt an einen Sachkonflikt, bei dem es einen klar zu erkennenden Schuldigen gibt, der aber in ihrer Firma bleibt. Dieser Mitarbeiter will seine Schuld nicht wahrhaben, streitet sie bewußt ab oder kann sie nicht erkennen. Jetzt kommt das Konfliktgespräch: Wird die Ursache während der Konfliktbewältigung klar herausgeschält und die schuldige Person deutlich benannt?

W. Schlüter: Absolut. Ganz klipp und klar und deutlich! Gleichgültig ob er akzeptiert oder nicht, das würde ich immer tun. Wenn es ganz eindeutig ist, daß die Schuld auf der einen Seite ist, dann muß man diese Schuld auch aussprechen, schon um die anderen Menschen zu schützen.

Manche können die Spannung bei der Konfliktbewältigung nicht aushalten

W.W.: Wie steht es mit der Konfliktfähigkeit Eurer Mitarbeiter? Beobachtest Du, daß Eure Mitarbeiter eher aus der Kritik und der Konfliktbewältigung lernen, dadurch daß Ihr bewußt Konfliktbewältigung einsetzt? Wird ihre Konfliktfähigkeit dadurch gesteigert?

W. Schlüter: Unwahrscheinlich sogar. Man kann damit allgemein umgehen. Alle Mitarbeiter sind durchaus empfänglich für Kritik, sie wünschen sie sogar. Kritik ist ja zunächst wertfrei. Man möchte gerne Lob haben, aber man nimmt auch einen Tadel an, wenn er denn berechtigt ist. Denn so etwas klärt und ist auch etwas ganz Heilsames.

W.W.: Hast Du auch Menschen erlebt, die Konflikte und Ihre Aufarbeitung nicht aushalten, die ein Konfliktbewältigungsgespräch nicht durchstehen können?

W. Schlüter: Wir haben auf dem ersten Leitbildseminar erlebt, wie jemand vollkommen abgedreht ist, und zwar aus dem Geschäftsleitungskreis. Er hat die Spannung, die dabei entstand, nicht ertragen können, so daß ich ihn ins Auto setzen und nach Hause schicken mußte. Natürlich entstanden während dieses Gespräches Konflikte, er aber verweigerte die Mitarbeit und behauptete, keinen Beitrag liefern zu können. Er hielt die Konfliktbewältigung nicht aus. Heute ist er aber weiterhin bei uns und ist einer der wichtigsten Mitarbeiter geworden. Wir haben diese Situation mit ihm im nachhinein aufgearbeitet, und zwar über die Erkenntnis, also durch Gespräche und den guten Willen auf beiden Seiten. Das ist und war eine ganz tolle Situation, denn wir alle sind daran stärker geworden.

„Ich habe wieder gelernt, dem eigenen Vertrauen zu vertrauen“

W.W.: Was hast Du an Dir selbst und zwischen Dir und Deinen Kollegen erlebt, dadurch daß Ihr Konfliktbewältigungsgespräche durchführt?

W. Schlüter: Das sitzt als Substanz ganz tief in mir, aber ich weiß kaum, wie ich das ausdrücken soll. Lediglich zu sagen, daß ich dadurch viel gelernt habe, reicht nicht und ist auch nicht konkret genug. Aber ich habe zu einer ganz neuen Offenheit gefunden und vor allem erkannt, wie individuell verschieden das Potential der einzelnen Menschen ist, auch ihre Anliegen und was sie innerlich bewegt. Daran habe ich erkannt, welcher Schatz mich mit diesen einzelnen Menschen hier umgibt und wie es für mich als Integrationsfigur von Wichtigkeit ist, sämtliche Abteilungen und deren Leiter, überhaupt alle Menschen unserer Firma, zu einer integrativen und fruchtbaren Zusammenarbeit zu führen. Es geht nicht darum, daß alle mehr arbeiten, sondern daß auf der Ebene der Begegnung etwas Neues und Zusätzliches entsteht. Auch in unserem engeren Geschäftsleitungskreis sind die Fähigkeiten unserer sieben Menschen nicht einfach zu addieren, sondern es entsteht durch sie etwas Höheres. Und mein Ziel ist es, an dieses Höhere heranzukommen. Das ist mir in der letzten Zeit ganz klar geworden, denn es gibt auch Menschen, die mir nicht so sehr sympathisch sind, mit denen ich aber ganz eng zusammenarbeiten muß, und deswegen war es vonnöten, eine neue und höhere Qualität der Zusammenarbeit zu entwickeln, denn sonst kann man eine heterogene Mannschaft nicht führen, geschweige denn daraus etwas Höheres entwickeln.

Etwas anderes ist mir auch noch sehr wichtig: Ich habe ganz stark auf meine Vertrauensfähigkeit gesetzt und kann heute ganz einfach sagen, daß ich meinen Leuten mein Vertrauen schenke und sie ihre Arbeit machen lasse. Ich sage auch, daß Fehler erlaubt sind und vertraue darauf, daß sie diese Fehler bewältigen und damit umgehen lernen. Ich merke, daß es jetzt sehr viel besser als früher geht. Man muß lernen, dem eigenen Vertrauen zu vertrauen. Früher, vor 25 Jahren, als ich hier im Betrieb angefangen habe zu arbeiten, hatte ich auch dieses tiefe Vertrauen. Aber das ist so ungeheuer vielfältig enttäuscht worden im Laufe dieser Zeit, daß ich wieder ganz neu zu diesem Vertrauen finden mußte. Jetzt habe ich dieses Vertrauen wieder, und das ist durch die Leitbildarbeit entstanden. Das ist eine ganz große Kraft, zu der ich wieder gefunden habe, so daß man sie auch weiterschenken kann.

W.W.: Würdest Du so weit gehen, daß bei Menschen, zwischen denen in Eurer Firma immer wieder Konflikte entstehen, karmische Verstrickungen vorliegen?

W. Schlüter: Auf jeden Fall. Ich bin davon überzeugt und habe das ganz tiefe Gefühl, daß das, was wir hier machen, eine karmische Begegnung aller miteinander ist. Ich fühle es einfach. Ich habe die Sicherheit, daß wir alle etwas miteinander zu tun haben, ohne im weiteren ergründen zu können, was dies im einzelnen ist. Natürlich frage ich mich manchmal, was wir wohl miteinander zu tun haben.

W.W.: Kannst du das eventuell doch konkretisieren?

W. Schlüter: Nein, das kann ich nicht, ich möchte es auch nicht. Irgendwie wäre das für mich ein Sakrileg. Ich kann gut damit leben, daß es so ist, und darüber bin ich andererseits auch sehr froh.

W.W.: Bei Ehepartnern oder sonstigen zusammenlebenden Lebenspartnern bildet sich nach und nach eine gemeinsame Ätherhülle. Beobachtest Du auch etwas Ähnliches bei Euch im Betrieb?

W. Schlüter: Selbstverständlich, sie entsteht durch unsere gemeinsame Arbeit, durch gemeinsame Gewohnheiten und Rhythmen. Hinzu kommt auch noch eine Bewußtseinsfrage. Je mehr man sich dieser Gemeinsamkeit bewußt ist, desto stärker wird auch diese gemeinsame Hülle. Sieht man sich nur aus Zufall hier in unserer Firma arbeiten, so ist diese Gemeinsamkeit wesentlich schwächer. Zwischen mir, der ich hier in diesem Büro sitze, und einem Verlader, der weit weg von mir Sofas einlädt, entsteht natürlich sehr wenig an Gemeinsamkeit. Natürlich habe ich für ihn Verantwortung und auch so etwas wie ein Verantwortungsgefühl, aber es entsteht keine Ätherhülle. Aber in dem engeren Mitarbeiterkreis fühle ich das stark. Ob die anderen das auch so spüren, weiß ich nicht. Ich fühle auch, wie diese Hülle verletzt wird, wenn Mißtrauen auftritt und empfinde das auch als einen Schmerz.

Genährt wird diese Ätherhülle auch durch die Kunst und die Leitbildarbeit. Das verbindet ungeheuer. Die neun Menschen der Leitbildgruppe haben zum Beispiel ein großes Aquarell gemalt, auch daran macht man ganz innere Erlebnisse durch. Ein ganz starkes Erlebnis war es auch, als wir jeder unsere Vergangenheit, Gegenwart und Zukunft in Form eines Baumes gemalt haben. Für dieses Malen hatten wir eine halbe Stunde Zeit, dann hat es jeweils unser Nachbar erklärt. Das ist so erschütternd, wenn der Nachbar, mit dem man zusammenarbeitet, die eigene Wesenheit anhand dieser drei Bäume erklärt! Natürlich feiern wir auch zusammen, gehen auch manchmal gemeinsam essen, man kennt viele Familien, man kennt die Kinder und man berät sich auch gegenseitig in Lebensfragen. All das schafft verbindende Elemente.

„Ich bin so unwahrscheinlich glücklich, diesen Weg gefunden zu haben"

J.P.: Was werdet Ihr bis Ende dieses Jahres von Euren Idealen aus dem Leitbild nicht erreicht haben, und wo besteht noch Nachbesserungsbedarf?

W. Schlüter: Wir werden vieles nicht erreicht haben. Unser Leitbild ist ja ein Ideal, und ein Ideal kann man nur anstreben, erreichen wird man es meist nie. Wir werden erreicht haben, daß wir in allen Positionen auf dem Weg sind, aber wir werden das nicht als Ziel erreicht haben. Wenn wir zum Beispiel sagen, daß der Markt unser Partner ist, so werden wir das nur im Ansatz erreichen. Oder wenn wir sagen, daß wir unverwechselbar sind, so ist auch das noch nicht erreicht, denn bei unseren Produkten sind wir noch ganz schön verwechselbar. Aber wir sind auf dem guten Wege, zum Beispiel machen wir derzeit Versuche, aus Stroh Sofas zu bauen. Und das sieht ganz erfolgreich aus. Das ist durch das Ökologiedenken innerhalb des Leitbildes angestoßen worden. Wir verarbeiten Stroh und Schafswolle, und es ist etwas ganz Tolles, was dabei herauskommt. Ich zeige Euch gleich erste Ansätze.

J.P.: Was ist für Dich seit Eurer Umstrukturierung persönlich anders geworden?

W. Schlüter: Ich habe eine sehr große Sicherheit in mir und keine existentielle Angst mehr, daß es mit der Firma schiefgehen könnte. Als Unternehmer, und das wird den meisten so gehen, hatte ich eine tiefsitzende existentielle Angst, vor allem weil wir mit unserer Firma einmal kurz vor dem Konkurs standen. Diese existentielle Angst habe ich verloren.

J.P.: Wie hat sich Deine Stellung in der Firma verändert?

W. Schlüter: Aus meiner Sicht bin ich viel näher an die Menschen herangetreten. Wir sind uns nahegekommen.

J.P.: Wirbst Du auch bei bekannten Firmen mit Eurer Umgestaltung?

W. Schlüter: Nein, noch nicht. Es ist noch zu zart, es gibt noch zu viele Empfindsamkeiten, so daß wir damit warten müssen, bis alles mehr gereift ist und mehr Substanz erhält.

J.P.: Würdest Du es wieder so machen mit Eurer Umstrukturierung?

W. Schlüter: Auf jeden Fall. Ich bin so unwahrscheinlich glücklich, daß ich diesen Weg gefunden habe, denn danach habe ich lange gesucht.

Aquarellfarben
zum lasierenden Malen

ständige Rohstoffkontrolle

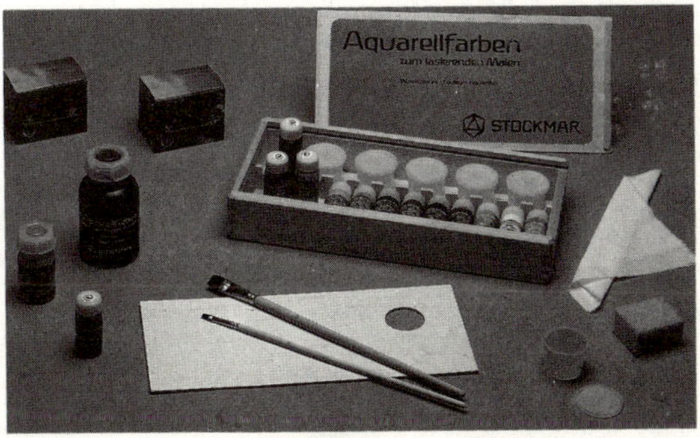

Stockmar Aquarellfarben sind gut lasierend und werden aus Gummiarabicum und besten, lichtbeständigen Farb-Pigmenten hergestellt. Sie sind sehr ausgiebig im Gebrauch und bleiben getrocknet noch vollständig wasserlöslich. Die Farbtöne sind so gewählt, daß sie sich zu allen Zwischentönen mischen lassen, ohne die Leuchtkraft zu verlieren. Mit Weiß gemischt lassen sich die Aquarellfarben auch deckend vermalen.

STOCKMAR
Hans Stockmar GmbH & Co KG · Postfach 1451 · 24562 Kaltenkirchen
Lieferung durch den Fachhandel

Entfesselte Winde

INTERVIEW MIT STEFAN LEBER UND MANFRED LEIST

von Klaus-Dieter Neumann und Wolfgang Weirauch

Stefan Leber, *geboren 1937. Studium der Politik, Geschichte u.a. in Berlin. Elf Jahre Lehrer an der Oberstufe der Waldorfschule Pforzheim. Seit 1973 Dozent am Seminar für Waldorfpädagogik in Stuttgart und Vorstandsmitglied des Bundes der Freien Waldorfschulen. Publikationen: Die Sozialgestalt der Waldorfschule, Stuttgart ³1991. Selbstverwirklichung – Mündigkeit – Sozialität. Eine Einführung in die Idee der Dreigliederung des sozialen Organismus, Stuttgart 1978. Die Geschlechtlichkeit des Menschen – Gesichtspunkte zu ihrer pädagogischen Behandlung, Stuttgart ²1989 (mit W. Schad und A. Suchantke). Die Waldorfschule im gesellschaftlichen Umfeld, Stuttgart 1981. Atomtechnik und Anthroposophie. Die Energiekrise als Prüfstein moralischer Verantwortlichkeit, Stuttgart 1981. „... es mußten neue Götter*

hingesetzt werden". Menschen in der Entfremdung: Marx und Engels, Cieszkowski, Bauer, Hess, Bakunin und Stirner, Stuttgart 1987. Freiheit durch Gewalt? Zum Phänomen des Terrorismus, Stuttgart 1987. Weltanschauung, Ideologie und Schulwesen. Ist die Waldorfschule eine Weltanschauungsschule? Stuttgart 1989. Zahlreiche Aufsätze in Sammelwerken und Zeitschriften.

Manfred Leist, *Dr. jur., geboren 1918 in Bremen. Nach juristischer Ausbildung anfangs Rechtsanwalt; seit 1955 in der Waldorfschulbewegung tätig.*

Bis 1968 als Geschäftsführer an der Freien Waldorfschule Bremen. Seit 1969 als Justitiar im Bund der Freien Waldorfschulen in Stuttgart. Langjährig auch Redakteur der Zeitschrift Erziehungskunst – Monatsschrift zur Pädagogik Rudolf Steiners *und Mitarbeiter am Seminar für Waldorfpädagogik Stuttgart (Sozialwissenschaft). Autor von „Eltern und Lehrer – ihr Zusammenwirken in den sozialen Prozessen der Waldorfschule", Stuttgart [2]1988.*

Es geht oftmals das Vorurteil durch die Lande, daß die Waldorfschulen Inseln des Friedens seien, heile Oasen der Konfliktlosigkeit inmitten des Trubels der übrigen Welt. Daß dem natürlich überhaupt nicht so ist, davon weiß jeder Kenner der Szene zu berichten. Waldorflehrer sind Menschen wie alle anderen auch, und wo Menschen zusammenarbeiten, entstehen Reibung und Gegensätzlichkeit, kommt es auch immer wieder zu teils schweren Auseinandersetzungen und kaum zu bewältigenden Konfliktsituationen. Das liegt unter anderem daran, daß sich der Waldorfschulorganismus nicht auf eine durchgreifende Bürokratie bzw. Hierarchie verlassen kann, sondern sich selbst verwalten muß und will.

Nicht weniger grassiert auf der anderen Seite ein zweites Vorurteil: daß Waldorfschulen nicht mit Konflikten umgehen könnten. Wie so oft ist in manchem Vorurteil ein Quentchen Wahrheit enthalten, aber die weitgehende Konfliktunfähigkeit findet sich bei vielen Menschen in allen Bereichen.

Wie nötig allerdings gerade in dem sozialen Organismus Waldorfschule eine Supervision oder Konfliktberatung bzw. -intervention sind, zeigt das folgende Interview mit Stefan Leber und Manfred Leist vom Bund der Freien Waldorfschulen, die aus der Fülle ihrer Erfahrungen berichten, wie sie zahlreiche Waldorfschulorganismen als Individualitäten – nicht als Behörde – bei deren Konflikten beraten haben.

Wolfgang Weirauch: Rudolf Steiner spricht in den „Konferenzen mit den Lehrern der Freien Waldorfschule in Stuttgart" immer wieder von einer republikanisch-demokratischen Verfassung, die die Waldorfschule haben solle. Was ist damit gemeint?

Stefan Leber: Damit ist zunächst das soziale Gesamtkonzept der Freien Waldorfschule bzw. des freien Geisteslebens überhaupt angesprochen. Dieser Terminus besagt, daß es innerhalb der Gesellschaft einen Bereich geben solle, der durch diejenigen, die in diesem Bereich tätig sind, selbst gestaltet wird. Das ist reale Selbstverwaltung. Es sollen also keine Abhängigkeiten, keine Weisungsbefugnisse vorhanden sein, sondern diejenigen, die tätig sind, bestimmen ihre Angelegenheiten selbst. Da es sich ja um eine gesellschaftliche Einrichtung handelt, müssen die in ihr Tätigen sich absprechen, und in einer Schule – vielleicht anders als in einer Universität – greift das Tun des einen in das des anderen ein, so daß alle eine gewisse Grundverständigung in der Zielsetzung dessen benötigen, was getan werden soll.

Wie geschieht das jetzt? Steiner hat das in drei gedanklichen Angängen zu formulieren versucht: Zunächst müsse eine wahre Lehrerrepublik gegründet werden. Später fügte er in zwei Wendungen diesem Begriff *Republik* eine Erweiterung oder Präzisierung hinzu: republikanisch-demokratisch. Darüber gibt es ja eine ausgeprägte Diskussion, ob es mehr Republik oder mehr Demokratie zu sein habe.

W.W.: Ist diese Diskussion nicht ein wenig an den Haaren herbeigezogen, geht es nicht vielmehr um die Sache, so daß die Begriffe republikanisch und demokratisch letztendlich dasselbe meinen?

S. Leber: Historisch gesehen ist die Demokratie in Griechenland, die Republik (res publica – öffentliche Sache) in Rom ausgebildet worden. Republik läßt sich eigentlich nicht ohne Tugend denken, Demokratie dagegen sehr wohl. Wenn Rudolf Steiner also die Doppelbegrifflichkeit gebraucht, möchte er vermeiden – so sehe ich das jedenfalls –, daß hier nur Abstimmungsmodi im Vordergrund stehen, also Formfragen, denn mit demokratisch werden heute Verfahren, werden die Mehrheitsentscheidungen beschrieben usw. Bei der Republik kommt es primär auf die Gesinnung an. Natürlich gibt es auch heute in der Politologie durchgängige Auffassungen, daß die Demokratie nicht ohne eine gewisse Grundhaltung des „Fair play", ohne eine partnerschaftliche Haltung funktionieren könne. Bei der Parteiendemokratie ist davon weniger zu spüren. Diese Grundeinstellung wird von Steiner angesprochen, die zugleich etwas „Aristokratisches" hat, also daß der andere auch respektiert und nicht niedergebügelt wird, wie das bei bestimmten Parteitagen durchaus gängig ist, wo die Minderheit keine Würdigung erfährt.

W.W.: Wie wäre das praktisch zu sehen?

S. Leber: Das hieße, daß in der Konferenzgestaltung ein gewisser Respekt und eine Offenheit im Vordergrund steht, nicht aber die Fraktionsbildung. Da an der Schule auch die Eltern zu beteiligen sind, gilt dies entsprechend auch für den Bezug zu den Eltern und den entsprechend ausgeformten Organen innerhalb der Schule.

W.W.: Gegenüber der staatlichen Bürokratie steht die von Ihnen bereits erwähnte Selbstverwaltung der Waldorfschule. Steiner hat erwartet, daß die Lehrer neben ihren pädagogischen Aufgaben auch besagte Verwaltung der Schule selbst in die Hand nehmen, was ja auch zu großen Teilen geleistet wird. Ist die Waldorfschulorganisation durch diese Selbstverwaltung der Lehrer störungsanfälliger?

S. Leber: Natürlich ist sie störanfälliger, denn jede Bürokratie hat ja das für sich, daß sie ein Regelwerk ist und unabhängig von den Beteiligten funktionieren soll. Der hohe Sänger des Lobliedes der Bürokratie, Max Weber, arbeitet gerade das als Merkmal der bürokratischen Organisation aus, daß sie im Grunde fast ohne den Menschen funktioniert. Genau das beabsichtigte Steiner nicht, sondern er wollte alles auf das Menschliche bauen. Wenn man aber auf den Menschen baut, muß man den ganzen Menschen mit berücksichtigen, und zwar in all seinen Stockwerken: von seinen Idealen bis zu den niedersten Triebschichten. Man muß einfach wissen, daß man dies alles bei einer Selbstverwaltung mit am Tisch hat.

Nur dort, wo Tod ist, gibt es keine Konflikte

W.W.: Wenn wir unter Konfliktpotential alle diejenigen Faktoren verstehen, die in einer Organisationsform der Möglichkeit nach zu Konflikten führen können, was wären dann Ihrer Meinung nach in dem Organismus Waldorfschule die hauptsächlichsten Konfliktpotentiale?

S. Leber: Zunächst würde ich einmal davon ausgehen, daß Konflikte etwas für das menschliche Leben Unerläßliches sind. Nur dort gibt es keine Konflikte, wo Tod ist. Überall, wo Leben herrscht, gibt es Auseinandersetzung und Reibung. Insofern gehört zum Leben Konflikt hinzu. Die Frage ist nur, ob sich Konflikte zum Selbstzweck entwickeln oder ob sie der Problemlösung dienen.

W.W.: Und wenn Sie an die Bandbreite sämtlicher Waldorfschulen denken, welches sind dort die hauptsächlichsten Konflikte?

S. Leber: Ein Bereich der Konflikte entsteht an der Zielgebung der Schule, der sich immer am Konkreten festmacht, zum Beispiel: Wie soll die Oberstufe aussehen? Soll das konventionell Übliche unterrichtet werden, oder sollen experimentell neue Wege beschritten werden? An dieser Stelle tritt das Problem auf – so hört man bei Konflikten argumentieren –, ob dies noch *der* Waldorfpädagogik entspricht. Das wäre ein Konfliktpotential innerhalb der Lehrerschaft.

Ein zweiter Konflikt entsteht häufig bei den Fragen der Baugestaltung. Hier gibt es meist zwei Richtungen, zum einen eine gewisse Planungseuphorie, bei der das ganze Kollegium mit abdriftet und wo dann hinterher bei der Bezahlung die Ernüchterung kommt, oder zum anderen, daß gleich in der Planung von vornherein zwei Lager unterschiedlicher Richtung vorhanden sind, was sich dann in der Frage der Architektenwahl konkretisiert. Dabei ergeben sich oft erbitterte Streitpunkte, die sich meist bis in die Elternschaft hinein fortsetzen, weil dort hin und wieder auch Vertreter der Architektenzunft vorhanden sind, die gerne den Bauauftrag bekommen würden. Und plötzlich hat man da ein kaum einholbares Konfliktfeld.

Ein dritter Konfliktbereich tut sich auf, wenn innerkollegial gewisse Erziehungsziele bestimmter Lehrer nicht toleriert werden und durch die entstehende Kritik plötzlich Spannungen innerhalb eines Kollegiums auftreten. Ein weiteres Konfliktfeld ist, wie die gesamte Pädagogik der Waldorflehrer von den Eltern aus gesehen wird. Dies sind dann keine Konflikte der Zielsetzung mehr, sondern der Beurteilung des Tuns.

Dr. Manfred Leist: Zu der Baufrage gehört auch sehr stark die Standortfrage, die zu Konflikten führen kann. So etwas ergibt sich meist sehr konkret dadurch, daß man aus einem zu klein gewordenen Gebäude ausziehen muß, wobei man vor der Frage steht, ob man mehr vor die Tore der Stadt, sozusagen in die Freiheit hinaus, geht oder ob man innerstädtisch in einem Stadtteil bleibt, der einem personell noch ganz fremd ist. So eine Frage geht tief in das Innere der Menschen und kann zu einer starken Erhitzung der Gemüter führen.

Eine andere Frage, die sehr geneigt für einen Konflikt ist, ist die der Ein- bzw. Zweizügigkeit der Schule. Es gibt Menschen, die innerlich zutiefst davon überzeugt sind, daß man nur eine einzügige Schule überschauen könne. Hierzu gibt es die von Rudolf Steiner wie immer sehr freilassende und weitgespannte Äußerung, daß man nur so viele Kinder in eine Schule aufnehmen solle, wie sie noch von allen Lehrern gekannt werden können. Bei einer zweizügigen Schule muß man sich natürlich ehrlich fragen, ob alle Kollegen noch diese Kinder im Bewußtsein haben können, denn das wären etwa 1.000 Kinder.

S. Leber: Umgekehrt formuliert Rudolf Steiner, als die Lehrer damals geklagt haben, daß durch eine große Schule die Anonymität entstehen könne, daß er nicht verstehe, wie es dunkler werden könne, wenn viele Lichter zusammenkämen. Denn es müßte doch wesentlich heller leuchten, wenn sehr viele Kinder zusammen sind.

M. Leist: Es ist wie meist zum Glück nicht so klar definiert, man ist auf sich selbst zurückgeworfen.

Wenn man sich das eigene Denken erspart

Klaus-Dieter Neumann: Ich sehe auch im Umgang mit der Anthroposophie für die Schule einen potentiellen Konfliktherd, denn durch die Verschiedenheit der Kenntnis der Anthroposophie und der Waldorfpädagogik ergibt sich im Lehrerkollegium immer ein gewisses Gefälle, genauso natürlich zwischen Lehrerkollegium und Elternschaft. Durch dieses Gefälle der Kenntnis der Pädagogik und Anthroposophie können sich meines Erachtens sehr viele Reibungspunkte ergeben. Sehen Sie das auch so?

S. Leber: Selbstverständlich. Das ergibt sich schon ganz unabhängig von der Anthroposophie aus der Tatsache, daß es verschieden alte Lehrer mit unterschiedlich gestuften Erfahrungen gibt. Auch das ist ein Konfliktpotential.

Da steht dann zum Beispiel jemand, der gerade seine ersten Gehversuche macht, einem erfahrenen Lehrer gegenüber, der bereits vier Klassenzüge erfolgreich abgeschlossen hat. Wenn dieser erfahrene Lehrer spricht, so hat seine Äußerung per se ein gewisses Gewicht an Lebenserfahrung.

Im Hinblick auf Anthroposophie kann man nun noch zusätzlich beobachten, daß in der Art, wie mit ihr umgegangen wird, wie ihre Aneignung erfolgt, natürlich wieder Skylla und Charybdis vorhanden sind, also völlige Dogmatik und totale Unverbindlichkeit. Beides wird durch Anthroposophie ermöglicht; indem ich alles aus ihr ableite, deduziere, kann ich mir das eigene Denken ersparen, dann wird, statt zu argumentieren oder darzulegen, lediglich zitiert. Auf der anderen Seite kann ich der Meinung sein, daß die Anthroposophie das persönliche Ringen des Menschen sei und daß mich überhaupt gar keine Äußerung über die Pädagogik, die ich irgendwo vorfinde, etwas angehe; damit ist eine Auffassung gekennzeichnet, die besagt, gerade darin bestände Waldorfpädagogik, daß nur im freien Zugriff ihre Originalität bestehe.

Wenn diese beiden extremen Positionen in einem Kollegium zusammenstoßen, und partiell haben sie diese beiden Einseitigkeiten immer, dann ist das Anlaß für sehr kräftige Auseinandersetzungen. Sie können nur dann überwunden werden, wenn ich meinem Gegenüber konkret mitteile, um was ich mich bemühe, so daß er mich verstehen kann. Ob das gelingt, bleibt immer die spannende Frage.

M. Leist: Das möchte ich gerne noch ein wenig ergänzen, weil das ein ganz entscheidendes Problem ist. Ich möchte die These aufstellen, daß die Anthroposophie selbst aus der Sache her niemals konfliktträchtig sein kann, wenn sie innerhalb der Waldorflehrerschaft in einer liberalen Spannbreite gelebt wird. Wenn also dem einzelnen die Anthroposophie als Grundlage der Waldorfpädagogik ernst ist, wenn er sie wirklich als inneres Prinzip, als Weg handhabt und dort, wo Schärfe, d.h. Verbindlichkeit hereinkommt, diese nur gegen sich selbst anwendet, auf seine eigene Bemühung. Dann ist das durchaus damit vereinbar, daß diese Angelegenheit nach außen locker, freilassend, anderes integrierend erscheinen kann. Nur dann wird es konfliktträchtig, wenn die Forderung der Anthroposophie als eine persönliche, zu stark seelisch akzentuierte Forderung gegen andere auftritt, was eigentlich keine anthroposophische Haltung mehr ist.

Zu meinem Arbeitsbereich gehört es, öfter mit Eltern und Lehrern gemeinsam zu sprechen, und da zeigt es sich, daß im Grunde diese „These“ immer verstanden und akzeptiert wird; auch von Eltern, die sich eventuell einmal durch anthroposophische Intensität eines Lehrers oder Kollegiums attackiert fühlen. Im Konkreten ist damit natürlich noch kein Konflikt gelöst, aber man findet die prinzipielle Bereitschaft, sich auf dem Boden dieser „These“ aufeinanderzu zu bewegen. Denn was die Waldorfschule aus der Sache heraus eigentlich nur verlangen kann, das aber auch verlangen muß, ist eine Geneigtheit, wohlwollend sich der Sache zu öffnen. Mehr nicht! Wenn diese Geneigtheit vorhanden ist, sich zumindest im Sinne einer Arbeitshypothese das andere anzuhören, dann ist diese Forderung im Grunde erfüllt.

DIE VIER ROLLENSYSTEME

W.W.: Horst-Eberhard Richter bzw. Friedrich Glasl unterscheiden in bezug auf Organisationen und Kleingruppen vier vorherrschende Rollensysteme: Sanatorium, Festung, Kreuzritterschar, Theater. Selbstverständlich werden diese auch mehr oder weniger als Typus in den verschiedensten Waldorfschulen anzutreffen sein. Um das Gespräch möglichst lebensnah zu führen, hätten wir gern je ein Beispiel aus Ihrer Praxiserfahrung.

„Das Sanatorium erleben wir kaum"

Eine Schule macht den Eindruck eines *Sanatoriums,* als hätte sie keine Probleme, alles ist scheinbar in bester Ordnung, der Umgangston ist freundlich, die Kinder sind lieb, die Eltern hilfsbereit, Probleme hätten nur die anderen. Haben Sie derartige Schulen kennengelernt?

S. Leber: Ich habe mit solchen Schulen persönlich bisher nichts zu tun gehabt, aber möglicherweise gibt es dieses Selbstbild bei Lehrern, aber ob es eine Schule im Sinne dieses Sanatoriumbegriffs gibt, weiß ich nicht. Ich kann es mir nicht vorstellen.

K.-D.N.: Es geht bei diesen Rollenkategorien immer darum, daß eine Rolle als Muster vorherrschend ist, was nicht ausschließt, daß auch alle anderen vorkommen. Sie dienen nur als Hilfe für den Konfliktberater zu erkennen, welche Tendenzen an dieser Schule vorherrschen.

W.W.: Es kann natürlich auch so sein, daß die Mehrheit eines Kollegiums diese Einstellung eines Rollenmusters vermittelt, andere Kollegen aber nicht.

S. Leber: Wir haben im Grunde mehr mit anderen Rollensystemen zu tun.

M. Leist: Einschränkend kann man aber sagen – obwohl das mit diesem Begriff Sanatorium sicherlich nicht gemeint ist –, daß in den Waldorfschulinitiativen, bei denen alles neu, kreativ und frisch ist, der Unterschied zwischen Eltern und älteren und jüngeren Lehrern auch noch sehr wenig gespürt wird, eine außerordentliche Begeisterung vorherrscht, die auch Momente eines naiven Wohlbefindens und Selbstwertgefühls ausstrahlt. Aber das ist ja auch etwas sehr Schönes und gilt immer nur für eine gewisse Phase; dann kommt etwas von dem, was knirscht, mit herein. Bei älteren Schulen kennt man eine so durchgängige Sanatoriumsstimmung eigentlich wenig.

W.W.: Der Konflikt kommt immer!

M. Leist: Glücklicherweise kommt dieser eine Sanatoriumsstimmung verhindernde Konflikt. Ein Stück echter Begeisterung aber wird immer bleiben!

In der Festung werden die Verräter der reinen Lehre ausgemerzt

W.W.: Folgendes Rollensystem wird wahrscheinlich häufiger vorkommen: Eine Schule verbarrikadiert sich zu einer *Festung,* die Außenwelt ist grundsätzlich der Feind, das Böse, die Gegnerschaft; dazu gehören nicht nur die verschiedensten Religionsgemeinschaften, Behörden, die Medien, Rockgruppen usw., sondern auch viele Eltern und eventuell auch verschiedenste anthroposophische Einrichtungen vor Ort. Gleichermaßen wittert man die Verräter auch in den eigenen Reihen und verstößt sie als Ketzer oder Gegner der reinen Lehre oder wahren Pädagogik. Kennen Sie solche Schulen?

S. Leber: Ja, gerade in Konfliktsituationen tritt der Festungscharakter zutage. Es entsteht irgendwo ein Problem, und schon sieht man, wie sich diese Festungsmentalität aufbaut.

Um ein gängiges Beispiel zu wählen: Hier im Lande Baden-Württemberg wurde vor etwa 20 Jahren eine neue Prüfungsordnung erlassen, zunächst für staatliche Schulen. Das führte dann dazu, daß die Prüfungsordnung auch für Waldorfschulen verändert werden mußte. Es herrschte damals in der Landesarbeitsgemeinschaft der Waldorflehrer von Baden-Württemberg die allseitige Auffassung, nun würde alles sehr viel schlechter werden, und es kam die Stimmung auf, daß man die Bastion des Hehren verteidigen müsse. In der Praxis stellte sich dann heraus, daß die neue Prüfungsordnung in vielen Punkten für die Waldorfschule zu besseren Bedingungen führte, daß sie viel mehr Freiheitsgrade einräumte. Aber es mußte eben durch diese Festungsmentalität durchmarschiert werden. Zwar hat man dann nach langen Verhandlungen alles akzeptiert, aber das, was dort psychologisch zu bewältigen war, ist niemals selbstkritisch reflektiert worden. Was ich eben schilderte, galt der reformierten Oberstufe, und dieses Szenario wiederholte sich dann nochmals bei der Prüfungsordnung für die Fachhochschulreife.

Dasselbe gilt natürlich jetzt analog, wenn innerhalb einer Schule ein Konflikt auftritt, bei dem eigene Schwächen die Ursache dieses Konfliktes sind. Diejenigen, die dann berechtigt kritisiert werden, begeben sich dann oft in eine Position, als müßten sie die heiligsten Güter der Nation verteidigen. Ebenfalls tritt eine gewisse Solidarstimmung der Kollegen ein, in die dann alles Seelische mit einschwingt, was zur Folge hat, daß die Konflikte nicht bearbeitet, sondern verschärft werden und sich durch Jahre hinziehen können.

W.W.: Woraus resultiert diese Haltung, daß man den Feind außen, aber auch in den eigenen Reihen wittert? Ist das Unsicherheit oder Fanatismus?

S. Leber: Zunächst würde ich immer auf mich selbst schauen. Wenn ich unsicher bin, kann ich mich in zwei Richtungen bewegen: Wo liegt das

Schwierige außen, wo liegt das Schwierige bei mir? Aber der Blick nach außen ist der leichtere! Ähnlich geht natürlich jeder Mensch vor.

Aus der Kinderpsychologie ist durch Piaget bekannt, der in der moralischen Erziehung Untersuchungen angestellt hat, daß ein Kind, das etwas Verbotenes getan hat und dann am Fahrrad einen Platten bekommt, glaubt, daß dies die Strafe aus der Außenwelt für die moralisch verwerfliche Tat sei. So etwas ist tief in der menschlichen Natur veranlagt, jeder Mensch geht durch diese Phase durch.

Der Erwachsene ist meist so eingestellt, daß er die Welt nicht so sieht, wie Steiner es als Möglichkeit für Selbsterkenntnis und Schulung lehrt, daß sie ein Spiegel ist, daß alles, was dem Menschen begegnet, mit ihm zusammenhängt. Es setzt schon eine gewisse Reife und Kraft voraus, daß man sich von außen sehen lernt. So wird zunächst in der Anforderung, die von außen kommt, etwas gesehen, was nicht mit einem selbst zu tun hat und was es abzuwehren gilt. Deshalb ist diese Festungsmentalität nur allzu verständlich. Wenn dann etwa zwischen Eltern und Lehrern Spannungen auftreten, fallen meist nicht nur die feinsten Äußerungen, und es heißt dann „die Lehrer“ oder umgekehrt „*die* Eltern“. Hierbei wird alles mögliche subsummiert, was dazu führt, daß einem mitunter nicht nur Worte, sondern auch etwas massivere Pakete entgegenfliegen, was wiederum die Mentalität der Festung verstärkt, da man etwas zu verteidigen hat.

Die Kreuzrittermentalität als offenkundige Schwäche der Persönlichkeit

W.W.: Eine dritte Schule ist teilweise ganz ähnlich eingestellt, hat aber nun den Drang und die Mission, in die feindliche Umwelt einzudringen und die Ungläubigen mit der wahren Lehre zu bekehren, führt sich also auf wie eine *Kreuzritterschar*. Sind Sie einer solchen Schule auch schon begegnet?

M. Leist: Eigentlich kann man dies nicht als durchgängige Haltung einer Schule, sondern eher bei Einzelpersönlichkeiten feststellen, höchstens aber bei Gruppen. Tendenziell gibt es das überall. Viele Menschen oder Gläubige, die sich mit einer religiösen oder wissenschaftlichen Richtung verbinden, bekommen oft einen gewissen Drive, wobei einzelne Anthroposophen mit Sicherheit nicht besser, aber auch nicht schlechter sind als Angehörige anderer Gruppen, die man mit einer Art von Fanatismus marschieren sieht. So etwas ist ein tiefmenschlicher Zug, aber als durchgängige Haltung einer Waldorfschule kann ich das nicht so sehen.

S. Leber: Eine Schule kenne ich allerdings, die so eingestellt war, auf die ich auch schon diesen Begriff von Glasl angewandt habe.

M. Leist: Richtig, aber diese oder auch andere Schulen haben dieses Kreuzrittercharakteristikum nur durch eine oder zwei dominierende Persönlichkeiten. Wenn man eine derartige Schule losgelöst von dieser dominierenden Persönlichkeit denkt, wird sie sich von Stund an normalisieren, und die Menschen werden wieder urban, vernünftig und gegenwartsbezogen.

S. Leber: Wir hatten eine Schule, in der einmal eine sehr dominante Persönlichkeit auftrat, nachdem die Schule zuvor durch eine gewisse Form– und Strukturlosigkeit gekennzeichnet war, und zwar durch viele Jahre hindurch. Aufgrund dieser Form- und Strukturlosigkeit traten in der Schule unklare Verantwortlichkeiten auf, zum Beispiel ein Vorstand mit 35 Mitgliedern, der gleichzeitig geschäftsführend war. Später kam eben diese eine sehr dominate Lehrerpersönlichkeit hinzu, die aus ihrer Persönlichkeit zur Überformung disponiert war. Für kurze Zeit entstand nun diese Kreuzrittermentalität. Alle Fragen wurden zu heiligsten Gütern, es gab nur Existenzfragen, alles wurde von ganz oben herab begründet, ganz aus den geistigen Idealen; es gab nichts, was nicht mindestens michaelisch inspiriert war. Zunächst führte das zum Zusammenschluß des Kollegiums, man erlebte, daß die Sache nun strukturell vorwärts ging, was man bisher nicht geschafft hatte, geschah. Aber nach zwei bis drei Jahren war die Situation dann plötzlich so, daß sich eigentlich alle von dieser Persönlichkeit wegen ihrer ständigen Überformung abwandten. Nun entstand aber die außerordentliche Schwierigkeit, wie sich diese Persönlichkeit aus dem Waldorfkollegium herauslösen könnte – dem Kollegium reichte es –, aber gerade in der Elternschaft hatte sie mittlerweile eine durchgängige Anhängerschaft gefunden.

M. Leist: Ich erinnere mich – auch ich mußte zu einem ziemlich schrecklichen Szenario anreisen und mich von den Eltern beschimpfen lassen.

S. Leber: Diese Persönlichkeit mit der Tendenz zur Überformung hatte es tatsächlich geschafft, sich mit der Elternschaft, zumindest der eigenen Klasse, zu solidarisieren. Das war ihre Bastion.

M. Leist: Zeitweise hatte sie auch das ganze Kollegium hinter sich, und wer ihr nicht gut war, wurde herausgedrängt bzw. kaltgestellt. Aber nach und nach hat sich doch im Kollegium ein starker Widerstand gebildet, so daß diese Persönlichkeit ganz auf ihre eigene Klasse zurückgedrängt wurde.

S. Leber: Und die Klasseneltern standen zu etwa 90 % wie eine Kreuzritterschar hinter ihr.

W.W.: Welche Haltung ist es, die bei dieser Person oder bei anderen Kreuzrittern vorliegt, daß sie das, was sie als das Wahre zu erkennen glauben, mit dieser Vehemenz und teilweisen Unerbittlichkeit nach außen tragen?

S. Leber: Wenn man in die Begriffe der pathologischen Psychologie geht, so gibt es dort eine spezielle Erkrankung, nämlich die Manie, das Zwangshandeln. Warum soll es nicht auch in der Lehrer- oder Elternschaft Leute geben, die etwas – was durchaus richtig ist – mit einem besonderen

Nachdruck vermitteln, mit einer Überzeugung, wie es heute weltweit in jeder Art von Fundamentalismus auftritt? Wir finden dieses Phänomen doch offenbar tief in der Psychologie der Menschen begründet, und überall, wo man aus einem Gleichgewicht herauskommt und vereinseitigt, tritt dann diese fundamentalistische Entschiedenheit auf. Dann hat man eine Mission, die unerbittlich gegenüber der Welt bekundet wird, und zwar nicht als freies Angebot, sondern auf bauernkriegsähnliche Weise: „Willst du nicht mein Bruder sein, so schlag ich dir den Schädel ein."

M. Leist: Bei all den Symptomen, die Sie bisher angesprochen haben, wird man immer wieder darauf zurückkommen, was Stefan Leber ja auch schon ausgeführt hat: daß es sich um Mängel der Persönlichkeit handelt. Auch die Kreuzrittermentalität ist eine offenkundige Schwäche der Persönlichkeit. Wenn man in eine tiefere und ernste Gelassenheit und Logik eintreten könnte, würde man allein aus der Logik heraus schon begreifen, daß sich Ideen dann am besten und schnellsten in die Welt tragen lassen, wenn man sie in einer gewissen Ruhe und Würde hinstellt, ohne dogmatischen Anspruch. Aber in dem Moment, in welchem die Kreuzrittergesinnung offensiv hereinkommt, heißt das nur, daß man selber noch nicht weit genug ist, diese Ruhe und Gelassenheit aufbringen zu können. Vielleicht fühlt man dunkel den Mangel der eigenen Ausstrahlung, so daß man sich, oft fast verzweifelt, mit im Innern rotierenden Ideen vor der Welt produzieren möchte.

Der Theatertypus widerspricht dem Pädagogen

W.W.: Der vierte Typus ist der des *Theaters:* wenn man nur auf die Außenwirkung showbedacht ist, vielleicht allzu sehr für die Monatsfeier und andere Aufführungen, für Vorträge und sonstige Selbstdarstellungen übt, so daß die Pädagogik leidet. Kennen Sie diesen Typus Mensch bzw. Waldorfschule?

S. Leber: Ich tue mich mit dieser Typologie etwas schwer, weil durch die Kollegialität an der Waldorfschule immer wieder Korrekturen möglich sind, und das Typologische ist immer nur ein Abstrahierungsvorgang, indem man von der konkreten Wirklichkeit abgeht, um das entscheidend Wirkende zu erfassen. – Es widerspricht im Grunde dem ganzen Ethos eines Pädagogen, sich als Showman darzustellen, denn er will erziehen und an der Entwicklung des Menschen gestalten. Selbst wenn ein Lehrer eher in die Richtung des Schauspielers, des Effekthaschers, der Inszenierung veranlagt ist, gibt es an der Schule immer noch ein Dutzend anderer Kollegen, die das mit Sicherheit nicht sind. Daß aber jetzt ein derartiger Zug des Theaters durchschlägt und schulprägend wird, kann ich mir nicht vorstellen. Gerade an der Monatsfeier sehen Sie ja unverhüllt – wenn Sie den

Blick durch das Erleben vieler Monatsfeiern etwas geschult haben –, ob es nur eine Inszenierung ist oder ob die Kinder daran beteiligt sind. Wir sehen auf den Delegiertentagungen jährlich drei Monatsfeiern. Man kommt ja dabei an den einzelnen Schulen herum, und diese Monatsfeiern sind gleichsam Röntgenaufnahmen für jeden Lehrer, der dort sitzt. Eine Inszenierung würde dort so wirken wie eine Wand aus Rigips: auf die man klopft und die zusammenbrechen würde, weil es hinter ihr hohl ist. Ich kann mir diesen Theatertypus schwer vorstellen, weil er der Pädagogik völlig entgegengesetzt ist. Das sieht bei der Festung und der Kreuzritterschar ganz anders aus, denn dabei ist das Innerste aufgerufen, man hat etwas zu geben, und wenn einem das genommen wird, führt es zur Verteidigung.

M. Leist: Natürlich ist es ganz hilfreich, diese vier Typen auf sich wirken zu lassen, amüsant ist es obendrein, aber letzten Endes treten sie doch immer nur gemischt auf. Was auch immer man kritisch gegen die Waldorfschule sagen will, der reine klassische Fall eines dieser vier Typen ist kaum vorhanden, da das Freiheitsmoment der einzelnen Lehrerpersönlichkeit doch zu stark im Vordergrund steht, so daß ein so einhelliger Typus sich gar nicht bilden kann.

Der Schwamm, der das ganze Leben aufsaugt

S. Leber: Allerdings gibt es in der Waldorfschulbewegung auch noch den Typ 5, nämlich daß sie nach außen ein diffuses Bild darbietet.

K.-D.N.: Diesen fünften Typus wollte ich gerade anführen, der aber weniger ein Rollentypus ist als eine Geste. Diese Geste habe ich *Schwamm* genannt.

S. Leber: Genau.

K.-D.N.: Auf der einen Seite charakterisiert der Schwamm das von Ihnen bereits genannte diffuse Bild der Waldorfschule, auf der anderen Seite kann der Schwamm aber auch eine Geste sein, der die Welt aufsaugt, was nicht unbedingt negativ sein muß. Es kann aber auch problematisch werden, wenn man den Organismus Schule so denkt, daß er sich zu weit über das hinaus ausdehnt, was seine eigentliche Aufgabe ist, und sich immer mehr Lebensbereiche einverleibt. Dies könnte eventuell durch die Äußerungen Rudolf Steiners über den Lehrerberuf genährt werden, in denen er das Hehre des Lehrerberufs herausstreicht, was er aber gegenüber jeder Berufsgruppe getan hat, so daß viele Lehrer vielleicht der Ansicht sind, eine gewisse Vollständigkeit des Menschseins zu repräsentieren und möglichst viele Lebensbereiche in die Schule integrieren zu müssen.

Die negativen Seiten dieser Angelegenheit bemerkt man zum Beispiel dann, wenn man mit jemandem zusammenlebt, der an der Waldorfschule unterrichtet, weil fast das gesamte Leben des Lehrers in die Schule aufgesaugt wird und kaum noch ein Privatleben besteht. Die Geste des Aufsaugens führt auch zu einer starken Anspruchshaltung der Eltern, die dann mehr als nur die Beschulung ihrer Kinder erwarten, bis hin zur allgemeinen Lebensberatung auch für die Eltern.

Weitere Probleme gehen damit einher: Wenn an einer Schule Veranstaltungen, getragen weitestgehend von den Lehrern, stattfinden, die eigentlich Aufgabe der Anthroposophischen Gesellschaft sind, wenn Kurse über Anthroposophie an der Schule gegeben werden, was natürlich möglich ist, aber wenn die Lehrer dann kaum am Leben der Anthroposophischen Gesellschaft teilnehmen und es dazu führt, daß die Anthroposophische Gesellschaft, wie auch andere anthroposophische Einrichtungen vor Ort, in der Tendenz überflüssig werden, ist das Konfliktpotential erheblich. Diese Ausdehnung auf das gesamte Leben geht zum Beispiel an einer mir bekannten Waldorfschule so weit, daß man eine Art religiösen Kultusersatz in der Waldorfschule bietet, indem man zum Beispiel statt einer Taufe eine sogenannte Namensgebungsfeier in der Waldorfschule durchführt, ferner eine Art Bestattungsfeier und sogar eine Art Trauung durch Waldorflehrer in einer vor Ort gelegenen evangelischen Kirche. Dieses Verhalten kann man auch mit dem Bild des Schwammes charakterisieren, es ist von der Begrifflichkeit her diffus und trägt ein hohes Konfliktpotential in sich, auch gegenüber der Außenwelt und den anderen anthroposophischen Einrichtungen vor Ort. Sehen Sie diese Gebärde des Aufsaugens wie auch die Diffusität ebenfalls als Problem mancher Waldorfschulen an?

S. Leber: Ich möchte das ein wenig differenzieren. Das Bild des Diffusen rührt zum Beispiel davon her, daß man nie genau weiß, was wo durch wen an der Waldorfschule entschieden wird. Im staatlichen Schulsystem dagegen weiß man, daß das Kultusministerium allgemein zuständig ist, weiter darunter die Oberschulämter, dann die Schulämter oder der Direktor. Bei Waldorfschulen dagegen ist es das Kollegium. Wer aber ist das Kollegium? Natürlich sind dies die Lehrer. Wenn man dann aber den einen oder den anderen anspricht, dann hat jeder eine andere Meinung, und man erhält kein einheitliches Bild. Das macht dieses Diffuse aus. Es ist kein Firmen-Image, welches klar konturiert wäre. Man sieht dies auch oft an den Briefköpfen, wo sich einiges Dilettantische, Unkünstlerische nach außen hin dokumentiert.

Absonderlich diffuse Praktiken

Das zweite, auf das Sie jetzt mehr den Blick gelegt haben, ist, daß Pädagogik aus sich heraus eine gewisse Dynamik hat, sich auszuweiten. Ich kann aus der Entwicklung des Kindes die Ernährung letztlich nicht ausklammern. Denn wenn ich den Menschen als leiblich-seelisch-geistiges Wesen sehe, ist der Leib nicht bedeutungslos für die Entwicklung. Dann rücken plötzlich Fragen nach der Ernährung, der Kleidung und der Farbgebung in den Blick, die an anderen Schulen meist vollkommen ausgeblendet sind. Nun ist es nicht so, daß Anthroposophie durchgängig zu allem etwas zu sagen hätte, aber sie kann Anregungen geben. Jetzt gibt es Menschen, die in diesen Fragen etwas weitergekommen sind, die andere darauf aufmerksam machen, so daß sich bestimmte Einstellungen zum Beispiel auch in einem Kollegium ausbreiten. Die Anregungen können auch eine bedeutende Lebenshilfe sein, wenn Sie nur an die Allergien denken, von denen heute immer mehr Kinder geplagt werden, oder an die Erkrankung der Atemwege, so daß allein durch die aus der Anthroposophie hervorgegangene Medizin dem Kind Hilfen zuteil werden können. Das ist natürlich etwas, was nach Ausdehnung strebt.

Ich wähle einmal einen harmlosen Begriff von Eduard Spranger, der in diesem Zusammenhang von Lebensformen spricht, also davon, daß es bestimmte Lebensformen gibt, die nicht nur Erziehung im engeren Sinne umfassen, sondern zum Beispiel auch die Gestaltung von Festen usw. Die Hilflosigkeit der Menschen auf diesen ganzen Sektoren ist heutzutage immens. Was mich allerdings ein wenig überrascht, ist, daß es scheinbar an einem Ort zu Formen kommt, die bis in das Religiöse hineinwachsen, in rituelle Gestaltungen usw. Da sollten meines Erachtens doch die Religionsgemeinschaften zuständig sein.

K.-D.N.: Wobei gesagt werden muß, daß das meines Wissens nicht vom Gesamtkollegium getragen wird.

S. Leber: Aber es sind einzelne, die das machen. Es ist natürlich so, daß eine Schule von der Initiative der Menschen lebt, und da können natürlich hin und wieder auch einseitige und absonderliche Praktiken zum Zuge kommen. Das gibt natürlich auch Auskunft über die Liberalität, die an dem betreffenden Ort herrscht. Aber das diffuse Bild muß natürlich in der Rückwirkung letztendlich von der gesamten Gemeinschaft getragen werden, auch wenn es nicht von ihr ausgeht. Dabei trifft man wiederum auf das schon vielfach angesprochene Konfliktpotential: Wie weit billigt eine Gemeinschaft dem einen zu, in gewisse Sonderlichkeiten hineinzugehen? Wenn Sie die gesamte Waldorfbewegung überschauen, so hat jeder Ort etwas Besonderes oder Absonderliches. Ich kenne auch andere Orte, wo durch einzelne Persönlichkeiten Impulse hereinkommen, die vom Kollegium kritisch betrachtet, aber doch toleriert werden. Aber die Rückwirkung trägt die ganze Schule. Hier entsteht die Gratwanderung: Wann toleriert man etwas, wann muß man einschreiten?

K.-D.N.: Diese Grundgeste fordert natürlich heraus, eine Grenze von schulischer Wirksamkeit zu ziehen. Sie sagten, Pädagogik habe immer die Tendenz, weitere Lebensbereiche und Lebensgestaltungen zu umfassen. Sicherlich kann man keine allgemein gültige und objektive Grenze benennen, weil das auch von der Kraft der einzelnen Lehrerpersönlichkeiten abhängt. Wenn ich aber die gesamte Lehrersituation sehe, also den Mangel an Waldorflehrern, dann ergibt sich ein Kreislauf, der sich gegenseitig bedingt: Auf der einen Seite wird man beratend tätig sein wollen, wird vielleicht auch entsprechend von den Eltern gefordert, auf der anderen Seite wird man durch Dinge, die die Pädagogik kaum noch betreffen, kraftmäßig ausgesaugt. Hier wäre es sicherlich hilfreich, wenn sich die eine oder andere Schule hin und wieder auf ihre Grenzen besinnen würde.

S. Leber: Oft wird uns gerade das Gegenteil vorgehalten: daß wir uns abgrenzen. Und daran sieht man, daß dies ein ganz außerordentlich schwieriges Problem ist. Pädagogik ist eben ein Vorgang des Lebens, und das Leben hängt mit allem zusammen. Dennoch kann man sagen, daß die Schule zunächst institutionell auf den Bereich, daß sie Unterricht anbietet, begrenzt ist. Aber schon treten die Probleme auf, wenn man sich fragt, ob die Schule Empfehlungen über die Dauer des Fernsehens der Kinder aussprechen soll. Natürlich hat das Rückwirkungen auf die Schule. In so einem Falle liegt es an dem entsprechenden Lehrerkollegium und der Elternschaft, die jeweilige Grenzziehung ausfindig zu machen.

Ich selbst würde sagen, daß die Schule aus sich heraus zunächst nur den Beschulungsauftrag hat. Aber dann kann man wahrnehmen, daß die Lebensverhältnisse heute außerordentlich schwierig sind, wir haben zum Beispiel Waldorfschulklassen, in denen 80 % der Kinder aus Alleinerziehungshaushalten stammen, wo nur ein erziehender Partner vorhanden ist, und daß da ein wachsendes Gesprächsbedürfnis zur Schule hin entsteht, ist deutlich. Allein die Zeit, die ein Lehrer von den Eltern angerufen wird, ist so fließend und häufig, daß dabei bürgerliche Grenzen oftmals bei weitem überschritten werden.

K.-D.N.: Dieses Phänomen führte in unserem Haushalt zu einem zweiten Telefonanschluß.

S. Leber: Hier ist die Schule in die soziale Wirklichkeit unserer Gesellschaft eingebunden. Und so wird es keine abstrakten Grenzen geben, denn die sind konkret auszumitteln.

Kein Waldorfschulabschluß ohne wollene Unterwäsche ...

M. Leist: Was Sie und Stefan Leber jetzt mit dem Begriff Schwamm beschrieben haben, liegt einerseits mehr im Funktionalen, im Wechselspiel Demokratie und Aristokratie, bei dem etwas nicht funktioniert. Hier wird also das Rechtsleben berührt. Auf der anderen Seite sehe ich in dieser übergreifenden Lebensreformtendenz eine mildere Ausprägung der Kreuzritterschar, die zwar nicht militant, mit gezücktem Schwert und gehobenem Banner in die Welt zieht, aber dies doch auf allgemeine Weise durchführt, nach dem Motto – wenn ich es einmal verkürzt-flapsig sagen darf: Kein

Waldorfabschluß ohne wollene Unterwäsche. Ersteres sehe ich als ein generelles Problem, das auch bearbeitungsbedürftig ist; letzteres ist aber meiner Meinung nach mehr nur eine vereinzelt auftretende individuelle Tendenz, die sich im Leben auch korrigiert.

KONFLIKTINTERVENTION, KONFLIKTDIAGNOSE

Wenn ein Hilferuf erfolgt

W.W.: Angenommen, das Telefon klingelt, ein Hilferuf aus einer Waldorfschule erfolgt, weil ein schwerer Konflikt in ihr ausgebrochen ist. Einer von Ihnen reist an. Ist es Ihr erster Schritt, sich vor Ort erst einmal die verschiedenen Streitpunkte anzuhören, oder gibt es Dinge, die Sie vorher erledigen?

M. Leist: Ein Punkt liegt noch vorher: Wir gehen von der vollen Autonomie der jeweiligen Waldorfschule aus, denn jede Waldorfschule ist eine selbständige autonome Gliederung, in die es keinen Eingriff von außen geben kann. Der Bund der Freien Waldorfschulen und auch die Landesarbeitsgemeinschaften können sich nur als Dienstleistungserbringer verstehen. Bestimmte Arbeitsleistungen, die die einzelne Schule nicht oder nur begrenzt erbringen kann, werden durch freien Beschluß auf andere übertragen, damit das auch wirklich – für alle – getan wird. Nur im Rahmen dieses Auftrages können wir uns eigentlich bewegen. Insofern wird immer von uns penibel geprüft, wenn ein Hilferuf erfolgt, ob dieser Hilferuf von einem einzelnen Kollegen ausgeht oder ob er von der großen Mehrheit eines Kollegiums gedeckt wird. Denn wenn einzelne Kollegen einen Hilferuf ausstoßen, so gibt dies noch keine Möglichkeit, zur Konfliktberatung an diese Schule zu fahren. Vorerst muß man abklären, ob das Kollegium überhaupt bereit ist, einen als freundschaftlichen Berater mit an den Tisch zu holen. Das ist ganz entscheidend, damit nichts Obrigkeitsmäßiges mit in die Beratung hineinspielt; anderenfalls hätte hat man überhaupt gar keine Chance, in einem waldorfangemessenen Strom der Konfliktlösung mitzuwirken.

W.W.: Nehmen wir einmal an, an einer Schule bestehen zwei Konfliktparteien: Die eine ersucht Sie um Hilfe, die andere will Sie nicht. Dann fahren Sie nicht?

M. Leist: Dann können wir nicht fahren. Erst wenn die andere Partei auch bereit ist, an einem Gespräch teilzunehmen, wird es möglich. Das ist also die Vorfrage, die wir klären müssen, bevor wir an einen Ort fahren. Bei der Vorfrage ist noch ein weiteres wichtig, daß wir nämlich klarmachen, daß man sich nicht an eine *Organisation* wendet, sondern an bestimmte *Individuen,* daß man also ad personam angesprochen wird. Darauf ist größter Wert zu legen, daß nicht „der Bund“ oder „die Landesarbeitsgemeinschaft“ gerufen wird, sondern Menschen, die man aus dem entsprechenden Zusammenhang kennt, die von außerhalb an die Schule gerufen werden und denen man vielleicht nicht zu Unrecht eher eine gewisse Gelassenheit und Objektivität zubilligen kann als einem, der erhitzt im Innenfeld steht. Deswegen wendet man sich an Menschen, die man aus den sonstigen Arbeitszusammenhängen kennt und denen man ein besonderes Vertrauen entgegenbringt. Die Wahl dieser Berater ist ja frei; es gibt in den genannten Zusammenhängen durchaus eine Anzahl Menschen, die bereit und imstande sind, auf Aufforderung hin zu beraten. Wir alle müssen aber großen Wert darauf legen, daß kein ministerieller oder hierarchischer Aufbau hineinkommt. Sonst wäre etwas ganz falsch.

Einzelgespräche oder die Gesamtkonferenz an den Tisch

W.W.: Nehmen wir nun an, alle Konfliktparteien wünschen Sie als Berater, Sie fahren an die entsprechende Waldorfschule: Hören Sie sich zuerst sämtliche Streitpunkte an, sortieren Sie diese nach wichtigen und unwichtigen, nach sachlichen und emotionalen?

S. Leber: Das richtet sich danach, wie der Konflikt gelagert ist. Im voraus hört man ja meist schon das eine oder andere, um das es geht. Ich habe bisher zwei Verfahren praktiziert: Zum einen rufe ich die Gesamtkonferenz an den Tisch und ermuntere sie, daß alles, was einander bewegt, ausgesprochen wird. Oft sind die Konflikte auch dadurch so scharf geworden, daß ein Vertrauensschwund untereinander besteht, daß man nur noch in Chiffren miteinander verkehrt. Hier sehe ich meine Aufgabe, eine Atmosphäre zu schaffen, um durch Fragen das zur Sprache zu bringen, was in den Menschen lebt. Das gelingt auch in aller Regel.

Auf der anderen Seite kann es auch Konflikte geben, die etwas schwieriger sind. Einen Fall habe ich gerade vor mir, der noch nicht lange zurückliegt. Ich habe dem ganzen Kollegium angeboten, daß diejenigen einzeln mit mir sprechen könnten, die es wünschten. Das dauerte etwa acht Stunden, in denen ich mir zwölf Menschen angehört habe. Jeder schilderte die Situation aus seiner individuellen Sicht. Hier war es so, daß von der Gründung an zwischen zwei sehr unterschiedlichen Persönlichkeiten gleicher Erfahrung, beide sich als Gründungslehrer verstehend, sich gewisse Unvereinbarkeiten, auch temperamentsmäßig, ergaben. Von der einen ging eine Überformung aus, zum Beispiel eine Leistungsanforderung oder die Anmahnung der Pflicht, während die andere Person mehr die Haltung des Laisser-faire, fast bis ins Formlose gehend, ausstrahlte. Man sah sehr schnell, daß eigentlich beide an diese Schule gehörten, es kam nur darauf an, ob man zwischen ihnen einen Modus vivendi der Zusammenarbeit finden könnte.

Zuerst schien dies sogar in greifbarer Nähe zu sein. Allerdings stellte sich dann heraus, daß noch einmal eine Nacharbeit nötig war, wozu die beiden Kontrahenten hier nach Stuttgart zum Gespräch erschienen. Zuerst war auch ein Ausgleich und ein guter Wille erkennbar. Dann zeigte sich aber, daß die innere Kraft doch nicht hielt: Einer von beiden kündigte gewissermaßen auf, und das führte, weil jeder der beiden Kontrahenten im Kollegium und der Elternschaft eine gewisse Gruppe hinter sich hatte, zu einer erneuten Krise. Inzwischen war das Kollegium größer geworden, ich fuhr dann an diese Schule, wo ich die entsprechenden Einzelgespräche in diesen acht Stunden absolvierte. Es zeigte sich dann, daß das Gleiche, was sich im Lehrerkollegium darstellte, sich nochmals mit der entsprechenden Hintermannschaft in der Elternschaft abprägte. Der Konflikt eskalierte deswegen zunehmend.

Wenn ich also Konflikte lösen möchte, muß ich die Menschen nicht nur in ihrem Einsichtsvermögen erreichen, sondern auch auf der Ebene ihres Handelns. Man kann dann vielleicht auf der Ebene der Einsicht eine völlige Einheit stiften, aber im Bereich des Willensmenschen bleiben weiterhin die Divergenzen. Und hier entsteht die Frage, wie man dieses Problem löst. Manchmal sind dann die Lösungen des Konflikts nur möglich, indem einer der beiden Kontrahenten des Konflikts das Feld verläßt oder beide es verlassen. Denn die Exponenten sind in ihrer ganzen Charaktereologie so in den Konflikt involviert, daß keine andere Möglichkeit besteht, um wieder Freiheit zu schaffen.

Zur Konfliktanalyse würde ich also sagen: Das erste ist, daß man sich ein Bild macht, und das möglichst vielfältig. Dann muß man abwägen, was in dem Organismus, um den es geht, möglich ist und wie man ansetzen könnte.

Nur noch Götter und Teufel

W.W.: Ergründen Sie im weiteren die Eskalationsmotive, ferner auf welcher Eskalationsstufe nach Glasl sich die Konfliktparteien miteinander befinden: ob es zum Beispiel nur verhärtete Standpunkte sind, ob man schon die Empathie – die Fähigkeit, sich in andere hineinzuversetzen – verloren hat oder ob man schon auf den Stufen der begrenzten Vernichtungsschläge, der Zersplitterung ist bzw. auf dem Weg gemeinsam in den Abgrund?

S. Leber: Wenn wir gerufen werden, sind die Stufen 4 bis 5 nach Glasl im Gange bzw. schon überschritten. Eigentlich besteht schon der Kampf aller gegen alle, es gibt nur noch Götter oder nur noch Teufel und umgekehrt.

M. Leist: Deswegen ist es natürlich zu bedauern, daß man nicht früher in die Konfliktlösungsgespräche hineinkommt, aber das liegt in der Natur der

Sache, es liegt an der Autonomie des Schulorganismus. Ähnlich wie jeder Mensch eine Erkältung zunächst auch selbst auskurieren möchte, ehe er einen Arzt ruft. Der Arzt wird erst dann gerufen, wenn die Selbstheilungskraft nicht mehr ausreicht.

S. Leber: Die Stufe 5 ist eigentlich die mindeste, oft ist es auch schon die 7., auf der 9. ist der Untergang.

M. Leist: Wenn man mit den Konfliktparteien spricht, so entsteht auch eine wachsende Richtung zur Wahrhaftigkeit, auch eine wachsende Tendenz zur Tatsachennähe; die Bemäntelungen fallen weg, die Tatbestände kommen langsam heraus. Seelisch hat es auch das Wohltuende, daß die Menschen zu Gesprächen finden können, und man entdeckt miteinander dann, daß man nicht nur in die Konfrontation gelangen muß, sondern daß man unter der milden „Stabführung" eines Dritten, der keine der beiden Parteistandpunkte einnimmt, plötzlich doch gesprächsfähig wird.

Dies erlebte ich als sehr interessantes Phänomen vor einigen Jahren an einer Schule, in welcher der Konflikt vor allem zwischen einigen Lehrern und Eltern entstanden war. Dadurch, daß ein Gast anwesend war, fanden Menschen im Gespräch zueinander, die bisher jedem Gespräch miteinander ausgewichen waren. Plötzlich bemerkten sie, daß der andere so schlimm ja nun auch wieder nicht ist. Und wenn dann eine entspannte Atmosphäre entsteht, kann man vielleicht wieder aneinander anknüpfen.

„Ja, das ist schwierig"

W.W.: Legen Sie auch ein besonderes Gewicht darauf, die jeweiligen Parteien genau kennenzulernen: ob es zwei Individuen sind, zwei Gruppen oder eine einzelne Persönlichkeit gegen eine Gruppe?

S. Leber: Die Fälle, in denen ein einzelner Mensch ein Problem mit dem gesamten Kollegium hat, sind die seltensten. Ich habe in diesem Jahr einen derartigen Fall mitgemacht, bei dem unendlich viele Gespräche mit einem Kollegen geführt worden waren, der aber immer beklagte, daß das Kollegium niemals als ganzes mit ihm gesprochen habe. Dann fand aber dieses Gespräch in meiner Anwesenheit statt, und ich sah meine Aufgabe lediglich darin, daß sich das Kollegium äußerte und daß der Betreffende dazu sprach. Ich selbst habe mich im Gespräch zunächst ganz rausgehalten. Als es dann um eine Entscheidung ging, wie das Procedere in Zukunft sein solle, habe ich jeden Kollegen um seine Meinung – 34 Meinungen – gefragt, und zwar im Hinblick auf den 35. Dabei war deutlich bemerkbar, daß es *eine* Willensrichtung im Gesamtkollegium gab, aber keine einzige Begründung, die sich wiederholt hätte. Es waren also völlig individuelle Positionen. Daran konnte man bemerken, wie sich der betreffende Kollege aufgrund seiner Eigenheit aus dem kollegialen Zusammenhang herausbegeben hatte. Nachdem dieser Prozeß abgelaufen war, bedankte er sich zutiefst, daß er zum ersten Mal vom Gesamtkollegium gehört habe, wie man über seine Arbeit denke. Dieser Konflikt konnte also geklärt werden. Das sind die schönen und harmlosen Fälle.

In der Regel ist es aber so, daß man eindeutig zwei Exponenten mit zwei Auffassungen hat, die eine gewisse Gruppe um sich scharen und bereits eine Hintermannschaft in der Elternschaft geschaffen haben. Da wird dann zum Beispiel folgendermaßen gearbeitet: „Ja, wenn Sie wüßten ...!“ „Ja, was denn? ...“ Wenn es sich dabei zum Beispiel um zwei Klassenlehrer handelt, hat man die beiden Klassenelternschaften als Konfliktparteien, zumindest in einigen Exponenten aus diesen beiden Klassenelternschaften. Hier muß man nun versuchen, wie man an diese beiden Parteien herankommt und was sich als Lösung anbietet. Es gibt Fälle, bei denen tatsächlich durch das Gespräch eine Auflockerung und Auflösung erfolgt, aber das ist die Ausnahme. Das Schwierigere ist, wenn sich die Gegensätze oft bereits derart habitualisiert haben, daß als Lösung nur bleibt, einen oder beide der Lehrerexponenten zum Verlassen der Schule aufzufordern, so daß dadurch wieder neuer Raum an der Schule geschaffen werden kann.

W.W.: Nehmen wir an, die Situation ist so, daß zwei Exponenten mit ihrer jeweiligen Gruppe miteinander im Konflikt liegen: Kommt es dann vor, daß bei der Krisen- bzw. Konfliktberatung eine der beiden Gruppen zu schweigen beginnt und ihren Exponenten nicht mehr unterstützt bzw. im Stich läßt?

S. Leber: Das habe ich nie erlebt.

W.W.: Also immer offener Kampf aller Beteiligten?

S. Leber: Nein, offenen Kampf kann man das eigentlich nicht nennen, denn es läuft meist in sehr feinen Formen ab, sehr kultiviert, man greift sich eigentlich nicht direkt an, sondern dem anderen wird in vornehmer Form vorgehalten, wie er das und dies und jenes in der Vergangenheit gemacht habe. Dann repliziert der andere und verteidigt sich endlos und stellt in eloquenter Weise dar, was er zu sagen hat. Die Exponenten sind ja keine Schweigenden, sondern aktive Menschen, die sich in die Wolle bekommen.

Ich habe zum Beispiel einen Fall vor mir, wo einer der beiden Exponenten, der zur Erläuterung seiner Ansichten aufgefordert wurde, lediglich sagte: „Ja, das ist schwierig!“ Und diese Haltung beschreibt genau den Konfliktgegenstand, denn dieser Exponent hält jeden Beschluß des Kollegiums bis zum Geht-nicht-Mehr auf, und wenn es dann zur Entscheidung kommt, äußert er meist: „Ja, das ist schwierig.“ Das steht dann meist wie ein Veto im Raum. Dadurch wird das Kollegium natürlich zur Weißglut getrieben. Auf der anderen Seite gibt es einen anderen Exponenten, der eloquent formuliert, wie es zu sein habe, aber der erstere – der auch der Gründungslehrer war – macht dazu permanent seinen Einwand: „Ja, das ist schwierig!“ So kam durch Jahre hindurch kein entscheidender Beschluß zustande.

Man kann das Geschwafel des Kollegen nicht mehr hören

W.W.: Ermitteln Sie die Beziehungen zwischen den Konfliktparteien, zum Beispiel ob sich die Gruppen gegenseitig durch Intrigen unterwandern oder durch Verleumdungen diskreditieren oder ob die Gruppen bzw. Einzelpersonen abhängig sind, zum Beispiel von Weisungen des Vorstands, von Machtpersonen, drohender Entlassung usw.?

S. Leber: Hier läuft sehr viel auf der Ebene des Instinkthaften ab. Eine Intrige setzt dagegen eine gewisse Rationalität, eine Jago-Intelligenz voraus, die die Fähigkeit besitzt, die Puppen tanzen zu lassen. Dazu sind die Waldorflehrer in ihrem Oberbewußtsein viel zu lauter. Bei ihnen ist es anders gelagert. Instinkthaft ist das vielleicht ganz anders. Zum Beispiel erlebt man einen Kollegen in jeder Handlung, in jeder Äußerung so, daß er einem unsympathisch wird. Das Unsympathische steigert sich zur Antipathie. Man kann ihn einfach nicht mehr hören! Jetzt äußert man anderen gegenüber, daß man es nicht mehr aushalte, wenn dieser betreffende Kollege spreche. Der andere erwidert dann vielleicht, er könne dessen „Geschwafel" ebenfalls nicht mehr ertragen. Nun haben Sie bereits zwei Personen mit dieser Antipathie. So lange es nur um das Reden geht, ist es nicht weiter schlimm. Aber nehmen wir an, es entzünde sich irgendwann anhand einer Sachfrage ein Konflikt, irgend etwas muß entschieden werden: und dann sagt der eine dieses, der andere das Gegenteil dazu. In diesem Moment verständigen sich die beiden Kollegen mit den Antipathien auf der gefühlsmäßigen Ebene gegen den dritten.

Ich denke an einen Fall, der mittlerweile acht Jahre zurückliegt. Die eine Exponentin in diesem Konflikt stellte immer sehr hohe Anforderungen, denen schlechthin kein Mensch genügen konnte; sie selbst bemühte sich auch um die Ziele, die sie so klug formulierte. Nun kam jemand an die Schule, der auch sehr hohe Selbstanforderungen besaß, aber wußte, daß er sie locker erfüllte. Er ermutigte andere, so schlecht seien sie doch gar nicht, er würde ihnen helfen, die überzogenen Anforderungen abzuwehren. Die beiden trafen nun in Sachfragen aufeinander. Der Konflikt führte nach geraumer Zeit dazu, daß von der Patenschule jemand abgestellt wurde, der im weiteren dann in dem zerstrittenen Kollegium integriert war. So lange er innerhalb des Kollegiums war, kam es zu keiner Gruppenbildung. Aber eines Tages fehlte dieser Kollege der Patenschule bei drei Konferenzen, weil er mit seiner Klasse auf Exkursion war, und währenddessen wurden im Kollegium die Messer geschliffen und der Konflikt eskalierte, weil die Gegensätze nicht geklärt waren. In dieser Situation wurden wir in die Schule eingeladen, wo es dann sehr schnell deutlich wurde, daß es im Grunde mit den beiden Exponenten nicht ging, weil sie in ihren Einseitigkeiten spaltend auf das noch zarte Kollegium wirkten. Das Selbstbewußtsein des einen und die Anforderungen der anderen lagen so weit über dem menschenmöglichen Maß, daß eine weitere Zusammenarbeit kaum noch möglich war, denn es war verbrannte Erde geschaffen worden. Seelisch konnte dort nichts mehr aufblühen.

M. Leist: Ganz dubios und zerstörerisch wird es natürlich dann, wenn entsprechende Argumentationen in die Elternschaft übertragen werden und es von dort aus heißt: „Dies oder das ist keine Waldorfpädagogik mehr!" Noch schlimmer wird es, wenn behauptet wird, daß seitens eines Lehrers oder gar einer Gruppe mit magischen Mitteln beeinflußt oder gearbeitet wird. Bei solchen wechselseitigen Beurteilungen kann man sachlich kaum noch etwas miteinander schaffen.

S. Leber: Wir hatten dann das Problem so gelöst, daß beide Kontrahenten die Schule verlassen sollten, was aber in der Elternschaft den Vorwurf laut werden ließ, daß es sich dann um keine Waldorfschule mehr handele. Das lag unter anderem daran, daß Waldorfpädagogik an dieser Schule mit äußerst hohem Anspruch gelehrt wurde und man sich glücklich schätzte, davon den unteren Rockzipfel zu erfassen. Wenn ein solches Bewußtsein jahrelang gepflegt wird, zeigt es langsam Wirkung. Das heißt nicht, daß die eine Kontrahentin keine gute Pädagogin gewesen wäre, aber durch die hohen Anforderungen wurden in der Lehrer- und Elternschaft Bilder und Identifikationsmuster geschaffen, die sehr weit von der Realität entfernt waren. Beide Kollegen sind jetzt aus dem Kollegium heraus und arbeiten an anderen Schulen, wo sie keine Exponenten mehr sind, und dort geht es.

Konflikte, die sich am Gründungslehrer entzünden

W.W.: Haben sie ihre Ansprüche ein wenig tiefer gehängt?

M. Leist: Sie sind einfach mehr in ihre Kollegien eingebettet und haben nicht mehr diese exponierte Stellung des Gründungslehrers. Man hat es ja gelegentlich bei den sogenannten Gründungslehrern, daß da Fehler gemacht werden. Es kann sich dabei um sehr ernst zu nehmende, geistig „schwergewichtige" Menschen und auch gute Pädagogen handeln, aber es mangelt ihnen vielleicht an sozialer Kompetenz, mit der Elternschaft zu sprechen oder durch Zurücknahme der eigenen Persönlichkeit oder Ermutigung anderer ein wachsendes Kollegium zusammenzuhalten und zu eigener Kraft zu führen. Diese soziale Fähigkeit, die wir eigentlich für einen Gründungslehrer voraussetzen, fehlt hin und wieder, und auch die beurteilenden Gremien haben sich dementsprechend mitunter verschätzt. Solche Entscheidungen müssen dann mühsam revidiert werden. Nun könnte man sagen, dann ist es ohne Gründungslehrer besser. Das wäre ein Irrtum, dann sind die Konflikte nur andere.

S. Leber: Das ganze Konfliktwesen sowie eskalierende Konflikte blühen natürlich bei Schulen im Aufbau sehr viel stärker. Bei Schulen, die bereits seit Jahrzehnten arbeiten, ist dies nicht mehr so stark, denn dort sind bereits Formen vorhanden, die es ermöglichen, allen Menschen eher gerecht zu werden, d.h. keineswegs, daß es an diesen Schulen konfliktfrei zuginge. Natürlich führt das auch dazu, daß das Innovationspotential bei älteren Schulen nicht mehr so ausgeprägt ist wie bei den jüngeren. Schulen im Aufbau sind sehr viel belasteter, und ein Teil der Konflikte macht sich am Typus Gründungslehrer fest, weil jemand eine Aufgabe übernimmt, die er pädagogisch zweifellos leistet, aber sozial nicht. Dort gilt auch, was der kanadische Soziologe Peter entdeckt hat, daß jemand, der eine Aufgabe gut erfüllt hat, eine neue keineswegs so gut wie die alte erfüllen muß. Oft wächst die Anforderung der neuen Aufgabe um eine Potenz, und es ist die Frage, ob der jeweilige Mensch dieses zusätzliche Maß bewältigen kann.

Natürlich gibt es Fälle, wo es vorzüglich gelaufen ist, zum Beispiel an der Waldorfschule Karlsruhe, wo ein Kollege als Gründungslehrer hinging, der sich weitgehend aus allem herauszog, der nur als Berater fungierte. Er ließ die Jungen machen und hat es geschafft, die Schule konfliktfrei aufzubauen. Viele andere Beispiele ließen sich nennen. Aber: Bei manchen Schulen dagegen tritt zum Beispiel das folgende Phänomen auf, daß sich zwei oder drei Kollegen einfinden, die sich alle als Gründungslehrer verstehen, weil sie schon eine Reihe von Jahren tätig waren. Das wird oft durch die Haltung eines Kollegiums befördert, daß es gut sei, wenn mehrere Kollegen entsprechende pädagogische Erfahrungen hätten. Aber daraus erwachsen eben oft nicht vorhersehbare Rivalitäten, und plötzlich eskaliert dann der Konflikt. Es entstehen dann zwei Parteien, manchmal sogar drei, und dann wird es ganz schwierig.

W.W.: Erleben Sie bei Einzelpersonen oder Gruppen auch so etwas wie eine Informationsmafia, daß man mit zurückgehaltenen Infos Macht ausübt und die andere Konfliktpartei damit übervorteilen will?

M. Leist: Das ist eine im sozialwissenschaftlichen und sozialpraktischen Bereich bekannte Tatsache, daß ca. 80 % sämtlicher Konflikte letztendlich auf dem falschen Umgang mit der Information beruhen, es wird nicht rechtzeitig oder ausreichend informiert. Es ist ohne Frage richtig, daß hier ein Eskalationsmoment liegt. Meist aber ist es nicht einmal böse oder aus Machttrieb gemeint, daß man der anderen Partei gegenüber Informationen zurückhält, sondern es entsteht aus der bereits erwähnten Diffusität, weil man keine klaren Formen hat.

S. Leber: Nehmen Sie zum Beispiel den Konflikt zwischen Kollegium und Vorstand. Gewisse Exponenten des Konfliktes befinden sich als Lehrer im Vorstand, berichten aber dem Kollegium nicht ausführlich, was im Vorstand besprochen worden ist. Umgekehrt geht auch oft vom Kollegium nichts an notwendigen Informationen in den Vorstand, es mangelt also am gegenseitigen Interesse. Das kann auch Tranigkeit und Schläfrigkeit sein. Plötzlich gewinnt irgendeine Frage an Wichtigkeit, und man bekundet, nie von diesem Problem gehört zu haben, und fühlt sich manipuliert. Hier bekommt die Angelegenheit Virulenz, aber ich glaube nicht, daß das aus Böswilligkeit geschieht.

M. Leist: Kommt sicher wohl auch einmal vor ...

S. Leber: ... aber das ist überwiegend der Ausnahmefall. Es ist ganz schlicht eine zu geringe Bewußtheit, welches Organ wie ins andere Organ hinein informieren muß.

Die Zeit der heiligen Improvisation ist vorbei

M. Leist: Ich habe mir ja in meinem Buch „Eltern und Lehrer" (Stuttgart ²1988) erlaubt, einen Vorschlag zu machen, der nach meiner Kenntnis nur in Ausnahmefällen praktiziert worden ist, von dem ich aber weiterhin sehr viel halte. Wir leben ja mit diesen verschiedenen Konferenzen und Gruppierungen: Elternvertrauenskreis, Kollegium, Vorstand, Oberstufen- und Klassenkonferenz und vieles mehr. Da gibt es zahlreiche Linien, die sich überschneiden. Zwar kann man genau beschreiben, wer welche Zuständigkeiten hat, aber im Leben überschneidet sich vieles. In jedem dieser Gremien müßte es abgesehen von dem auf Zeit benannten Speaker, dem Gesprächs- bzw. Konferenzleiter, eine Person geben, die ebenfalls für eine begrenzte Zeit ihre Aufmerksamkeit darauf lenkt, ob das jeweilige Gremium seine Kompetenzen überschreitet. Sie müßte darauf aufmerksam machen, daß ein Gespräch bereits zu einer Beschlußfassung gerinnt, daß aber vorher noch ein anderes Gremium befragt werden müßte usw. Auf den ersten Eindruck könnte das Sand im Getriebe sein, letztendlich würde dadurch aber sehr viel Zeit erspart werden, denn es zeigt sich immer wieder, daß, wenn man glaubt, einen Beschluß fassen zu müssen, man viel zu schnell agiert hat. Dann kommen die Widerstände, und man hat den Zeitverlust und die ärgerlichen Reibungen hinterher. Mit ein bißchen Geschick könnten dadurch manche Probleme von vornherein vermieden werden. Wenn so etwas durchgängig praktiziert würde, entstände eine größere Transparenz.

S. Leber: Die Waldorfschule Gröbenzell praktiziert das unter anderem nach Ihrem Muster erfolgreich.

M. Leist: Die haben dafür auch ein Sensorium. Wenn man sich eine „Schule ohne Direktor" leistet, dann ist die Zeit vorbei, in der man meint, allzuviel aus der „heiligen Improvisation" heraus machen zu können. Das ging noch in der Zusammenarbeit mit Rudolf Steiner und in der folgenden Zeit. Was aber die Art des Umgangs miteinander betrifft, so kann man das heute nicht mehr in der Weise voraussetzen, und man muß Formen schaffen, ein lockeres und zartes Netz von Instrumentarien, um die Willkür, den Leerlauf, das Schwammige in Verbindlichkeiten hineinzubringen.

Längerfristige Konfliktberatung

W.W.: Ist es für Sie bei der Konfliktdiagnose wichtig, die Grundeinstellung zum Konflikt herauszufiltern, ob es ein rein emotionaler Konflikt, ob es ein Sachkonflikt ist und vor allem wie er philosophisch oder anthroposophisch begründet wird?

S. Leber: Das ist schwierig auseinanderzunehmen. Vordergründig macht sich ein Konflikt an Sachfragen fest, letztlich aber spielt die Emotionalstruktur der Menschen, die Sympathie-Antipathie-Beziehung, vor allem die Willensintention der Menschen eine ganz entscheidende Rolle. Das kommt zwar verbal nicht zum Ausdruck, aber man merkt, daß völlig gegensätzliche Grundrichtungen des Willens vorhanden sind. Nun entsteht die Frage, ob ein zugespitzter Konflikt in einer Sitzung aufgelöst wird oder ob man eine längerfristige Beratung durchführt. Ich habe es vor allem mit Konflikten zu tun, in denen es um Entscheidungen geht: entweder – oder. Das hängt damit zusammen, daß – wie erwähnt – der Konflikt sich meist schon in der 5. bis 7. Eskalationsstufe nach Glasl bewegt. Wenn ein Konflikt so weit eskaliert ist, kann man meist nicht mehr warten.

Es könnte mildere Konflikte geben, wo man an den Einstellungen, am Grundverständnis der Menschen arbeitet. Das sind Überlegungen, die durchaus innerhalb des Bundes der Freien Waldorfschulen vorhanden sind. Wir hatten zum Beispiel schon zwei Sitzungen mit internen Konfliktbera-

tern, wo also nicht jemand vom NPI (Nederlands Pedagogisch Instituut, Zeist) zugezogen wurde, sondern aus menschlichen Verbindungen der eine oder andere gefragt wurde. Dabei ist sichtbar geworden, daß in Zukunft etwas notwendig ist, was gleichsam längerdauernd gehen muß. Das setzt aber voraus, daß der Berater über Sozialkompetenz verfügt und daß er Zeit benötigt, denn eine derartige Konfliktberatung ist eine sehr zeitaufwendige Angelegenheit.

In einem Fall – es betrifft keine deutsche Waldorfschule – war ich auch in einen Konflikt als Berater involviert, und er wäre umgehend gelöst gewesen, wenn die Menschen so gewesen wären, wie sie hätten sein sollen: Nur dem war nicht so. Deswegen blieb als einzige Möglichkeit nur übrig, jemanden zu finden, der eine längere Konfliktberatung durchführen konnte. Dazu müssen aber Lehrerpersönlichkeiten freigestellt werden. So wie das NPI rein von der Beratungstätigkeit her lebt, wird in Zukunft, weil sich offenbar mit der weiteren Menschheitsentwicklung ein immer größeres Schwächepotential zeigt, notwendig, daß die Schulbewegung sehr viel mehr wird leisten müssen. Oder man muß die Dienste eben von außen in Anspruch nehmen.

Konfliktbewältigung

W.W.: Wie verstehen Sie sich in einer Konfliktberatung: mehr als Moderator oder als jemand, der Entscheidungen trifft? Manfred Leist hatte schon ausdrücklich darauf hingewiesen, ich möchte es aber noch einmal ansprechen: Besteht nicht die Gefahr, daß Sie einen Konflikt zu schnell lösen bzw. daß Sie in die Rolle einer neuen Bürokratie seitens des Bundes hineinrutschen, die hierarchisch befiehlt, zumindest mit Nachdruck nahelegt?

S. Leber: Mit der letzten Frage zuerst begonnen: Da gilt, was Manfred Leist ausgeführt hat, wir kommen nur, wenn wir gefragt werden, und zwar von beiden Parteien. Sie wissen ja sicher, daß auch an vielen Schulen das NPI tätig ist. In einem Staat wird sogar jede Schule vom NPI beraten. Ich persönlich sehe meine Aufgabe darin, die Autonomie des Kollegiums zu stärken. Und zur Autonomie gehört nicht nur die Freiheit, zu tun und zu lassen, was man will, sondern auch die Fähigkeit, seine eigenen Angelegenheiten zu lösen. Ich sehe Konfliktlösung immer so, daß der Schulorganismus wieder in die Fähigkeit versetzt wird, seine ureigensten Aufgaben selbst zu ergreifen, nämlich sich selbst zu verwalten. Dadurch mache ich mich als Konfliktberater überflüssig.

An dieser Stelle möchte ich vielleicht eine Anmerkung machen: Wenn Beratung professionalisiert wird, wird sie zum Beruf, und dann besteht die Gefahr, daß immer ein gewisses Interesse mit hineinspielt, daß auch Konflikte bestehen.

M. Leist: Nun wollen wir aber das NPI nicht schlechtmachen.

S. Leber: Nein, das möchte ich auch nicht. Ich sehe nur, daß die Sozialkompetenz der Menschen immer mehr abnimmt, in demselben Maße steigt die Beratungstätigkeit. Ich selbst sehe aber in der Beratungstätigkeit nur etwas, das dem Lehrerberuf ähnlich ist, und als Lehrer muß ich mich überflüssig machen, denn ich geleite den Zögling zur Selbsterziehung. So sehe ich dies auch bei Konflikten, denn auch hier besteht die Notwendigkeit, sich überflüssig zu machen. Umgekehrt muß ich realistisch aufgrund der Wahrnehmungen sehen, daß es heute tatsächlich über längere Zeit notwendig ist, Konfliktparteien zu begleiten, und das kann man nicht nebenberuflich machen. Ich persönlich werde auf diesem Gebiet immer nur nebenberuflich tätig sein können und wollen, weil meine hauptberufliche Beschäftigung woanders liegt.

Auf verbrannter Erde ist keine wahre Pädagogik möglich

M. Leist: Ich möchte zu dem, was Sie, Wolfgang Weirauch, über das Beraten bzw. das Entscheiden gefragt haben, noch einige Sätze anmerken. Im Prinzip wollen wir nicht entscheiden, sondern nur an den jeweiligen Menschenkreis appellieren, die eigene Entscheidung selber zu finden. Sozusagen sind wir nur Geburtshelfer, daß diese Entscheidung von innen heraus kommt. Wenn es eine von außen gesetzte Entscheidung wäre, würde es in unser Bundesgefüge rein funktional überhaupt nicht hineinpassen, aber auch essentiell wäre es falsch, weil dadurch die Selbstheilungskräfte eingeschränkt würden. In Ausnahmefällen ist es allerdings schon vorgekommen, daß eine Schule durch freiwilligen Beschluß akzeptiert oder gewünscht hat, daß ein oder zwei Kollegen der Nachbarschule an den jeweiligen Konferenzen teilnehmen und daß man ohne diese Kollegen keine gravierenden Entscheidungen mehr fällt. Das wäre eine Art von Teilrücknahme der Selbständigkeit für eine bestimmte Zeit. So etwas wird aber nicht oktroyiert, sondern nur durchgeführt, wenn die betroffene Schule damit voll einverstanden ist. Insofern kann auch einmal eine Beratung bis in Entscheidungsfragen hineinkommen. Aber wir haben derartige Vorgehensweisen immer an Nachbarschulen angebunden, nicht an den Bund der Freien Waldorfschulen.

In den Beratungen selber gelangt man oft an die Grenze dessen, daß Sachfragen noch klar herausgeschält werden können. Das möchte ich an einem Beispiel verdeutlichen: Ein Teil der Elternschaft ist aktiv geworden und lehnt einen Klassenlehrer ab, ein anderer Teil steht voll hinter ihm. In so einem Fall ist es manchmal kaum möglich, eine exakte Tatsachenaufhellung durchzuführen, was genau wo und wann vorgefallen ist. Vieles beruht auf Stimmungen und Meinungen; sicher gibt es auch echte Gründe, aber sie entziehen sich der Beweisbarkeit, und man muß mit tiefer Betroffenheit erkennen, daß, wenn dieser Konflikt sich weit in die Klassenelternschaft hineingezogen hat, es zu einer Tragik des Lehrerberufes werden kann, daß er mit dieser „verbrannten Erde“ nicht leben kann. Selbst wenn dieser abstrakt gedachte Lehrer weitgehend „unschuldig“ wäre und alles um ihn herum nur auf Mißverständnissen und letztlich unbegründeten Vorwürfen beruhte, so kann er seinen Unterricht kaum weiterführen, wenn eine entschlossene Elternschaft gegen ihn auftritt, weil dieser Konflikt auch in die Seelen der Kinder hineingeht. Er kann dann nicht als einsamer Pädagoge die Fahne hochhalten, denn die pädagogischen Möglichkeiten sind kaputt.

In solchen Fällen – etwa auch in schweren Spannungen zwischen Kollegen – müssen wir als Berater zu Entscheidungen zuraten – keine Entscheidungen fällen –, daß man zum Beispiel einfach nahelegt, daß hier ein Prozeß in Gange gekommen ist, der nur noch auf der personalen Ebene gelöst werden kann. Ein solcher Kollege wird dann die Schule verlassen, weil eine Sachlösung des Konflikts nicht mehr möglich ist. Solange man noch bei der Tatsachenaufhellung ist, kann man an der Beseitigung von Mißverständnissen und an Brückenschlägen arbeiten, aber mit einer im Sozialen verbrannten Erde ist man in eine Dimension hineingeraten, in der es unmöglich ist, die Tatsachen klar und rational aufzuhellen. Lösungen jenseits von „Schuld“ und „Unschuld“ sind dann manchmal aus den Lebensprozessen der Funktionalität einer Schule nicht anders möglich als durch Trennungen.

Die Schuldelemente müssen offen benannt werden

W.W.: Da sprechen Sie ein Problem an, das ich gerade erfragen wollte. Sie erwähnten die verbrannte Erde bzw. Prozesse, bei denen es nicht mehr möglich ist, die Schuld und die Tatsachenaufhellung klar festzustellen. Das sind ja Konflikte, bei denen eine neue Wirklichkeit geschaffen wird, weil die Atmosphäre so vergiftet ist, daß man die Tatsachen nicht mehr sieht, weil bereits Kündigungen vorliegen, Freundschaften zerbrochen sind und vieles mehr. Ist es nicht aber anstrebenswert, so weit es möglich ist, die Ursache eines Konflikts zu ergründen, die Schuldigen auch klar zu benennen?

M. Leist: Selbstverständlich, das ist voll zu bejahen – das genau ist ja das Bestreben und das Ethos des Beraters! Aber gelegentlich kommt man doch auch in Bereiche hinein, in denen man nur noch vor komplexen Schicksalsfragen steht und sich nicht einbilden darf, da noch groß helfen zu können. Man kann dann nur noch einigermaßen vernünftig „geschehen lassen“. Natürlich wird man ansonsten immer versuchen, bis zur letzten Möglichkeit die Ursachen eines Konflikts rational festzustellen und auch die Schuldelemente offen zu benennen.

S. Leber: Was Manfred Leist angesprochen hat, ist das Problem einer Klasse, die ein Lehrer nicht ganz umgreift. So etwas ist meist nie hundertprozentig gegeben. Es tritt zum Beispiel eine Gruppe auf, in der Probleme existieren, und diese Eltern geben das dem gesamten Kollegium kund. Kein Lehrer ist so schlecht, daß er die gesamte Klasse gegen sich hat. Insofern ist das auch eine Frage des Gleichtgewichts. Wie geht ein Kollegium jetzt damit um?

Ein konkretes Beispiel: Ein Kollegium nimmt wahr, daß bei einem Klassenlehrer eine sehr schöne Stimmung in der Klasse vorherrscht, eine gewisse Wärme, die von der Persönlichkeit ausgeht. Nur, es bleibt dabei. Und außer dieser Stimmung und Wärme passiert nicht allzu viel. Nun wird dieser Lehrer vom Kollegium angespornt, ein bißchen mehr Spannung und Dampf im Unterricht zu machen, nicht nur lieb zu sein, sondern die Kinder auch etwas zu lehren – inhaltlich. Aber dieser Kollege sieht das anders, die Mehrheit des Kollegiums ärgert sich, und plötzlich eskaliert dieser Konflikt. Die Eltern ihrerseits haben an das Kollegium herangebracht, daß im Unterricht auch ein bißchen gelernt werden, daß dort nicht nur Stimmung herrschen sollte.

Völlig „unüberlegt“ – das Kollegium hat natürlich viele Sitzungen damit zugebracht – wird dann diesem Kollegen gekündigt. In dieser Situation wurde ich hinzugezogen und habe eindeutig gesagt, daß dies seitens des Kollegiums ein Verfahrensverstoß gewesen sei. Sie hätten eingehender mit dem Kollegen sprechen müssen – auch Gespräche waren erfolgt, aber nur in der Absicht, daß er in Gange kommt – und ein klares Verfahren vereinbaren müssen, was er zu erfüllen hat. Was vielleicht ein halbes Jahr Zeit in Anspruch genommen hätte, wurde in drei Wochen absolviert. Der Beschluß, ihm zu kündigen, fand obendrein, weil der betreffende Klassenlehrer auch zum Kollegium gehört, außerhalb des Konferenzsaales in einer Privatwohnung statt. Das ist ein eklatanter Verstoß gegen alle Verfahrensregeln, gegen das Rechtsleben. Also mußte man diese Kündigung wieder zurücknehmen. Wie kann man das machen?

Zuerst wurden in den gemeinsamen Besprechungen die Sichtweisen dargestellt und dann alles klar analysiert, das Kollegium sah auch seinen Fehler ein und der Beschluß wurde wieder rückgängig gemacht. Aber der Vorgang des übereilten Vorgehens der Kollegen führte dazu, daß nun 100 % der Eltern hinter dem Lehrer standen, vorher waren es nur 80 % oder noch weniger. Deswegen konnte man dem Kollegium klarmachen, daß, wenn es nicht bald selbst handeln, die Elternschaft ihrerseits agieren würde. Denn je älter die Klasse wird, desto mehr würde dieses verzögerte Element bei dem Lehrer – wenn es denn so sei – sichtbar werden. Es war dem Kollegium auch deutlich, daß dieser Klassenlehrer ganz außerordentliche pädagogische Gaben besaß, daß er auch sehr viel davon in der Klasse verbreiten konnte, aber es war auch klar, daß diese Einseitigkeit für den Fortgang der Klasse noch nicht genügte.

Und hier gehört es auch zur Selbstverwaltung, daß eine Schule auf ihre eigenen Zielsetzungen wacht, daß zum Beispiel jahrgangsweise bestimmte Inhalte behandelt werden. Zwar gibt es an den Waldorfschulen keinen verbindlichen Lehrplan wie an den Staatsschulen, trotzdem sollten zu bestimmten Zeiten bestimmte Arbeitsgebiete durchgenommen werden. Und wenn ein Kollege davon extrem abweicht, muß das Kollegium auch die Möglichkeit haben, ihn darauf hinzuweisen. – In diesem konkreten Fall konnte eine Befriedung des Konflikts erreicht werden; interessanterweise wurde dieser Fall sogar auf einer außerordentlichen Mitgliederversammlung besprochen.

Bei unversöhnlichen Gegensätzen bleibt nur die Trennung

W.W.: Was machen Sie, wenn ein Sachkonflikt klar im Raum steht, der oder die Schuldigen sind ganz offenkundig, aber sie wollen oder können ihr Fehlverhalten nicht einsehen? Was tun Sie von sich aus, wenn Sie in so einem Fall hinzugezogen werden?

S. Leber: Tja, eigentlich sind bisher alle Konflikte irgendwie gelöst worden.

W.W.: Dadurch, daß jemand gehen muß!

S. Leber: Man sollte das doch differenzieren. Bei einem Konflikt muß irgendwann eine Entscheidung gefällt werden, denn Konflikte machen sichtbar, in welcher Richtung etwas gelöst werden muß. Dann muß eine Lösung gefunden werden. Man kann dabei die völlige Akzeptanz oder aber auch nur die geringere Akzeptanz der Konfliktpartner finden. Aber daß jemand in einem Konflikt beharren will, ist in aller Regel nicht der Fall. Zumindest nicht bei den Konflikten, mit denen wir es zu tun haben. Denn wir werden gerufen, weil alle Seiten erleben, daß es so nicht weitergeht, und dann versuchen wir, aus der Sache heraus das zu raten, was möglich ist. In der Regel bieten sich zwei, drei Möglichkeiten an, mehr nicht. Diese Möglichkeiten sprechen wir durch und spüren dann ab, was sozial akzeptabel ist. Wenn dann am Ende eine Gruppe schreit, daß eine Lösung unmöglich sei, muß man das in Kauf nehmen. Denn sie selbst war ja auch nicht zur besseren Lösung gekommen – im Gegenteil.

M. Leist: Man kann sich auch einigen, das Vergangene auf sich beruhen zu lassen und auf Schuldzuweisungen und Schuldanerkenntnisse zu verzichten und neu zu starten! Wenn es aber eine Prinzipienfrage ist, ein unversöhnlicher Gegensatz, bleibt nur die Möglichkeit der Trennung. So etwas gibt es immer wieder, zum Beispiel bei einer großen Schule, die zweizügig werden wollte. Dort sind erfahrene Kollegen ausgezogen und haben eine einzügige Schule in einer anderen Stadt gegründet, beide leben heute gesund und erfolgreich. Man hat sich bitter gerieben, aber letztendlich doch fair und anständig getrennt und seine eigenen Intentionen an einer anderen Stelle verwirklicht.

K.-D.N.: Ich möchte noch einmal nachfragen. Nehmen wir einmal an, ein Kollegium ist gespalten bzw. es gibt zwei Gruppen im Kollegium, die sich befehden. Haben Sie dann wirklich nur die Möglichkeit, im Konflikt beratend tätig zu werden, oder sind Sie vom Bund der Freien Waldorfschulen aus befugt, in einem Konflikt vor Ort auch Entscheidungen zu treffen? Wer setzt sonst Ihren Rat in Entscheidungen um, wenn es zwei verfeindete Gruppen gibt, die sich nicht bewegen?

S. Leber: Das kommt auf den Fall an. Selbst wenn ein Konflikt bis zur Stufe 9 eskaliert ist und die Schule dadurch am Abgrund steht, gibt es doch immer noch einige Lehrer und Eltern, die einer möglichen Rückkehr und den Vorschlägen zur Konfliktlösung zustimmen. Wenn man solche Vorschläge anbietet, werden sie auch akzeptiert.

Ein Beispiel für die Aufhebung jeglicher Ordnung

Ich nehme einmal das konkrete Beispiel einer Schule, die ich auch vorhin schon erwähnt habe und an der zwei Lehrer heillos zerstritten waren: der eine mit der Tendenz zur Form- und Strukturlosigkeit – ich nenne ihn mal Herrn A. – und der andere mit der Tendenz zur Überformung – ich nenne ihn im folgenden Herrn Z. Ich habe dort die Öffnung der internen Konferenz vorgeschlagen, so daß alle Lehrer, die es wollten, an ihr teilnehmen konnten. Mit der Ausnahme eines Lehrers haben alle Kollegen diesem Vorschlag zugestimmt. Eine Gruppe im Kollegium wand sich zwar, hat den Vorschlag aber dann doch akzeptiert. Aus den zwölfstündigen Einzelgesprächen – ich erwähnte sie bereits – und den gesamten Beratungen hatte sich ergeben, daß der eine der beiden verfeindeten Lehrer, Herr A., mit Schuljahresende die Schule verlassen wollte. Der andere, Herr Z., hatte bereits meinem Vorschlag zugestimmt, ein Freijahr zu nehmen und erst dann wieder an die Schule zurückzukehren. Als Herr A. nun hörte, daß der Kollege Z. ins Freijahr geht, nahm er seinen Entschluß zurück, die Schule zu verlassen, weil er dachte, daß er dann ja auch an der Schule bleiben könnte. Vorher hatte er immer, auch auf Befragen in den Vorstandsgremien, seinen Entschluß bekräftigt, die Schule mit Schuljahresende verlassen zu wollen. Diesem Lösungsvorschlag war auch in allen Gremien zugestimmt worden. Jetzt gab es ein Mitglied des Vorstandes des Bauvereins – also nicht des Schulvereins –, das ein Kind beim Herrn A. in der Klasse hatte, das eigentlich in ein heilpädagogisches Heim müßte, aber beim

Herrn A. immer mitgetragen wurde. Nun scherte dieses Vorstandsmitglied plötzlich aus dem gemeinsamen Beschluß aus und inszenierte in die Elternschaft hinein, daß der Herr A. doch noch ein Jahr bleiben könnte, weil Herr Z. ins Freijahr gehen würde. Durch solch ein Verhalten kommt man dann in eine völlig Anomie hinein, also in eine Aufhebung jeglicher Ordnung.

Im nächsten Schritt schrieb dann dieses Vorstandsmitglied des Bauvereins – der ja für solche Fragen gar nicht zuständig ist, sondern der Schulverein – an die Mutterschule in der Region, von der diese Neugründung noch abhängig war, daß der Herr Z. fristlos oder fristgerecht, auf jeden Fall aber entlassen werden sollte. Der Vorstand der Mutterschule wies das Begehren als unbegründet zurück, weil es keinen Anlaß für eine Kündigung gab. Jetzt ist dort ein Waldorfvater der Mutterschule als Konfliktberater tätig.

Das ist ein Beispiel, wo man nicht auf Vernunft und Einsichtsfähigkeit bauen kann, weil sehr viel Eigenwille wirksam ist, der es im Kopf durchaus gut meint, sozial aber destruiert, ohne es zu ahnen. Der Vorschlag zur Konfliktlösung war völlig einvernehmlich durch alle Gremien gegangen. Es war alles verstanden und akzeptiert worden, so auch vom Sprecherkreis des Elternbeirats. Ich hatte mit dem Herrn A. gesprochen und ihn direkt gefragt, ob er zu seinem Entschluß steht, was er dann auch bejaht hatte. Als dann im Vorstand die Reihe an ihm war, seinen Entschluß darzulegen, sagte er: „Man hat mir gesagt ...“ Da stand er also auf einmal neben sich, was wiederum der Anlaß für den Vater aus dem Vorstand des Bauvereins war, nachzufragen, wie er denn selbst dazu stünde. Herr A. antwortete zwar, daß er dem zugestimmt habe, aber man merkte doch immer, daß das alles sehr weich ist und er nicht dahintersteht.

Jetzt läuft die Schule also ins Chaos und befindet sich für lange Zeit in völliger Anomie. Der Herr Z. hatte demgegenüber zwar eine starre und ungeschickte Hand, aber sie hatte immerhin Form. Es war durch ihn eine Überformung entstanden, die im krassen Gegensatz zum Naturell des Herrn A. stand. Das hatte dann auch zur entsprechenden Polarisierung an der Schule geführt, so daß ich stapelweise Briefe sowohl von Z.-Anhängern als auch von A.-Anhängern habe. Zwei Anläufe zur Bereinigung der Feindschaft wurden unternommen, und sie saßen schon beide hier in unseren Räumen in Stuttgart zusammen und haben sich die Hand zur Versöhnung gegeben! Auf der gemeinsamen Rückfahrt von Stuttgart stellt Herr A. im Schlafwagen aus Versehen dem Herrn Z. die Leiter auf den Fuß und bricht ihm den Zeh!

K.-D.N.: Der Formlose bricht dem Überformten den Zeh!

S. Leber: Ja! Trotz dieses Zwischenfalls hielt die Verabredung noch, bis der Herr A. auf einmal umschwenkte und meinte, daß er es nun doch nicht noch ein weiteres Jahr mitmachen wolle. Da er nicht mehr wollte, akzeptierte er auch zunächst meinen Vorschlag, daß er dann konsequenterweise die Schule verlassen müsse. Er stand dann aber eben nicht mehr dazu, als er erfuhr, daß ich im Gegenzug dem Herrn Z. vorgeschlagen hatte, ins Freijahr zu gehen.

K.-D.N.: Sie haben also tatsächlich keine Möglichkeit, in solchen Konflikten vom Bund aus bestimmend und entscheidend einzugreifen?

S. Leber: Wir können nur an die Vernunft appellieren. Und wenn ein Vakuum da ist – und das ist bei Konflikten meist der Fall –, dann ist die Situation auch vernunftoffen, aber – wie gezeigt – nicht immer. Das ist also dann die Macht, von der Sie sprachen: Ohnmacht.

M. Leist: Wenn man als Berater in einer solchen Situation dazukommt, in der in diesem Bewegungsprozeß das Vernunftelement stark von innen her als Angebot enthalten ist, dann ist die Wahrscheinlichkeit groß und es überwiegend auch der Fall, daß der Konflikt einer vernünftigen Lösung zugeführt werden kann. Aber es gibt auch Fälle, wo das nicht erreicht werden kann, wo man sich als Berater zurückziehen und die Sache sich selbst überlassen muß. Oder es gibt auch Fälle, wo man zwar meint, einen Konflikt bewältigt zu haben, der dann aber sehr bald wieder aufbricht, sobald man den Ort verlassen hat. Vielleicht kommt man dann in solchen Fällen ein zweites Mal und versucht es aufs Neue. Aber vom Bund aus sind wir keine weisungsbefugte Instanz, die direktiv eingreifen könnte. Und das ist wirklich gut so.

KONFLIKTPOTENTIALE IM ZUSAMMENWIRKEN VON ELTERN UND LEHRERN

K.-D.N.: Wenden wir uns den Konflikten im Zusammenwirken von Eltern und Lehrern zu.

Hier scheint mir ein Hauptkonfliktpotential dann gegeben, wenn sich ein Dualismus mit dem einen Pol der Lehrerschaft und dem anderen der Elternschaft herausbildet. Dieser Dualismus scheint inzwischen auch nicht nur im Bund, sondern auch an vielen einzelnen Schulen als ungesund und potentieller Konfliktherd erkannt worden zu sein, so daß man vielerorts bestrebt ist und nach Möglichkeiten sucht, ihn zu vermeiden oder aufzuheben, indem man die Eltern in eine wirkliche Mitträgerschaft als Mitverantwortliche und Mitentscheidende einzubinden versucht. Wie kann man eine Schulgemeinschaft verwirklichen, in der sich Eltern und Lehrer zu Recht als gemeinsame Träger der Schule empfinden?

M. Leist: Das Problem ist natürlich durch die Sache als potentieller Konfliktherd vorgegeben. Es liegt in der Sache, daß das Zusammenwirken von Eltern und Lehrern eine immerwährende und nicht ganz problemfreie Aufgabe an allen Waldorfschulen bleiben wird. Eine nahtlose Bewältigung der damit einhergehenden Fragen, die zu allseitiger, permanenter Zufriedenheit führen würde, kann für diesen Bereich selbstverständlich gar nicht gefunden werden. Die verschiedenen Ausgangspunkte bei Eltern und Lehrern sind einfach da und werden auch immer bestehenbleiben.

Allerdings ist sehr deutlich, daß die Schulen im gesamten gesellschaftlichen Zusammenhang unserer Zeit auf Dauer nur existieren und sich durchsetzen können, wenn eine gemeinsame Eltern-Lehrer-Trägerschaft wirklich zustande gebracht ist. Wie aber die Schulstrukturen und die entsprechenden Entscheidungsprozesse im einzelnen auszusehen haben, kann man nur im konkreten Fall einer jeweiligen Schule beschreiben, weil sie in der Ausgestaltung ihrer Strukturen sehr unterschiedlich sind.

Die pädagogische Autonomie

K.-D.N.: Was gilt für alle Waldorfschulen gleichermaßen?

M. Leist: Ganz klar gilt natürlich für alle Schulen in der Waldorfschulbewegung die pädagogische Autonomie des Kollegiums, die durch die Mitwirkung der Eltern nicht beeinträchtigt werden darf. Die Pädagogik muß aus der Sache heraus eine Selbstverwaltungsangelegenheit der Lehrer sein. Dabei ist der einzelne Lehrer eingebunden in die Gesamtkonferenz, die als Schulleitung da sein muß, weil sonst alles ins Diffuse auseinanderlaufen würde. Darüber hinaus müssen die entsprechenden Organe geschaffen werden, in denen Eltern sich nicht nur aussprechen, sondern auch mitwirken und mitentscheiden können, wo es von der Sache her angezeigt ist.

K.-D.N.: Können Sie das mal an einigen Beispielen verdeutlichen?

M. Leist: Auch im Unterricht selbst gibt es viele Dinge, die die Eltern eminent betreffen. Nehmen Sie zum Beispiel die Bestrafung eines Kindes durch den Lehrer. Die wird dann zum Gegenstand des Gesprächs zwischen den Eltern und dem Lehrer, eventuell kommt das auch auf dem Klassenelternabend ins Gespräch. Die Entscheidung über die Berechtigung und Richtigkeit der Strafe, falls diese von den Eltern bestritten wird, obliegt dann letzten Endes allerdings der Lehrerkonferenz. Obwohl es natürlich eine Frage ist, die in allen Phasen mit den Eltern erörtert gehört.

Anders verhält es sich jedoch, wenn Elternrechte durch Entscheidungen direkt betroffen sind. Nehmen wir zum Beispiel den Unterrichtsbeginn. Wenn die Lehrer etwa sagen würden, daß es sich um 07.00 Uhr in der Frühe weitaus besser unterrichten ließe, weil zu dieser Morgenstunde die kreativen Kräfte besonders wach seien, dann könnten sie doch nicht ohne die Zustimmung der Eltern den Unterricht um 07.00 Uhr beginnen lassen. Das kann die Lehrerschaft nicht allein entscheiden, weil damit tief in den sozialen Bereich der Eltern und in ihre Rechte eingegriffen werden würde. Das kann nur mit den Eltern gemeinsam entschieden werden.

Und so gibt es keine Einzelfrage, wo man nicht genau orten könnte, welche Rechte mit hineinspielen und betroffen sind: Ist es eine rein pädagogische Frage, die allenfalls mit den Eltern zu beraten ist, bevor die Lehrer sie entscheiden, oder ist es eine Frage, die nur gemeinsam entschieden werden kann? Im Falle eines Konflikts, der in diesem Spannungsfeld entsteht, können solche Fragen immer rational geklärt werden, wenn die Bereitschaft zur Vernunft und Einsicht besteht.

An vielen Schulen werden ja auch inzwischen in Elternvertrauenskreisen, Elternbeiräten, in Eltern-Lehrer-Konferenzen oder wie immer man das denn auch nennt, diese Fragen besprochen, um zu einer größeren Klarheit zu kommen und die angemessene Mitwirkung der Eltern zu sichern. Das Entscheidende dabei ist nach meiner Erfahrung wohl nicht so sehr eine verschiedene Auffassung darüber, ob im Einzelfall die Eltern mitentscheiden dürfen oder nicht. Ich habe in sehr vielen Konflikten und Klagen von der Elternseite her immer wieder erlebt, daß die Elternschaft durchaus damit einverstanden ist, daß die Lehrerschaft in bestimmten Aufgabenbereichen die alleinige Entscheidungskompetenz hat, wenn dies nur für die Eltern transparent und im einzelnen nachvollziehbar ist und gut funktioniert.

Das betrifft zum Beispiel die Entscheidung in Personalfragen, also die Einstellung und Entlassung von Lehrern durch das Kollegium. Wenn die Gründe für die Trennung von einem Lehrer einsichtig gemacht werden können und wenn die Trennung in den richtigen Formen abläuft, wird die Elternschaft die Entscheidung des Kollegiums prinzipiell akzeptieren, auch wenn ein Teil der Eltern sie vielleicht gern anders gewünscht hätte, weil sie diesen Kollegen besonders schätzengelernt haben. Die Eltern sehen ein, daß ein Kollegium nicht von außen zur Zusammenarbeit mit oder zu einer Trennung von einem Kollegen gezwungen werden kann, weil die Zusammensetzung eines Kollegiums letztlich nur von diesem selbst bestimmt werden kann. Die Eltern erheben aber zu Recht den Anspruch, daß der Entscheidungsprozeß transparent und verständlich gemacht wird, daß sie konsultiert werden und zwischen ihnen und der Lehrerschaft auch in diesen Fragen keine Mauern bestehen. Insofern ist es oftmals mehr ein seelisches als ein faktisches Problem.

Die Eltern dürfen nicht die 14. Klasse sein

K.-D.N.: Wie kommt es denn zu der von den Eltern oftmals so empfundenen Lehrerblockbildung?

M. Leist: Die intensive Zusammenarbeit im Lehrerkollegium bringt es mit sich, daß es manchmal, unterstützt zum Beispiel auch durch die Wahrung des Konferenzgeheimnisses, nicht nur zu einer zarten, sondern zu einer immer stärker werdenden Hautbildung kommt, bis schließlich sogar scharfe Auseinandersetzungen innerhalb des Kollegiums nach außen, d.h.

gegenüber der Elternschaft, völlig abgeschottet werden. Es geschieht dies aus einer Unsicherheit und aus einer gemeinsamen Solidarität nach außen, und auf einmal stehen die Lehrer nur noch als unangreifbarer Block da, wobei sich meist keiner so recht im klaren ist, wie es zu dieser bedauerlichen und verhängnisvollen Entwicklung kommen konnte.

Wenn die Lehrer es schaffen zu verdeutlichen, daß es eine selbstverständliche Lebensnotwendigkeit für die Schule ist, daß sie ihre Konferenzen haben müssen, um die Schule führen zu können, dabei aber auch ein Klima der Offenheit gegenüber den Eltern erzeugen, wird es zu solchen Verhärtungstendenzen nicht kommen. Dazu gehört, daß die Lehrer auch Fragen, die unbestritten in ihrer Entscheidungskompetenz liegen, also pädagogische Einzelfragen, in die Eltern-Lehrer-Konferenz einbringen, wenn zum Beispiel im Kollegium dazu divergierende Auffassungen bestehen und man sich noch im Prozeß der Entscheidungsfindung befindet, um sie mit den Eltern zu diskutieren und zu beraten. Wenn das geschähe und man etwa sagen würde: „Wir sind uns selbst noch unschlüssig darüber und wollen Sie deshalb in dieser Frage konsultieren", würde das als ein tiefes Aha-Erlebnis durch die Elternschaft gehen, weil sie wüßten, daß sie als Mensch und Partner ernst genommen und nicht als 14. Klasse an der Schule gesehen werden. Es ist eine Stimmungsfrage, die vom entsprechenden Verhalten abhängt. Das ist allerdings nicht immer einfach zu bewerkstelligen.

K.-D.N.: Warum nicht?

M. Leist: Unter anderem weil mit der Ausübung des Lehrerberufes und mit dem Berufsethos eine habituelle Lehrerempfindlichkeit notwendigerweise verbunden ist. Die ist einfach da. Der Lehrer geht mit seiner Seele ganz in die Klasse hinein, er muß seinen Beruf mit einer weit expandierenden Seele ausführen. Ein Lehrer, der unempfindlich ist, kann kein guter Lehrer sein. Er muß ein Sensorium für die Kinder haben. Die daraus resultierende Empfindlichkeit ist zugleich auch häufig seine große Schwierigkeit im Umgang mit den Eltern, vor allem im Umgang mit Kritik. Die Eltern sollten sich das vergegenwärtigen und dem Rechnung tragen, damit sie nicht von sich aus unnötig Konfliktstoff anhäufen, indem sie dem Lehrer mit naiven, überzogenen Forderungen das Leben schwer machen. Sie sollten ihm einen Vertrauensvorschuß geben, der ihm genug Raum beläßt, so zu sein, wie er nun einmal ist.

Wir haben also nicht nur das Problem, daß auf der einen Seite die Lehrer an ihrer Empfindlichkeit anstoßen und sich nicht immer ganz entspannt der Kritik und Auseinandersetzung stellen können, sondern wir haben auch das Problem, daß auf der anderen Seite die Eltern gelegentlich dazu neigen, den Lehrer als Typus zu idealisieren und ihn mit unrealistischen Forderungen zu erdrücken. In dieser Beziehung sind die Eltern manchmal überaus naiv, indem sie nicht realistisch einschätzen, wie sie selbst ihren pädagogischen Pflichten ihren Kindern gegenüber genügen, und unverhältnismäßig hohe Erwartungen an den Lehrer stellen. Vom Lehrer wird oft insgeheim erwartet, daß er der ideale Mensch unserer Zeit sei, der dann gewissermaßen durch das Fernrohr penibelst beobachtet wird, und bereits kleine Mängel und Fehler werden dann oft als große Enttäuschungen erlebt, die wiederum schnell in Vorwürfe umgemünzt werden. Das steigert sich manchmal zu einer Gestimmtheit, die der essentiellen Entfaltung von Schule hinderlich sein kann.

Organe in der Sozialgestalt bilden

K.-D.N.: Wie kann man diesen Schwächen prophylaktisch begegnen, damit es nicht zu überflüssigen Konflikten, insbesondere zu Eskalationen kommt?

M. Leist: Beide Seiten, sowohl die Lehrer als auch die Eltern, haben in diesem Wechselspiel ihre Schattenseiten und Empfindlichkeiten, und deswegen sollten Eltern und Lehrer auch wirklich unentwegt aufeinander zugehen, sich umeinander bemühen, für die Rolle des anderen Verständnis aufbringen, Vertrauen und Geduld in den Zeitprozessen entwickeln.

Dabei genügt es natürlich nicht, im Seelischen zu verbleiben und sich mit freundlichen Ratschlägen zu begnügen. Um das Zusammenwirken von Eltern und Lehrern zu fördern, müssen auch Instrumentarien geschaffen, müssen entsprechende Organe in der Sozialgestalt der Schule gebildet werden. Dazu gehört auch, daß man über die konstituierenden Entscheidungsgremien der Satzung hinaus Vertrauensgremien schafft, die zum Beispiel aus zwei Eltern und zwei Lehrern zusammengesetzt sind und deren Aufgabe es ist, Klagen entgegenzunehmen und ihnen nachzugehen, zu vermitteln, verharschte Situationen aufzubrechen usw. Ein solches Gremium trifft also keine Entscheidungen, sondern arbeitet vermittelnd an der gemeinsamen Vertrauensbasis. Zur Bewältigung dieser Aufgabe bedarf es natürlich Menschen mit einer gewissen sozialen Kompetenz.

Daß solche Vertrauensgremien außerordentlich hilfreich sein können, wenn Menschen in ihnen tätig sind, die über die entsprechenden sozialen Fähigkeiten verfügen, hat sich inzwischen deutlich gezeigt. Als ich vor rund zehn Jahren auf einer Delegiertenversammlung der Lehrer die Einrichtung solcher Gremien vorschlug, traf dies noch keineswegs auf ungeteilte Zustimmung. Manche sahen den Sinn und die Notwendigkeit einer solchen Einrichtung nicht ein und traten meiner Anregung entgegen. So äußerten zum Beispiel zwei Kollegen, daß sie an ihren Schulen ein solches Gremium auf keinen Fall einrichten würden, da es einfach nicht nötig sei, weil doch alle Probleme im direkten individuellen Gespräch zwischen Eltern und dem jeweiligen Lehrer hinreichend geklärt werden könnten. Das unmittelbare Gespräch wäre doch immer möglich und sei auch im Grunde der bessere

Weg. Die beiden Kollegen kamen aus Schulen, in denen wenig Probleme auftraten, in denen junge Kollegien für einen recht reibungslosen Schulbetrieb sorgten und wo in der Tat weitgehend alles zur Zufriedenheit bestellt war.

Doch inzwischen sind auch diese Kollegen für die Schaffung solcher Formen, und mittlerweile ist ein wachsender Konsens darüber hergestellt, daß die Einrichtung solcher oder entsprechender Gremien durchaus sinnvoll und hilfreich sein kann. Solange an einer Schule alles gut läuft, wird eine solche Einrichtung ja auch gar nicht in Anspruch genommen, sondern erst dann, wenn im unmittelbaren Gespräch nichts mehr bewegt werden kann oder weil das Gespräch selbst gar unmöglich geworden, weil die Situation bereits festgefahren ist und die Fronten verhärtet sind. Dann ist es gut, wenn ein Organ vorhanden ist, daß die Möglichkeiten hat, wieder Bewegung in die Situation zu bringen, für Aufhellung und Transparenz zu sorgen. Zur Aufgabe dieses Organs gehört auch, darauf zu achten, daß das Mittel der Information richtig eingesetzt wird, daß immer rechtzeitig und ausreichend informiert wird.

Obwohl die Einsicht in den Sinn von Vertrauensausschüssen unter den Kollegen ständig gewachsen ist, haben wir an den Waldorfschulen meiner Ansicht nach noch immer ein überaus großes Nachholbedürfnis, was die Einrichtung, Ausgestaltung und Handhabung solcher Gremien betrifft, obwohl sich inzwischen viele Schulen daran positiv versuchen. Auch in dieser Beziehung können wir vom Bund aus den Schulen natürlich keine Vorschriften machen, sondern hier ist die Kreativität der Kollegien und Schulvereine gefragt, Organe zu schaffen, die der Entwicklung des individuellen Schulorganismus und den jeweiligen Gegebenheiten vor Ort gemäß sind. Allgemeingültige fertige Modelle kann man selbstverständlich nicht verordnen, man kann sie auch nicht propagieren. Man kann nur anregen und an die soziale Phantasie appellieren.

K.-D.N.: Es ist deutlich, daß die Pädagogik als der eigentliche Bereich des freien Geisteslebens an einer Schule nur aus den individuellen Fähigkeiten und der eigenen Verantwortung des Lehrers geführt werden kann. Für alle anderen Bereiche, die nicht direkt die pädagogische Entscheidungskompetenz des Lehrers und des Kollegiums betreffen, müßte ebenso deutlich eine tatsächlich gleichberechtigte Mitträgerschaft der Eltern verwirklicht werden. Das gilt im Grunde genommen für alle Rechts- und Wirtschaftsfragen, die nicht die freie Ausübung der Pädagogik betreffen.

M. Leist: Selbstverständlich, wobei allerdings klar gesagt werden muß, daß die Eltern natürlich auch am Geistesleben der Schule als Fähigkeitswesen, als denkende, sprechende und handelnde Menschen in vollem Umfang teilnehmen.

K.-D.N.: Es ist naheliegend, daß auf die Dauer Konfliktpotentiale entstehen, wenn eine Eltern-Mitträgerschaft nicht voll verwirklicht wird, bis hin zur Schaffung einer entsprechenden Schulstruktur, wenn die Mitentscheidungsrechte der Eltern nicht voll zum Tragen kommen oder beschnitten werden, indem die Lehrer mit Hinweis auf die Pädagogik sich auch in Bereichen die alleinige Entscheidungskompetenz zumessen, in denen dies sachfremd ist.

Verantwortete Freiheit verwirklichen!

Aber auch im Bereich der Pädagogik – Sie erwähnten es bereits – ist ein immerwährender Konfliktherd vorhanden, weil ja auch die Eltern als Erziehende pädagogisch tätig sind und so es ständig zu Kollisionen kommen kann. Streng genommen dürften weder die Eltern den Lehrern vorschreiben, wie sie zu unterrichten haben, noch dürften die Lehrer den Eltern vorschreiben, wie sie ihre Kinder zu erziehen haben. Wie kann man auf diesem potentiellen Konfliktfeld zu einer handhabbaren Praktik kommen?

S. Leber: Es ist die Frage, ob man auf das Trennende oder das Gemeinsame schaut. Beides ist möglich. Im Grundgesetz schlägt sich das nieder: In Artikel 6 Abs. 2 ist das Erziehungsrecht der Eltern festgeschrieben, während durch den Artikel 7 im Zusammenhang mit der Schulpflicht das Recht der Schule auf das Kind – um es einmal etwas pointiert zu formulieren – in einer eigenen Rechtsgestalt zum Ausdruck kommt. Man kann nun die Trennung zwischen beiden Rechten betrachten und hervorheben, man kann sie aber auch als ein Einheitliches verstehen. Denn im Grunde haben sowohl Eltern als auch Schule das gleiche Interesse: nämlich aus dem Kind etwas werden zu lassen, das, was in ihm liegt, zur Entfaltung zu bringen. Wenn man sich die Gemeinsamkeit genügend verdeutlicht, gibt es diese Trennung eigentlich nicht, dann ist auch in diesem Bereich wirkliche Gleichheit zwischen Eltern und Lehrern da.

In der Praxis können dann natürlich verschiedenste Divergenzen auftreten, weil jemand, der sich professionell mit Erziehung beschäftigt, andere Werteinstellungen mitbringt als jemand, der erst durch sein Kind genötigt wird, sich mit Erziehung zu beschäftigen, und vielleicht gar nicht willens ist, da viel Einsatz und Kraft aufzuwenden. Zwischen diesen Einstellungen können in der Praxis natürlich Welten liegen. Aber man kann davon ausgehen – sonst würde Waldorfschule gar nicht möglich sein –, daß trotz allem, was auch an Lebensgewohnheiten hineinspielen mag, ein Grundkonsens da ist. Deshalb kann man die Eltern auch in diesen essentiellen Fragen voll miteinbeziehen. Man sollte da immer mehr den Blick auf das Gemeinsame als auf das Trennende richten.

K.-D.N.: Eine spezielle Variante in diesem potentiellen Konfliktbereich ist die, daß Eltern, die Anthroposophen sind und Kenntnis von der Waldorfpädagogik haben, den Lehrer mit Vorwürfen unter Druck setzen, daß es keine richtige Waldorfpädagogik sei, die er praktiziert. Selbst wenn diese

Vorwürfe berechtigt wären, hätte er doch wohl das gute Recht, sie zurückzuweisen.

S. Leber: Das Problem ist, daß die Freiheit für einen selbst gefordert wird. Freiheit aber als verantwortete Freiheit zu sehen und auch dem anderen Freiheit einzuräumen und sie zu respektieren, das ist etwas, was gelernt werden muß und der Menschheit als zu erringende Stufe in der Gegenwart und nächsten Zukunft bevorsteht. Sonst entsteht leicht ein Dualismus, wenn Freiheit, Autonomie und Demokratie nicht immanent verstanden werden, sondern als sich ausschließend. Nur wenn man sie immanent versteht, schließen sie sich nicht aus. Das heißt aber verantwortete Freiheit, die auch die Anerkenntnis des anderen beinhaltet. Um die zu verwirklichen, müssen wir uns erst noch durch einige Schichten hindurchquälen. Manche Eltern verstehen ihre Freiheit daher heute noch oft so, daß sie simple Forderungen an den Lehrer stellen, indem sie ihm vorgeben wollen, was er zu tun hat, wie er ihr Kind zu behandeln hat.

Das Verständnis von Freiheit wird man an den Schulen nach und nach aufbauen müssen – was natürlich auch geschieht, manchmal ein schwieriger Prozeß, auch nicht konfliktfrei –, daß nämlich Freiheit immer ein Gegenseitigkeitsvorgang ist. So heißt es auch in der „Philosophie der Freiheit" Rudolf Steiners: „*Leben* in der Liebe zum Handeln und *Lebenlassen* im Verständnisse des fremden Wollens ist die Grundmaxime der *freien Menschen*." Diese Doppelheit ist notwendig. Freiheit ist zunächst für jeden heute selbstverständlich die eigene Freiheit im Sinne der Aneignung, des Egoismus und der Forderung an den anderen. Das beherrschen wir alle durchgängig. Nun muß aber der nächste Entwicklungsschritt folgen, und da sehe ich sogar eine Schrittmacherrolle der Waldorfschule, im realen Zusammenleben die wirkliche Qualität von verantworteter Freiheit nach und nach als soziale Substanz auszubilden. Es ist klar, daß ein solcher Entwicklungsprozeß konflitkträchtig ist.

Das Gefühl, nicht richtig gehört zu werden

K.-D.N.: Gibt es Konflikte, zu denen Sie als Berater gerufen werden, die hauptsächlich Eltern-Lehrer-Konflikte sind, bei denen sich also im wesentlichen nur Eltern und Lehrer in größeren Gruppierungen als Konfliktparteien gegenüberstehen?

M. Leist: Das gibt es durchaus; ich bin schon manches Mal in solche Gespräche einbezogen gewesen. Konflikte, bei denen sich die Elternschaft und das Lehrerkollegium nahezu in ihrer Gesamtheit als Konfliktparteien gegenüberstehen, habe ich allerdings noch nie erlebt. Ich denke jetzt an Konflikte, die sich zum Beispiel an der Trennung von einem Lehrer entzünden, mit der ein größerer Teil der Elternschaft dann nicht einverstanden ist.

K.-D.N.: Welche weiteren Ursachen geben am häufigsten zu solchen Konflikten Anlaß?

S. Leber: Es können die Eltern das Gefühl haben, nicht richtig gehört zu werden. Daß sie das Kollegium als Mauer erleben, ist bei Eltern-Lehrer-Konflikten häufig anzutreffen. Das ist dann das Rollenverhalten, das von außen als Festung erlebt wird. Ich habe einmal in einer konfliktträchtigen Situation einen allgemeinen Elternabend mitgemacht, auf dem sich während des ganzen Abends nur zwei Kollegen aus einem etwa 70köpfigen Kollegium geäußert haben, obwohl nahezu alle Lehrer im Saal verteilt anwesend waren. In diesem Fall geschah das allerdings nicht, weil die Lehrer mauerten, sondern weil sie einfach nichts mehr zu sagen hatten und Angst hatten, sich zu Wort zu melden. Die empfundene Mauer ist also oftmals sehr durchlässig bzw. existiert oft auch gar nicht, jedenfalls nicht, weil sich das Kollegium verschanzen möchte. Manchmal hat sich auch nur eine gewisse Ohnmacht breitgemacht.

Um das im einzelnen näher zu ergründen, ist es immer sehr aufschlußreich zu beobachten, wie die Sprache ist, wenn etwas vorgebracht wird. Die Beiträge können ja manchmal auch sehr aggressiv sein. Ich habe einmal einen Elternabend miterlebt, auf dem ein Vater siebenmal eine Lehrerin attackierte und dabei siebenmal immer das gleiche sagte. Dem ist also gar nichts Neues mehr eingefallen, sondern er hat immer nur wiederholt, was er ohnehin schon gesagt hatte. Da hatte ich den Eindruck, daß das Problem nicht bei der Lehrerin lag, sondern bei dem, der es vorgebracht hat. Ein völliger Ignorant. So etwas kommt eben auch vor.

Ausbrüche und Eskalationen – welcher Art auch immer – machen immer wieder deutlich, daß Einrichtungen notwendig sind, von denen Manfred Leist vorhin auch schon sprach. Wenn klare Wege da sind, führen die auch zum Vertragen. Nur wenn Einrichtungen da sind, durch die der soziale Prozeß geübt werden kann, führt das zur Verträglichkeit. Wenn solche Einrichtungen nicht vorgegeben sind, kann sich der soziale Prozeß auch nicht geordnet entfalten, dann staut sich vieles auf und es kommt schließlich zu diesen Dammbrüchen, wodurch eben auch viel Geröll und Schlamm mit zutage gefördert wird.

Wenn ein Lehrer an der Schule anfängt, erhält er einen Vertrag, und er weiß, wie die Verhältnisse sind. Wie bei jedem Vertrag kann er sich auf diesen Ausgangspunkt zurückbeziehen. Wenn nichts da ist, wenn keine klare Struktur vorhanden ist, kann man sich nicht zurückbeziehen und auch nicht auf den Ausgang zurückkommen. Dann muß man diesen Bezug erst qualvoll suchen. Deshalb sind Manfred Leist und ich – andere natürlich auch – dafür, gerade auch im freien Geistesleben klare Strukturen zu schaffen. Sie können in ihrer konkreten Ausgestaltung aussehen wie auch immer, da soll Freiheit bestehen, aber sie müssen vorhanden sein. Es zu realisieren, fällt manchen Kollegien und Kollegen schwer, weil sie in ihrem

Grundinteresse zunächst natürlich auf das Kind ausgerichtet sind. Dann kommt es aber irgendwann zu dieser Atmosphäre des Unausgesprochenen und zu den genannten Symptomen, daß man sich nicht äußern kann, daß es kein Gremium gibt, an das man sich wenden könnte. Es hat sich keine Substanz entfaltet und es konnte nicht gelernt werden, wie man sich miteinander austauscht, und dann wird einem das alles auch zu mühselig. Dann kommt es schließlich irgendwann zu diesen Verquerungen, Stauungen und Ausbrüchen.

Notwendige Verfahrensordnungen im Konfliktfall

K.-D.N.: Ein ständiger Eskalationsherd ist die Tatsache, daß bisher aus viel zu wenigen Schulverfassungen ersichtlich wird, welche Wege im Konfliktfall begangen werden können, daß es dafür keine Verfahrensregelung gibt.

M. Leist: Ja, solche Verfahrensordnungen sind unbedingt notwendig. Wer zum Beispiel eine Beschwerde vorbringt, der hat Anspruch auf eine klare, unter Umständen sogar schriftliche Antwort in einer bestimmten Frist. Da tut sich die Waldorfschule noch sehr schwer, für diese Dinge angemessene Formen zu finden. Da sind wir hinter dem allgemeinen öffentlichen Leben ein Stückchen zurück. In gewisser Weise ehrt uns das natürlich auch, weil wir intensiv im Geistesleben tätig und kreativ sind, so daß die Strukturfragen und Rechtsformen ein bißchen vernachlässigt worden sind. Manchmal geschah dies vielleicht auch aus einem unbewußten Hochmut des Geisteslebens, daß es sich ja nur um Formfragen handele, die uns vom Eigentlichen abziehen würden. Das ist aber ein totaler Irrtum! Der Rechtsbereich will erfaßt, durchdrungen, geklärt und geordnet sein. Das wird dem Geistigen nur zugute kommen.

S. Leber: Wir halten es für falsch und nicht ausreichend, wenn gesagt wird, man solle sich ausschließlich doch im direkten Gespräch an den Lehrer wenden, mit dem man die Probleme hat. Auf jeden Fall muß es daneben auch andere Möglichkeiten geben, denn in der Beziehung zwischen einem Elternteil und diesem Lehrer liegt doch gerade das Problem, das womöglich durch die Vermittlung eines Dritten sofort aus der Welt zu schaffen ist. Viele Kollegen haben da noch eine andere Grundeinstellung als wir. Natürlich sucht man zunächst immer das direkte Gespräch. Aber oft ist es ja auch so, daß Konflikte erst aus Gesprächen resultieren oder zumindest die Eskalation weiter durch sie genährt wird. Deshalb müssen Eltern, die Probleme haben, auf jeden Fall wissen, an wen sie sich wenden können, wo sie Aufnahme mit ihren Problemen finden, wenn sie meinen, mit dem Kontrahenten nicht direkt klarkommen zu können. Wenn dafür ein Gremium bewußt eingerichtet würde, fielen viele dieser unterschwelligen Verquerungen weg. Über einen solchen Vertrauensausschuß hinaus wäre in einer Stufenfolge zum Beispiel auch noch an die Einrichtung eines Schiedsgremiums zu denken, das dann angerufen werden kann, wenn Konflikte oder strittige Rechtsfragen zur Entscheidung gekommen sind, die man nicht akzeptieren kann. Das kann zum Beispiel bei der Verweisung eines Schülers von der Schule vonnöten sein. Die Möglichkeit, sich an diese Gremien zu wenden, besteht natürlich nicht nur für die Eltern, sondern auch für die Lehrer.

Supervision

K.-D.N.: Wie stehen Sie zur Supervision durch gänzlich unabhängige Dritte, also durch außerhalb der Waldorfschulbewegung stehende Berater?

S. Leber: Ich habe vorhin ja schon einmal auf eine Gefahr, die mit der Professionalisierung der Beratertätigkeit verbunden ist, aufmerksam gemacht. Grundsätzlich bin ich der Überzeugung, daß Rudolf Steiner dem Kollegium die republikanisch-demokratische Verfassung deshalb gab, weil er davon ausging, daß es sie auch handhabt und auch handhaben kann. Man muß aber auch konstatieren, daß dies nicht immer in zureichendem Maße gelingt. Obwohl ich glaube, daß das prinzipiell möglich sein müßte, akzeptiere ich, daß es hier und da auch schiefgeht. Bevor man sich dann in unsägliche Konflikte und vor allem Ablähmungen verstrickt, so daß dann gar nichts mehr geht, ist es natürlich immer besser, auch mal einen Außenstehenden hinzuziehen, der unbeteiligt und nüchtern darauf aufmerksam machen kann, wo die Mängel begründet liegen und wie man sie beheben kann.

K.-D.N.: Haben Sie bei Eltern-Lehrer-Konflikten schon einmal erlebt, daß Sie als Berater vom Bund der Freien Waldorfschulen von seiten der Eltern von vornherein als parteiisch und automatisch auf Seiten der Lehrer stehend angesehen wurden?

S. Leber: Bereits auf den ersten Eskalationsstufen eines Konflikts werden ja ständig Stereotypen gesetzt, die dann natürlich auch uns manchmal entgegenschallen. Aus dem sozialen Muster entspringen dann Stereotypen wie: „Die da oben; die aus Stuttgart; die Besserwisser; die Gurus; die Vertreter der reinen Lehre“ usw.

M. Leist: Umgekehrt gibt es das aber genauso und eigentlich sogar häufiger. Die Eltern betrachten einen dann von vornherein als auf ihrer Seite stehend, weil sie wissen, wie lange und intensiv man sich bereits mit ihren Problemen und Anliegen befaßt hat. Sie freuen sich, daß man kommt, und hoffen, daß man sie mit ihren Fragen vielleicht gegenüber einem Kollegium etwas stützen kann. Sie erwarten aber zumindest, daß sie ihre Sorgen nun auch einmal vor einem neutralen, aber verständniswilligen Gesprächspartner loswerden können.

Im Elternrat des Bundes der Freien Waldorfschulen, der, von Ernst Weißert eingerichtet, seit 20 Jahren besteht und zweimal im Jahr zusammenkommt, muß ich sogar mit meinen Thesen immer etwas vorsichtig sein. Denn manche Eltern nehmen sie mit nach Hause und konfrontieren damit – gelegentlich in recht verkürzter Wiedergabe – ihr Kollegium, nach dem Motto: „Aber, die vom Bund haben gesagt ..." Worauf sich dann unter Umständen Lehrer bei mir beschweren, wie ich ihnen denn nur so in den Rücken fallen konnte.

K.-D.N.: Wäre nicht auch denkbar und wünschenswert, ein ständiges, gewissermaßen internes Supervisionsorgan innerhalb der Schulstruktur zu installieren? Es könnte zum Beispiel aus drei, vier Mitgliedern bestehen – Eltern und Lehrer –, die nicht wie der Vermittlungsausschuß erst dann tätig werden, wenn bereits Probleme, Klagen und Konflikte vorliegen, sondern die ständig die Schule im Hinblick auf potentielle Konflikte, auf Mängel im Informationsfluß oder der Schulstruktur usw. beobachten. Soweit ich weiß, wird das auch an einigen wenigen Schulen beispielhaft praktiziert. Wäre das nicht eine Einrichtung, die an jeder Schule zu begrüßen wäre?

M. Leist: Unbedingt.

S. Leber: Man könnte es noch radikaler formulieren, denn im Grunde müßte jede Schule als Gesamtheit ihren eigenen Zustand – zumindest von Zeit zu Zeit – reflektieren. Die Waldorfschule in Wattenscheid hat das sogar in ihre Satzung aufgenommen, daß die Satzung alle drei Jahre neu überprüft werden muß. Dadurch wird der Organismus Schule verpflichtet, auf sich selbst zu blicken und die sozialen Prozesse und Strukturen zu reflektieren.

M. Leist: Beides schließt sich natürlich nicht aus. Ein Gremium, das sich nicht wie der Vertrauensausschuß auf konkrete Konflikte wendet, sondern in die Zukunft greifend die Formen des Gesamtorganismus abklopft, könnte sicher für die jeweils aktuelle Gestaltung sehr anregend sein. Das würde man vielleicht am besten als ein offenes Gremium konstituieren, das etwa von drei oder vier Menschen geleitet wird, in dem aber ansonsten jeder, der es will, mitarbeiten kann.

Wie ein Mond, der um die Erde kreist

S. Leber: Man sollte allerdings sehr darauf achten, daß sich kein Gremium etabliert, in dem zum Beispiel nur drei Menschen abgehoben und nirgendwo eingebunden nur über Sozialfragen nachdenken. Dann hätte man so eine Art Mond, der um die Erde kreist. Rudolf Steiner sagt in den Oxforder Vorträgen, daß jedes Einzelurteil falsch sei. Jetzt setzen sich drei Menschen zusammen, aber dadurch kommen sie noch lange nicht zu einem sozialen Urteil. Das soziale Urteil muß sich assoziativ durch Kontaktnahme bilden. Menschen aus allen Organen des betreffenden sozialen

Organismus müssen zusammenkommen, um von Zeit zu Zeit den Gesamtorganismus zu reflektieren. Jedes Organ wird befragt, wie es seine Stellung im Gesamt, wie es die anderen Organe sieht, wie es selbst gesehen wird, und dann werden alle Aussagen zusammengetragen und aufgelistet. Von daher wird dann überlegt, was nicht richtig funktioniert, wie die Mängel am besten zu beheben sind und wo ein neuer Griff getan werden muß.

Manfred Leist und ich haben einmal für den Bund der Freien Waldorfschulen eine solche Bestandsaufnahme gemacht und das Ergebnis auf 42 Seiten zu Papier gebracht. Wir haben einfach beschrieben, was ist, weil viel über den Bund geredet wurde und gleichzeitig eine frappierende Unkenntnis herrschte. Das Ergebnis war ein durchaus brauchbares Papier, das wir zehn Jahre später noch einmal herausgeholt und auf den neuesten Stand gebracht haben. Von einer solchen Bestandsaufnahme kann man dann ausgehen, um Perspektiven zu gewinnen, wie die Entwicklung weitergehen soll: „Künftiges ruhe auf Vergangenem". Dazu muß man das Vergangene zunächst kennen, und dazu gehört die Fragestellung: Wo liegen Schwächen? Wo funktioniert es nicht? Deshalb haben wir in dem Papier auch versucht zu kennzeichnen, wo die Sache nicht richtig gegriffen ist.

So etwas ist notwendig, und da können drei oder vier Menschen vielleicht als Moderatoren hervorragend wirken, nur können sie der Gemeinschaft nicht die Arbeit abnehmen. Alle Gremien der Gemeinschaft müssen durch das Nadelöhr selbst hindurch. Der Vorstand, der Elternbeirat, die Lehrerkonferenz usw. müssen gemeinsam beraten, und die Erfahrung hat gezeigt, daß nach etwa drei bis fünf Jahren sich so viel in der Lebenswirklichkeit geändert hat, daß eine Reflektion auf den Gesamtorganismus dringend geboten scheint. Manches hat sich dann so weit von der einmal gefaßten Intention wegbewegt, daß es neu gegriffen werden muß.

Dazu kommt man leider – aus verständlichen Gründen – an den Schulen zu wenig, und deswegen ist es sicher heilsam, wenn man sich da unter einen gewissen Druck setzt. Denn wenn diese Reflektion regelmäßig geschieht, verringert sich das Eskalationspotential ganz erheblich, also die Gefahr, daß die Konflikte aus dem Ruder laufen. Das ist ja das Wichtige, daß die Konflikte nicht ungestaltet eskalieren, denn der Konflikt als solcher wirkt oft sehr positiv, indem er bewußt macht, aufweckt und stärkt. Es kommt nur darauf an, daß man die Konflikte handhaben und bewältigen lernt.

Kontrolle – Differenzierte, aber klare Begrenzung der Amtszeit

K.-D.N.: Sie, Stefan Leber, sprachen am Anfang im Zusammenhang mit der republikanisch-demokratischen Verfassung der Waldorfschule, daß mit dem republikanischen Prinzip immer Tugend verbunden sein müsse. Ein

Amt, in das man gewählt wird, eine Aufgabe, für die man delegiert wird, erfordern Fähigkeiten und Tugend, so daß man das Vertrauen, das einem durch die Wahl ausgesprochen wurde, auch rechtfertigen kann. Nun hat aber jeder Mensch Schwächen und Fehler, so daß ein noch so großes Vertrauen eine Kontrolle nicht überflüssig machen kann. Nehmen wir an, jemand wird für einen bestimmten Zeitraum, sagen wir für drei oder vier Jahre, in ein bestimmtes Amt gewählt, so muß es möglich sein, jederzeit einen Einblick in seine Amtsführung zu bekommen, damit Machtmißbrauch oder mittlere Katastrophen, die durch seine Fehler verursacht werden könnten, sich gar nicht erst entfalten können. Wäre nicht vielleicht auch eine Art Kontrollgremium denkbar – wie immer man es dann auch nennen würde –, daß die Offenlegung aller Amtsgeschäfte fordern dürfte, entweder auf eigene Initiative oder wenn es dazu von Eltern oder Lehrern aufgefordert wird?

S. Leber: Ich halte eine Amtszeit von vier Jahren, wie sie im Parlament üblich ist, für sehr reichlich bemessen. Für eine Delegation, die vom Kollegium ausgeht, wo durch die wöchentlichen Treffen ein relativ dichter Verhandlungszeitraum des „Auftraggebers" vorhanden ist, erachte ich es als notwendig, daß eine Delegation nach einem Jahr zurückfällt. Spätestens dann muß Berichterstattung erfolgen und Abwahl möglich sein. Wenn in anderen Gremien delegiert wird, in denen der Sitzungsintervall vielleicht nur vierwöchentlich ist, wäre vielleicht auch eine Delegationszeit von zwei Jahren denkbar.

M. Leist: Die Wiederwahl eines Delegierten für eine weitere Amtsperiode könnte man auch von einer qualifizierten Mehrheit abhängig machen, so daß jemand für eine weitere Amtsperiode wirklich sehr bewußt gewählt wird.

S. Leber: Bei der Besetzung von Gremien sollte man allerdings kein Rotationsprinzip einführen, weil das auch Verhehrungen anrichtet. Bis man eine Schule wirklich kennt, braucht man bestimmt vier, fünf Jahre. Wenn jemand ein Jahr im Amt ist, zum Beispiel im Vorstand der Schule, und muß dann im Zuge der Rotation sein Amt aufgeben, dann heißt das auch immer, daß die Erfahrung ausgetauscht wird. Für die Besetzung von Gremien könnte also durchaus eine längere Beauftragung ausgesprochen werden und unter Umständen auch notwendig sein.

Bei Einzeldelegationen, die die Zuständigkeit für eng umgrenzte Aufgabenbereiche betreffen, bin ich dafür, daß sie nach einem oder spätestens zwei Jahren zurückfallen. Man kann dann ja immer noch über eine neuerliche Beauftragung befinden.

Bei Kollegiumsdelegationen ist es ja auch notwendig, daß relativ viele Kollegen Aufgaben übernehmen und die Aufgabenbereiche nicht von einem oder wenigen gehortet werden. Man kann ja die Beobachtung machen, daß es auch Kollegen gibt, die an ihren Ämtern kleben, zum Beispiel am Verwaltungsrat, aus dem sie dann einfach nicht mehr rauswollen. Und dann ist es eben gut, daß die Amtszeit nach einem klar umrissenen Zeitraum abläuft. An der Schule, an der ich war, mußte man nach zwei Jahren Amtszeit im Verwaltungsrat für mindestens ein Jahr aus dem Gremium ausscheiden. Die Begrenzung der Amtsdauer gehört, nebenbei bemerkt, mit zur römischen Tugend. Bei der Zeitdauer und der Handhabung der Rotation sollte man aber deutlich zwischen der Einzeldelegation und der Besetzung von Gremien unterscheiden.

Jedem Kollegialorgan ist eine Intrakontrolle schon allein dadurch zu eigen, daß in ihm mehrere Menschen zusammenarbeiten. Hinzu kommt die Interorgankontrolle, die zwischen den verschiedenen Organen wirksam wird. Dadurch ist Kontrolle im Bereich von Gremien in gewissem Umfang schon systemimmanent veranlagt.

Kampf für Strukturen – Appell an die Vernunft

K.-D.N.: Hat der Bund keine Möglichkeit, minimale Strukturanforderungen, wie zum Beispiel die klare zeitliche Begrenzung aller Ämter, an allen Schulen durchzusetzen? Wenn dies auch nicht autoritativ und weisend geschehen kann, so müßte es doch eigentlich möglich sein, daß die Einführung bestimmter Strukturelemente an allen Schulen mit dem nötigen Gewicht vorangetrieben wird.

S. Leber: Daß dies nicht so ohne weiteres möglich ist, hängt natürlich damit zusammen, daß ein Kollegium zunächst nicht Schulstruktur reflektiert, sondern sich zunächst ganz seiner vordringlichen Aufgabe, der Pädagogik, zuwendet. Das Amt, Lehrer zu sein, unterliegt verständlicherweise nicht dem Wechsel. Die Reflexion der Struktur setzt eine gewisse Reife des Organismus voraus, d.h. der Schulorganismus muß bereits aufgebaut, die Notwendigkeiten müssen erledigt sein, bevor man sich auf sich selbst wendet. Wenn wir hier am Waldorflehrerseminar mit den Studenten über Kollegiumsarbeit und soziale Fragen sprechen, erlebt man immer, daß manche sehr sensibel für diese Fragen sind und ihr Interesse sofort entfacht ist, während es für andere wie Trockenschwimmen ist. Das Thema hat für sie keine Dichte, und es ist für sie, als wollte man ihnen am Land Schwimmen beibringen. Das ist das allgemeine, was man zunächst dazu sagen kann.

Das zweite hat Manfred Leist schon erwähnt: Als wir vor Jahren nach vielen Analysen darauf gekommen sind, daß ein Schritt in der Schulbewegung fällig ist und wir die Schaffung von Einrichtungen anregten, stießen wir auf Unverständnis und Widerspruch. Ein Argument, das uns immer wieder entgegengehalten wurde, war, daß das freie Geistesleben keine Vorgaben verträgt, auch nicht vom Bund der Freien Waldorfschulen; überspitzt könnte man für einige sagen: vor allem nicht vom Bund.

M. Leist: Die Erfahrungen in dieser Richtung sind reichhaltig. So wurden zum Beispiel auch oft Beschlüsse in den großen Gremien des Bundes gefaßt, die mit formalen Fragen zu tun hatten und auch sehr vernunftgeprägt waren, bei denen sich dann aber im weiteren zeigte, daß sie nicht umgesetzt und realisiert wurden. Wenn man das einige Male erlebt, daß ein ausgesprochen vernünftiger Beschluß, den alle bejahen, schon in den nächsten Monaten weitgehend in Vergessenheit geraten ist, als wäre dieser Beschluß nie gefaßt worden, dann wird man in seinem Optimismus etwas zurückhaltender, was die Anregung, Durchsetzung und vor allem dann die Realisierung solcher Beschlüsse betrifft. Man muß die Möglichkeiten schon sehr realistisch sehen.

Um die Vielschichtigkeit zu verdeutlichen, will ich mal ein Beispiel nennen: Wir haben mit allen Schulen mehrere Jahre verhandelt, um eine Vereinbarung über die Zusammenarbeit der Schulen im Bund zu erstellen. Es ging darum, einen Rahmen zu geben und in wesentlichen Punkten auch verbindlich festzulegen, wie die Schulen miteinander umgehen und zusammenarbeiten wollen: Welche Stellung und Aufgaben hat der Gründungslehrer? Welche Rechte und Pflichten hat eine neue Schule? In welchem Verhältnis steht sie zur Nachbarschule und den Schulen der Region? Es hat allein zwei Jahre gedauert, bis diese Vereinbarung von den Schulen wieder in die Gremien zurückgetragen wurde.

Mit dieser Vereinbarung können wir inzwischen sehr gut leben. Für die Entstehung war es aber zunächst einmal nötig, zwei Extreme unter einen Hut zu bringen: Die einen, die am liebsten keine verbindlichen Festlegungen wollen, und die anderen, die ohne die Möglichkeit klarer und harter Sanktionen keinen Sinn in dem Papier sahen. Wir mußten einen Mittelweg finden, der zwar gewisse Formen als verbindlich beschreibt, die jedoch weder einengend noch allzu offen sein durften.

Wenn zum Beispiel die neugegründete Schule und die Gründungsberater aus der Region sich nicht vertragen, unüberbrückbare Divergenzen bestehen und die Schule in wesentlichen Punkten anders vorgehen will, als es den Vorstellungen der Berater entspricht, muß es einen Weg geben, wie man aus diesem Dilemma herauskommt. Denn eine neue Schule sollte ausdrücklich bei der Gründung und in den ersten drei Jahren danach nur in Übereinstimmung mit den Gründungsberatern handeln. Die einen sahen bereits in dieser Verbindlichkeit während der Gründungsphase einen unzulässigen Eingriff in die Freiheit der neuen Schule, während die anderen die Möglichkeit harter Sanktionen gegen die neue Schule verlangten, so daß diese, wenn sie sich nicht dem von der Gesamtheit bejahten Vorschlag der Gründungsberater anschließen will, aus dem Bund im extremen Fall auch ausgeschlossen werden könnte.

Für diesen Fall, daß eine Einigung nicht zustandekommt, haben wir uns in der Vereinbarung auf die Beschreibung eines Instanzenweges einigen können, der vorsieht, daß zunächst ein Gremium aus der Region angerufen werden kann, daß darüber hinaus auch nach freier Wahl andere Persönlichkeiten aus dem Bund zur Vermittlung berufen werden können usw. Wir haben auf diesem Weg alle Möglichkeiten der Beratung eröffnet, aber keinen Endpunkt dieses Prozesses festgelegt. Ob dann eine Einigung auf dem Wege der Beratung gelingt oder nicht, muß sich im konkreten Fall erweisen und ist in die Freiheit der Beteiligten gestellt. Eine automatische Sanktion gibt es nicht. Der Weg endet offen – das ist ein Appell an die Kräfte der Vernunft.

Dreigliederung und Konfliktfähigkeit in der Ausbildung

K.-D.N.: Müßte die Schulung der individuellen Konfliktfähigkeit und die Dreigliederung nicht in wesentlich stärkerem Maße als bisher Bestandteil der Ausbildung zum Waldorflehrer sein?

S. Leber: Beides sind berechtigte Forderungen, denen wir auch versuchen, nachzukommen. In jedem Seminarkurs gibt es eine Dreigliederungsepoche, in der zumindest einige Grundelemente vermittelt werden können. Wie weit das in einem einjährigen Seminarkurs mit einer zwei- oder dreiwöchigen Epoche ausreichend behandelt werden kann, ist eine andere Frage. Die Seminaristen müssen in dieser Seminarzeit ja auch noch einiges andere lernen, das für ihren Beruf absolut unerläßlich ist.

Die Entwicklung der individuellen Konfliktfähigkeit hängt mit dem anthroposophischen Schulungsweg zusammen, der den Seminaristen auch nahegebracht wird. Es gibt einen Grundkanon von Übungen, die Rudolf Steiner angibt, die von ihm zwar Nebenübungen genannt werden, die aber ihrem Wesen nach Grundübungen sind. Es sind auch die Übungen, die dem Menschen Sicherheit geben, daß er nicht bei der heute in jedem Menschen vorhandenen Spaltung zu weit auseinanderdriftet. Unter ihnen sind mindestens zwei Übungen, die man nicht allein üben kann, sondern nur im sozialen Leben. Im Sozialen ist es zum Beispiel wichtig, daß ich mit einer gewissen Positivität und Unvoreingenommenheit dem anderen Menschen gegenübertrete, so daß ich mir seine Gedanken offen anhören kann. Wie es aber heute bei den meisten Menschen abläuft, kann man hier am Seminar besonders gut im Kurs der Oberstufenlehrer beobachten, Menschen, die ja besonders im sogenannten kritischen Denken geschult sind. Ehe sie einen Gedanken überhaupt voll aufgenommen haben, haken sie schon beim Vordersatz ein, bevor sie die Hauptaussage gehört haben – dies ist natürlich jetzt alles etwas überschärft. Sie sind dann blockiert. Es gilt also, die eigene Offenheit zu erziehen, etwas unbefangen auf sich wirken zu lassen und erst dann mit der Kritikfähigkeit, die ja heute jedem eignet, einzusetzen. Das kann man nicht im Sinne einer Lehre vermitteln, sondern man kann nur aufzeigen, wie sich jeder selbst dahingehend erziehen kann und muß, wieder offen, unbefangen zu werden. Tun kann es nur jeder selbst.

Ein Teil unserer Übungen am Seminar – jetzt nicht nur für das eigene seelische Leben, sondern auch gegenüber den Naturobjektiven oder der menschlichen Erscheinungswelt – zielt darauf ab, diese Fähigkeit aufzuwekken und anzuregen. Wie weit das dann gelingt, ist eine andere Frage. Aber es ist als Schulungselement anwesend. Unbefangenheit, Positivität heißt ja nicht, den kritischen Verstand auszuschalten, sondern in einem durchaus fragwürdigen Kontext, wie es zunächst erscheint, den Blick darauf zu richten, was für einen selbst auch als neue Perspektive und Erfahrung gewinnbringend sein könnte.

Probleme der Gemeinschaftsbildung

W.W.: Zum Abschluß vielleicht noch eine Frage, zu der Sie dann beide noch etwas sagen können. Ich lese dazu zwei Zitate aus den Vorträgen „Anthroposophische Gemeinschaftsbildung“ von Rudolf Steiner vor. Die Zitate entstammen einem Zusammenhang, in dem Rudolf Steiner über die gemeinschaftsbildende Kraft des Kultus der Christengemeinschaft und über die Gemeinschaftsbildung in einer Arbeitsgruppe der Anthroposophischen Gesellschaft, dem Zweig, gegenüberstellend spricht.

„In das Übersinnliche heben wir uns mit unserem Seelenleben hinauf, wenn wir dasjenige, was wir erleben in der physischen Welt, spirituell-idealistisch so erleben, daß wir es empfinden lernen als erlebt im Übersinnlichen, wenn wir so empfinden lernen, daß wir uns sagen: Dasjenige, was du hier in der Welt der Sinne wahrgenommen hast, wird plötzlich lebendig, wenn du es zum Ideal erhebst. Es wird lebendig, wenn du es in der richtigen Weise durchdringst mit Gemüt und Willensimpuls. Wenn du dein ganzes Inneres vom Willen durchstrahlst, Begeisterung auf es wendest, dann gehst du mit deiner sinnlichen Erfahrung, indem du sie idealisierst, den entgegengesetzten Weg, wie du ihn gehst, wenn du das Übersinnliche in die Kultusgestalt hineingeheimnißt. Denn, haben wir eine kleine, haben wir eine große anthroposophische Gemeinschaft, so können wir dasjenige, was in dieser Charakteristik gegeben ist, in einem gewissen Sinne erreichen. Wir können es dann erreichen, wenn wir tatsächlich imstande sind, durch die lebendige Kraft, die wir hineinlegen in die Gestaltung der Ideen vom Geistigen, etwas von einem Erweckenden zu erleben, etwas von dem, was nicht bloß das sinnlich Erlebte so idealisiert, daß das Ideal ein abstrakter Gedanke ist, sondern so, daß das Ideal ein höheres Leben gewinnt, indem wir uns in es hineinleben, daß es das Gegenbild des Kultus wird, nämlich das Sinnliche ins Übersinnliche hinauferhoben.“ (GA 257, 27.02. 1923, S.117)

„Durch den Kultus wird das Übersinnliche in Wort und Handlung heruntergeholt in die physische Welt. Durch den anthroposophischen Zweig werden die Gedanken und Empfindungen der Anthroposophengruppe hinauferhoben in die übersinnliche Welt. Und wenn in der richtigen Gesinnung erlebt wird der anthroposophische Inhalt von einer Menschengruppe, wobei Menschenseele an Menschenseele erwacht, wird tatsächlich diese Menschenseele erhoben zur Geistgemeinschaft. Nur handelt es sich darum, daß dieses Bewußtsein wirklich vorhanden ist. Wenn dieses Bewußtsein vorhanden ist und solche Gruppen in der anthroposophischen Gesellschaft auftreten, dann ist in diesem, wenn ich so sagen darf, umgekehrten Kultus, in dem anderen Pol des Kultus, etwas Gemeinschaftbildendes im eminentesten Sinne vorhanden. Man möchte sagen, wenn man bildlich sprechen will: die Kultgemeinde versucht die Engel des Himmels zu veranlassen, herunterzugehen in den Kultraum, damit sie unter den Menschen seien. Die anthroposophische Gemeinde versucht, die Menschenseelen zu erheben in die übersinnliche Welt, damit sie unter die Engel kommen. Das ist in beiden das gemeinschaftsbildende Element." (GA 257, 03.03.1923, S.179 f.)

Wir haben jetzt aufgrund der Themenstellung in diesem Interview bisher mehr über das Trennende gesprochen, das zu Konflikten und insbesondere zur Eskalation von Konflikten führt. Auch wenn die verlesenen Zitate nun speziell auf den Zweig der Anthroposophischen Gesellschaft gemünzt sind, so hat doch auch die Waldorflehrerschaft durch die gemeinsame Arbeit an der Anthroposophie ein starkes gemeinschaftsbildendes Element, auch wenn die Lehrer da natürlich sehr unterschiedlich auf dem Weg sind. Durch die wöchentliche Konferenzarbeit an pädagogisch-inhaltlichen Fragen wird dieses gemeinschaftsbildende Element ja auch immer wieder gepflegt. Warum treten trotz dieser gemeinschaftsbildenden Kraft, die sich aus der gemeinsamen Arbeit an der Anthroposophie entfaltet, so viele Konflikte auf, und zwar nicht nur unter den Waldorflehrern, sondern unter den Anthroposophen überhaupt?

S. Leber: In einem der vier Mysteriendramen Rudolf Steiners, „Die Pforte der Einweihung", kommt es in einer Szene zu einem Gespräch zwischen zwölf Persönlichkeiten, die einen Vortrag besucht haben, der sie alle tief berührt hat, jeden in seiner Weise. Jeder dieser zwölf Menschen spricht dann aus, was der Vortrag in ihm ausgelöst hat. Dargestellt wird das in zwölf Monologen, in denen jeder nur sein eigenes Seelenleben gewissermaßen abfeuert, so daß der deutliche Eindruck entsteht, daß diese Menschen überhaupt nichts miteinander zu tun haben. Das einzig Verbindende ist, daß sie einen Vortrag gehört haben, der in ihnen völlig Verschiedenes ausgelöst hat. Ansonsten erscheinen sie wie durch Abgründe getrennt, und man fragt sich, was sie überhaupt miteinander verbindet. Ich will jetzt nicht im einzelnen ausführen, wie es in den Mysteriendramen weitergeht, aber im weiteren Verlauf der Dramen stellt sich dann eben doch heraus, daß sie sehr viel miteinander zu tun haben, und zwar aufs intensivste. Jeder hat mit jedem eine innigste Beziehung tiefgründigster Art.

Und so ist es auch mit den Waldorflehrern: Das, was sie verbindet, ist die gemeinsame geistige Arbeit. Und wenn die nicht funktioniert, verbindet sie noch nicht einmal diese. Dann treibt das nämlich auseinander. Zu Beginn des Kurses „Allgemeine Menschenkunde als Grundlage der Pädagogik" sagt Rudolf Steiner in einer vorhergehenden Einleitung sinngemäß: „Diese Pädagogik wird auf Freiheit gegründet sein, deshalb werden wir eine Lehrerrepublik einrichten." Für den Gesichtspunkt, der jetzt in Rede steht, bedeutet das natürlich auch, daß jeder zunächst auf sich selbst gestellt ist und zu jedem anderen ein tiefer Abgrund klaffen kann. Individualisierung heißt zunächst immer auch Atomisierung der menschlichen Beziehung. Rudolf Steiner führt dann weiter aus, daß deswegen etwas Verbindendes geschaffen werden müsse, er nennt es Einheitliches, das ist eben die „Allgemeine Menschenkunde", die er dann im Kurs entwickelt.

Wenn diese Menschenkunde wirklich intensiv im Kollegium gearbeitet wird – das braucht natürlich nicht als Textstudium geschehen –, dann wird man erleben, daß die Konflikte gestaltbar sind. In dem Maße, wie nicht in diesem Sinne gearbeitet wird, also keine geistige Atemluft, kein Enthusiasmus durch die Berührung mit dem Geist erzeugt wird, ist das Trennende da. Und es ist natürlich nicht von der Hand zu weisen, daß aus der Sache heraus, aus der Kompliziertheit des pädagogischen Lebens, sich immer wieder alltägliche Notwendigkeiten in den Vordergrund schieben, wodurch leicht die Geneigtheit entsteht, dieses Einheitstiftende etwas zurückzustellen. Das läßt sich aber nicht mit dem alltäglichen Vorstellungsleben erschließen, sondern es bedarf gewissermaßen erst eines inneren Rucks in eine andere Bewußtseinsschicht. Erst dann kann so etwas wie eine Begnadung der Gemeinschaft stattfinden – wenn ich diesen Ausdruck einmal dafür gebrauchen darf –, die an ein Kultisches im Sinne des umgekehrten Kultus, von dem im Zitat die Rede war, heranreicht.

M. Leist: Die extreme Individualisierung, die wir heute als den einen Pol einer Entwicklungsnotwendigkeit durchleben, bringt es mit sich, daß die Gemeinschaftsbildung immer wieder neu gegriffen werden muß. Der gute Mensch in seinem dunklen Drang ist sich heute eben nicht mehr des rechten Weges wohl bewußt. Der Mensch ist heute auf sich selbst gestellt, und die gemeinschaftsbildenden Kräfte, die ihn früher ganz selbstverständlich geleitet und getragen haben, greifen heute nicht mehr. Die Freiheit hat eben tatsächlich ihren Preis und muß auch durch die Reibungen mit anderen Menschen oft qualvoll errungen werden. Ein bloßes „Ich bin so frei" beinhaltet noch nichts von einer Gestaltungsfähigkeit und verantworteten Freiheit, wie Stefan Leber es vorhin nannte.

Vielleicht noch ein Letztes: Wir Anthroposophen bemühen uns doch eigentlich alle – mehr oder weniger intensiv und erfolgreich, jeder auf seine

Art –, Lebenskraft in unsere Gedanken hineinzubekommen. Das ist doch unser Bemühen, schon auf der Ebene der „Philosophie der Freiheit“, aus der bloßen intellektuellen Hirnspiegelung herauszukommen und das Denken zumindest ein kleines bißchen in das Ätherische, d.h. in den Bereich lebendiger geistiger Kräfte, hereinzuführen. Allemal ist das im meditativen Bereich der Fall. Das hat zur Folge, daß derjenige, der sich darum bemüht, existentieller in das Leben des Denkens hineinkommt. Dadurch können wir uns das zunächst einmal gar nicht mehr erlauben zu sagen: Die Gedanken sind frei, im Sinne von unverbindlich; denn das hieße, daß sie beliebig der Willkür unterworfen wären. „Du denkst so, ich denke so, und wir vertragen uns trotzdem gut“, kommt dann selbstverständlich in gleichem Maße nicht mehr so ohne weiteres in Betracht. Vielmehr macht sich nach den ersten Schritten, wenn man nicht konsequent weitergeht und in eine neue Differenzierungsfähigkeit und Souveränität hereinkommt, folgende Haltung breit: „Wer meine Gedanken ablehnt, lehnt mich ab!“ Wir Anthroposophen – jeder für sich – haben dort eine unerhörte Empfindlichkeit, wenn jemand unsere individuellen Gedanken ablehnt. Das ist eine ganz große Schwierigkeit, mit der wir zu kämpfen haben und deren Spuren sich auch durch die gesamte Geschichte der anthroposophischen Bewegung hindurchziehen.

W.W.: Die Schwierigkeit entsteht, weil sich das Ich mit den Gedanken und Gefühlen identifiziert, obwohl man lernen sollte, dies zu vermeiden.

S. Leber: Ja. Ich bin der Produzent, und es ist mein Heiligtum, wenn ich meine Gedanken darstelle. Das kann man in jeder Konferenz und in jeder anthroposophischen Arbeitsgruppe bemerken, wenn jemand den Darstellungen eine etwas andere Wendung gibt, dann fühlt sich der Vorredner, auf den der zweite Bezug nimmt, sofort angegriffen, und plötzlich gibt es Rechtfertigungen. Es fehlt dann die Souveränität, die eigenen Gedanken der Gemeinschaft preiszugeben und zu sehen, was der Wirbel des Lebens bringt und was am Ende herauskommt.

Heute du, morgen gestern

EPIDEMIEN DES SCHWACHSINNS?

Klaus-Dieter Neumann

Folgt man den Darstellungen Rudolf Steiners, ergibt sich eine Fülle von Hinweisen darauf, daß durch die Bewußtseinsentwicklung der Menschheit in der Gegenwart nahezu ultimative Anforderungen an das Individuum gestellt sind, die eigene Entwicklung und das Leben in den Griff zu bekommen. Durch Veränderungen in der geistig-seelischen Gesamtkonstitution des Menschen sind sowohl der einzelne als auch die Menschheit vor die Alternative gestellt, sich ihres Menschseins bewußt zu werden – so lapidar das klingen mag – und neue Fähigkeiten auszubilden oder weiter in den Abgrund zu rasen.*

Anhand einer ganzen Reihe von Zitaten Rudolf Steiners soll hier die Frage aufgeworfen werden, ob wir in einer Zeit von seelischen Epidemien leben, die geradewegs auf einen Krieg aller gegen alle zusteuern. Uns würde interessieren, ob Sie, liebe Leserinnen und Leser, Erfahrungen in Ihrem Lebensumkreis machen, die diese Hypothese bestätigen. Gesamtgesellschaftlich und weltweit lassen sich sicher viele Symptome dafür benennen, doch finden sie sich auch im eigenen Lebensumfeld und der direkten Erfahrung? Ist zu bemerken, daß die Zusammenarbeit, das Vertragen mit Menschen, immer schwerer und in Bereichen, die nicht durch Geld und Beruf zusammengehalten werden, nahezu unmöglich wird? Nehmen zum Beispiel Lügenhaftigkeit, Neid, Haß, massive Wahrnehmungsstörungen – eben Schwachsinn – und ähnliche Symptome ständig zu? Kann man von einem Seelenchaos sprechen und sich fragen, wer der nächste ist, der ausrastet?

Die folgenden Zitate sollen lediglich die Aufmerksamkeit lenken und können an dieser Stelle nicht bis in die letzten Einzelheiten hergeleitet und erklärt werden. Sie stehen schlaglichtartig für eine Reihe von ausführlichen Darstellungen Rudolf Steiners, denen zufolge die Menschheit sich auf dünnem Eis einer Kulmination zum Jahrtausendende zubewegt.

---

* Zur Fragestellung nach konstitutionell bedingten Konfliktpotentialen, die sich aus der Bewußtseinsentwicklung der Gegenwart ergeben, siehe: Auf dem Weg zur Wirklichkeit. Interview mit Karl-Martin Dietz. In: FLENSBURGER HEFTE Nr.25: Rechtsleben und soziale Zukunftsimpulse. Flensburg 1989, S.189 ff. – Karl-Martin Dietz: Die Suche nach Wirklichkeit – Bewußtseinsfragen am Ende des 20. Jahrhunderts, Stuttgart 1988. – Themenheft *Die Drei:* Unbewußter Schwellenübertritt: Symptome und Konsequenzen. Nr.7/8, Stuttgart 1992. – Siehe auch die Vorträge Rudolf Steiners: Was tut der Engel in unserem Astralleib? (in GA 182), und: Soziale und antisoziale Triebe im Menschen (in GA 186). – Desweiteren: FLENSBURGER HEFTE, Sonderheft Nr.1: Partnerschaft und Ehe. Flensburg [4]1992. – Zur Streitkultur siehe: Jeder kann kommen. Synanon – ein Leben ohne Drogen. Interview mit Ingo Warnke. In FLENSBURGER HEFTE Nr.16: Kulturvergiftung: Rauschgift, Sucht und Therapie. Flensburg [2]1990, S.7 ff.

„Diejenigen Kräfte der Menschheitsentwickelung, die den Menschen unbewußt geleitet haben, so daß er hat vorwärtskommen können, sie sind erschöpft und erschöpfen sich ganz bis zur Mitte des Jahrhunderts, approximativ gesprochen. Aus den Tiefen der Seelen müssen die neuen Kräfte heraufgeholt werden. Und einsehen muß der Mensch, wie er in den Tiefen seiner Seele zusammenhängt mit den Wurzeln des geistigen Lebens." (GA 194, 14.12.1919, S.199)

Kämen die Menschen nicht zu dieser Einsicht und entsprechenden Konsequenzen, wären die Folgen – und sie waren es – verheerend:

„Lassen Sie drei Jahrzehnte noch so gelehrt werden, wie an unseren Hochschulen gelehrt wird, lassen Sie noch durch dreißig Jahre so über soziale Angelegenheiten gedacht werden, wie heute gedacht wird, dann haben Sie nach dreißig Jahren ein verwüstetes Europa. Sie können noch so viele Ideale auf diesem oder jenem Gebiete aufstellen, Sie können sich die Münder wund reden über Einzelforderungen, die aus dieser oder jener Menschengruppe hervorgehen, Sie können in dem Glauben reden, daß mit noch so eindringlichen Forderungen etwas getan werde für die Menschenzukunft – alles wird umsonst sein, wenn die Umwandlung nicht geschieht aus dem Fundamente der Menschenseelen heraus, aus dem Denken der Beziehung dieser Welt zur geistigen Welt. Wenn nicht da umgelernt wird, wenn nicht da umgedacht wird, dann kommt die moralische Sintflut über Europa ...!" (GA 194, 14.12.1919, S.181)

Der unbewußte Schwellenübertritt der Menschheit

Seit etwa der Mitte des 19. Jahrhunderts bis heute hat die Menschheit unbewußt die Schwelle zur geistigen Welt überschritten, d.h. einen Schritt vollzogen, der ansonsten nur auf dem individuellen Schulungsweg bei vollem Bewußtsein vollzogen werden kann. In verschiedenen Darstellungen weist Rudolf Steiner darauf hin. Im Vortragszyklus „Geisteswissenschaftliche Behandlung sozialer und pädagogischer Fragen" (GA 192, Vortrag vom 01.05.1919) führt er aus, daß dieses „wichtigste Ereignis" nicht im Unbewußten bleiben dürfe. Warum? Weil durch das Überschreiten der Schwelle der Zusammenhang von Denken, Fühlen und Wollen zerreißt, wie es sonst nur auf dem individuellen bewußten Schulungsweg geschieht. Auf diesem werden aber Kräfte ausgebildet, die den Menschen befähigen, den natürlichen Zusammenhang zu ersetzen und die Situation zu handhaben.

„Diese drei Kräfte stehen ... in einer ganz bestimmten, durch höhere Weltgesetze geregelten Verbindung. Nicht in beliebiger Weise *will, fühlt* oder *denkt* der Mensch. Wenn zum Beispiel eine bestimmte Vorstellung im Bewußtsein auftaucht, so schließt sich an sie nach natürlichen Gesetzen ein gewisses Gefühl oder es folgt auf sie ein gesetzmäßig mit ihr zusammenhängender Willensentschluß. Man betritt ein Zimmer, findet es dumpfig und öffnet das Fenster. Man hört seinen Namen rufen und folgt dem Rufe. Man wird gefragt und gibt Antwort. Man sieht ein übelriechendes Ding und bekommt ein Gefühl von Unlust. Das sind einfache Zusammenhänge zwischen Denken, Fühlen und Wollen. Wenn man aber das menschliche Leben überschaut, so wird man finden, daß sich alles in diesem Leben auf solche Zusammenhänge aufbaut. Ja, man bezeichnet das Leben eines Menschen nur dann als ein 'normales', wenn man in demselben eine solche Verbindung von Denken, Fühlen und Wollen bemerkt, die in den Gesetzen der menschlichen Natur begründet liegt. Man fände es diesen Gesetzen widersprechend, wenn ein Mensch zum Beispiel beim Anblick eines übelriechenden Gegenstandes ein Lustgefühl empfände oder wenn er auf Fragen nicht antwortete. Die Erfolge, die man sich von einer richtigen Erziehung oder einem angemessenen Unterricht verspricht, beruhen darauf, daß man voraussetzt, man könne eine der menschlichen Natur entsprechende Verbindung zwischen Denken, Fühlen und Wollen beim Zögling herstellen. Wenn man diesem gewisse Vorstellungen beibringt, so tut man es in der Annahme, daß sie später mit seinen Gefühlen und Willensentschlüssen in gesetzmäßige Verbindungen eingehen ...

Bei der höheren Entwickelung des Menschen werden nun die Fäden, welche die drei Grundkräfte miteinander verbinden, unterbrochen ... Die Organe des Denkens, Fühlens und Wollens stehen sodann ganz frei für sich da. Und ihre Verbindung wird nunmehr durch keine ihnen selbst eingepflanzten Gesetze hergestellt, sondern muß durch das erwachte höhere Bewußtsein des Menschen selbst besorgt werden. – Das ist nämlich die Veränderung, welche der Geheimschüler an sich bemerkt, daß kein Zusammenhang zwischen einer Vorstellung und einem Gefühl oder einem Gefühl und einem Willensentschluß und so weiter sich einstellt, wenn er nicht selbst einen solchen schafft. Kein Antrieb führt ihn von einem Gedanken zu einer Handlung, wenn er diesen Antrieb nicht frei in sich bewirkt. Er kann nunmehr völlig gefühllos vor einer Tatsache stehen, die ihm vor seiner Schulung glühende Liebe oder ärgsten Haß eingeflößt hat; er kann untätig bleiben bei einem Gedanken, der ihn vorher zu einer Handlung wie von selbst begeistert hat. Und er kann Taten verrichten aus Willensentschlüssen heraus, für welche bei einem nicht durch die Geheimschulung hindurchgegangenen Menschen auch nicht die geringste Veranlassung vorliegt. Die große Errungenschaft, welche dem Geheimschüler zuteil wird, ist, daß er die vollkommene Herrschaft erlangt über das Zusammenwirken der drei Seelenkräfte; aber dieses Zusammenwirken wird dafür auch vollständig in seine eigene Verantwortlichkeit gestellt.“ (GA 10, S.131 ff.)

Diese Herrschaft erlangt der Mensch jedoch nicht, wenn der Schwellenübertritt unbewußt bleibt und keine entsprechenden Fähigkeiten ausgebildet werden. Denken, Fühlen und Wollen driften dann auseinander, das früher Selbstverständliche muß bewußt gehandhabt werden, der Halt schwindet. Wenn die drei Seelenfähigkeiten sich nicht in gesunder Weise durchdringen, kommt es zu jeweils einseitigen Abirrungen: Das Denken wird mechanisch und lebensfeindlich, das Fühlen artet in Schwelgerei aus und das Wollen wird brutalisiert. Die Folgen zeigen sich exemplarisch in vielen Symptomen der Zivilisationsentwicklung (siehe dazu Karl-Martin Dietz, Fußnote Seite 156), zum Beispiel in der Entkopplung von Forschung und Verantwortung, im Desaster der Parteienpolitik, nicht an Problemlösungen heranzukommen, in den Auswüchsen der Freizeitindustrie, im Medien- und Konsumrausch, im ständig wachsenden Drogenkonsum, in der Zunahme von Gewalt und Kriminalität.

„Die meisten Menschen handeln ja nicht deshalb nicht moralisch, weil sie nicht wissen, was moralisch ist, sondern nur, weil ihre Neigungen, Triebe, Begierden oder Leidenschaften ihrer moralischen Erkenntnis widersprechen." (GA 143, 15.01.1912, S.48)

So zeigen sich die Folgen auch im ganz persöhnlichen und im alltäglichen Leben: Erkenntnis und Tat klaffen auseinander; Verbindlichkeiten werden aufgeweicht, gemeinsame Absprachen nicht eingehalten; das Gefangensein in Sympathie und Antipathie machen eine sachliche Zusammenarbeit unmöglich; Harmoniesucht und Wohlgefühle treten an die erste Stelle; Theorien werden ohne Faktenbezug, ohne Rücksicht auf die Wirklichkeit gebildet; Denkmuster rollen in einer erstarrten Intellektualität ab, die zu einer differenzierten Betrachtung nicht fähig ist. Solche oder ähnliche Einseitigkeiten sind in zunehmendem Maße bei eigentlich jedem Menschen zu beobachten – also auch bei einem selbst.

Nun beschreibt Rudolf Steiner auch, daß zudem in umgekehrter Richtung die Wirkung des Schwellenübertritts eintreten kann und Denken, Fühlen und Wollen ineinandermanschen, ohne daß das Ich seine Tätigkeit entfaltet. Das Denken purzelt in die Gefühlswogen oder ergreift unkontrolliert das Wollen, mit nicht weniger krankmachenden Folgen. Deshalb muß der Mensch seine Tätigkeit nicht nur darauf richten, daß die drei Seelenkräfte aneinander anknüpfen können, sondern auch darauf, daß er sie sauber voneinander trennen kann.

„Das ist eine wichtige Anforderung, daß das Denken des modernen Menschen immer mehr in die Lage kommt, sich außer den Gefühlswogen und den Willenswogen zu halten." (GA 178, 11.11.1917, S.162)

Dadurch aber, daß sich die Menschen der genannten Anforderungen, die sich aus dem Schwellenübertritt ergeben, nicht bewußt sind oder aber aufgrund eben dieses Überschreitens nicht in der Lage sind, entsprechende Fähigkeiten konsequent auszubilden, wird das soziale Leben mehr und mehr erschwert und zu einem Tanz auf dem Vulkan, mit der Perspektive des Krieges aller gegen alle.

Der Krieg aller gegen alle

„Wenn man die Dinge so laufen läßt, wie ich sie unter dem Einflusse der in begreiflicher Weise heraufgekommenen Weltanschauung im 19. Jahrhundert für das 20. Jahrhundert entwickelt habe, so werden wir am Ende des 20. Jahrhunderts stehen vor dem Krieg aller gegen alle! Da mögen die Menschen noch so schöne Reden halten, noch so viele wissenschaftliche Fortschritte gemacht werden, wir würden stehen vor dem Krieg aller gegen alle! ... Es braucht die Menschheitsentwickelung den spirituellen, den bewußt spirituellen Impuls zum Leben." (GA 206, 06.08.1921)

Je weniger das Denken gestärkt, verlebendigt und spiritualisiert wird, desto mehr geht die Spiritualität, und damit auch das soziale Interesse, in die Instinkte.

„Da bringt es die Instinkte zum höchsten Grade des Egoismus. Da bringt es die Instinkte so zur Entwickelung, daß der Mensch nur zu Forderungen des Lebens kommt, nicht gewiesen wird auf soziale Triebe, auf soziales Mitgefühl und dergleichen. Da wird namentlich das Individuelle herausgestaltet bis zum Egoistischen der Instinkte. Und das bildete sich, wenn ich so sagen darf, unter der Oberfläche dieser materialistischen Zivilisation heraus, und das erschien in den welthistorischen Ereignissen, das erscheint jetzt. Dasjenige, was sich unter der Oberfläche, in den Tiefen der Willensmenschen, wo sich die Spiritualität der Instinkte bemächtigt hat, dazumal im Keime ausbildete, das erscheint jetzt in den welthistorischen Ereignissen. Und würde die Entwickelung nur fortfahren, diese Konsequenzen auszubilden, wir würden am Ende des 20. Jahrhunderts angekommen sein in dem Kriege aller gegen alle, gerade in demjenigen Gebiete der Erdenentwickelung, in dem sich die sogenannte neuere Zivilisation entwickelt hat. Und wir sehen dasjenige, was da sich ausgebildet hat, schon von Osten ausstrahlend über einen großen Teil der Erde sich geltend machen. Das ist ein innerer Zusammenhang." (GA 206, 06.08.1921, S.86 f.)

Mit den Folgen der hier auch prognostizierten Entwicklung des real existierenden Sozialismus bzw. Bolschewismus haben Europa und die Welt heute schwer zu kämpfen! Doch auch ein Weiteres hat sich inzwischen blutig verwirklicht, nämlich „daß die Kriege immer blutiger und blutiger werden, und daß immer deutlicher und deutlicher wird: die Menschen sind wie besessen." (GA 204, 03.06.1921)

Die völlige Zersplitterung ganzer Staaten in kleinste Volkseinheiten, in sich befehdende Gruppen, vollzieht sich heute noch in der Folgewirkung des Ersten Weltkrieges. Es leben dort keine zusammenfassenden Ideen, die dem Zerbrechen und dem Kampf zuvorkommen könnten. Wenn diese Ideen aber fehlen, schwindet der Friede.

„Denn dann würde der Mensch ganz mit der Erde, das heißt mit dem einzelnen Erdenterritorium, auf dem er geboren wird, zusammenwachsen.

Er würde sich in seiner Kultur vollständig spezifizieren, vollständig differenzieren. Wir sehen ja heute diese Tendenz sich herausentwickeln. Besonders veranlagt war die Sache schon seit dem Beginne des 19. Jahrhunderts; aber wir sehen heute, wie aus der Weltkriegskatastrophe die Tendenz sich herausentwickelt, sich in immer kleinere und kleinere Gruppen zu spalten. Der Volkschauvinismus nimmt immer mehr und mehr überhand, bis er dazu führen wird, daß sich die Menschen in immer kleinere und kleinere Gruppen spalten, so daß schließlich die Gruppe zuletzt nur einen einzelnen Menschen umfassen könnte. Dann könnte es dahin kommen, daß die einzelnen Menschen auch in einen linken und rechten sich spalten würden, und in einen Krieg mit sich selbst kommen könnten, wo sich der rechte Mensch mit dem linken in den Haaren liegt. Viele Anlagen dazu zeigen sich ja auch heute schon in der Entwickelung der Menschheit." (GA 191, 15.11.1919, S.272)

Epidemien des Wahnsinns

„Wenn die spirituelle Strömung nicht so viel Macht gewinnt, daß sie auch die Faulen und Bequemen erfassen kann, dann gewinnt dasjenige, was die karmische Folge ist, die Nervosität, immer mehr Einfluß auf die Menschheit, und wie es im Mittelalter Epidemien des Aussatzes gegeben hat, so werden, durch die materialistische Gesinnung hervorgerufen, in der Zukunft schwere Nervenerkrankungen, ganze Epidemien des Wahnsinns auftreten, und ganze Völker werden davon überfallen werden." (GA 99, 30.05.1907, S.73)

Es sei hier noch einmal daran erinnert, daß die Zitate nur als interesseleitende Schlaglichter gebracht werden. Der Eindruck, es handele sich hierbei um die einzigen oder gar erschöpfenden Erklärungen Rudolf Steiners, wäre ein fatales Mißverständnis, das seinen historischen und sozialwissenschaftlichen Bemühungen nicht im Entferntesten gerecht würde. Wohl aber finden sich in seinen Ausführungen wieder und wieder Hinweise auf die krankmachenden Wirkungen eines alles durchziehenden Materialismus und auf die entscheidende Klippe, ob der Mensch sich als geistiges Wesen erkennt und der soziale Organismus eine daraus resultierende Gliederung und Gesundung erfahren kann. Ob wir es heute mit Epidemien des Wahnsinns zu tun haben, ist – sowohl die gesellschaftlichen und Zivilisationserscheinungen als auch eine individuelle Symptomatologie betreffend – nur sehr schwer zu verifizieren. Man sollte vielleicht nicht allzu schnell ja sagen, nur weil die Welt und unter Umständen auch das persönliche Lebensumfeld das Bild eines Tollhauses bieten. Aber als Arbeitshypothese sollte man diese seelischen Epidemien schon ernst nehmen.

„Wer hineinschauen kann in die geistige Welt, der weiß, daß alles, was äußerlich materiell existiert, seinen geistigen Ursprung hat, aus dem Geistigen stammt. Es gibt nichts Stoffliches, das nicht aus dem Geistigen stammte. So kommt denn auch das, was die Menschen äußerlich als Gesundheit und Krankheit haben, von ihrer Gesinnung, von ihren Gedanken. Es ist durchaus wahr das Sprichwort: Was du heute denkst, das bist du morgen. – Sie müssen sich klar sein, daß, wenn ein Zeitalter schlechte, verdorbene Gedanken hat, die nächste Generation und das nächste Zeitalter dies physisch zu büßen hat. Es ist die Wahrheit des Spruches: Es werden die Sünden der Väter im so und so vielten Gliede sich rächen. Nicht ungestraft haben die Menschen des 19. Jahrhunderts angefangen, so derb materiell zu denken, so wegzuwenden ihren Verstand von jeglichem Geistigen. Was dazumal die Menschen gedacht haben, das wird sich erfüllen. Und wir sind nicht so weit davon entfernt, daß merkwürdige Krankheiten und Epidemien in unserer Menschheit auftreten werden! Was wir Nervosität nennen, wird spätestens in einem halben Jahrhundert schlimme Formen annehmen. So wie es einst Pest und Cholera und im Mittelalter Aussatz gegeben hat, so wird es Epidemien des Seelenlebens geben, Erkrankungen des Nervensystems in epidemischer Form. Das sind die wirklichen Folgen des Umstandes, daß es den Menschen an dem geistigen Lebenskern fehlt. Wo ein Bewußtsein von diesem Lebenskern als Mittelpunkt vorhanden ist, da wird der Mensch gesund unter dem Einfluß einer gesunden, einer wahren, weisen Weltanschauung. Aber der Materialismus leugnet die Seele, leugnet den Geist, höhlt den Menschen aus, weist ihn hin auf seine Peripherie, auf seinen Umkreis. Gesundheit gibt es nur, wenn des Menschen tiefinnerster Wesenskern geistig und wahr ist. Die wirkliche Krankheit, die auf die Aushöhlung des Inneren folgt, das ist die geistige Epidemie, vor der wir stehen.“ (GA 96, 29.01.1906, S.18 f.)

Anthroposophen sind nicht per se immun!

Daß Anthroposophen sich nicht außerhalb der Zeit oder auf einem anderen Stern befinden, dürfte eigentlich deutlich sein. Daß man als Anthroposoph daher auch genauso mit den Wirkungen der Bewußtseinsentwicklung, insbesondere mit dem Schwellenübertritt, zu kämpfen hat, wird vielleicht hier und da nicht klar genug gesehen, weil die Erkenntnis, daß man nicht per se immun ist, im allgemeinen allen Menschen sehr schwer fällt – nicht wahr, die anderen ... Die Selbsterkenntnis ist eben die schwierigste und leidvollste Übung. Und so mag auch überraschen, daß *die* Materialisten keinesfalls nur die anderen – sprich: Nichtanthroposophen – sind, sondern alle Menschen aufgrund der menschlichen Konstitution. Indem wir auf der Erde leben, in einem physischen Leib verkörpert und Sinneswesen sind, unser Denken an das Gehirn gebunden ist usw., sind wir zunächst auch Materialisten, und zwar sehr tief bis in unsere Empfindungen und unser Lebensgefühl hinein. Wenn diesbezüglich kein klares Bewußtsein waltet, man sich da und dort der eigenen Gaukelei nicht entziehen kann – wer kann das schon? –, dann können unter Umständen besondere Schwierigkeiten für denjenigen entstehen, der sich die Anthroposophie aneignen will. Nämlich insbesondere dann, wenn die *eigene* Erkenntnis nicht mehr klar von Lehrinhalten unterschieden werden kann und zwar eine – meist unzulängliche – kopfmäßige oder gefühlsduselige Aneignung, aber keine Wandlung und Fähigkeitenbildung erfolgt. Wenn in folgenden Zitaten auch von der Theosophie oder Theosophen die Rede ist, so sind die Begriffe in diesen Fällen synonym zu Anthroposophie und Anthroposophen zu verstehen.

„In den Köpfen der sogenannten Theosophen wird sich noch einmal aller Materialismus unseres Zeitalters am krassesten spiegeln. Weil die theosophische Gesinnung selbst eine so hohe ist, werden diejenigen, die nicht *ganz* von ihr ergriffen werden, gerade die schlimmsten Materialisten werden. An den Theosophen werden wir wohl noch viel böseres zu erleben haben, als an denen, die nicht von der theosophischen Lehre berührt worden sind. Die theosophische Lehre als Dogmatik, nicht als *Leben* aufgenommen, kann gerade in materialistische Abgründe führen. Wir müssen das nur verstehen. Sieh Dir einmal X an. Der ist auf dem besten Wege, eines der schlimmsten Opfer der Theosophie zu werden. Ohne Theosophie wäre er ein schlichter, unbegabter, aber wahrscheinlich braver Gelehrter geworden. Durch die Theosophie wird er ein hochmütiger, neidischer, nörgelnder Streber.“ (GA 262, 09.01.1905, Brief an M. v. Sivers, S.48)

So extrem hätten Sie, liebe Leserinnen und Leser, es vielleicht nun doch nicht erwartet. Aber es ist eben doch sehr Wahres dran! Auch wenn man – zugegebenermaßen – solche Fehlentwicklungen eher anderen, nämlich dubiosen okkulten Praktiken zusprechen möchte.

„Wir sehen, daß Leute, die *durch allerlei anderes* hellseherische Kräfte entwickelt haben, gewisse schlimme Eigenschaften zeigen, die sie früher nicht oder kaum gehabt haben; zum Beispiel wahre Lügenhälse werden, wenn sie anfangen, hellseherische Kräfte zu entwickeln.“ (GA 143, 15.01.1912, S.49. Hervorhebung K.D.N.)

Fasten your seatbelt!

Aber warum können solche Abirrungen auch auf dem anthroposophischen Schulungsweg auftreten? Beschreibt doch Rudolf Steiner eventuelle Gefahren und benennt auch immer gleichzeitig, wie man ihnen begegnet, so daß der Schulungsweg vollkommen ungefährlich erscheint. So ist es auch tatsächlich! Nur mit der nicht zu vernachlässigenden Einschränkung, daß es sich ähnlich verhält wie mit dem Sicherheitsgurt – er verleiht Schutz, man muß ihn nur anlegen. Mit anderen Worten: Man muß auch tun, was geraten wird, und das ist allemal die Verstärkung der moralischen Entwicklung. Man muß eben *beständig* üben und an der Ausbildung von Fähigkeiten arbeiten. Hier nehme ich mich nicht aus, davon manch schrilles Liedchen singen zu können, was alles zu bemerken ist, wenn hier mal Laxheit Platz greift!

„Dieser Astralleib, der lebt ja abgesondert bei dem Esoteriker oder bei demjenigen, der eine ernsthafte anthroposophische Entwicklung durchmacht, der Anthroposophie zu seinem Lebensinhalte macht." (GA 145, 26.03.1913, S.118)

„Wenn wir diese in Betracht ziehen, so werden wir verstehen, wie esoterische Entwicklung gerade nach dieser Richtung hin einzelne Gefahren hervorrufen kann. Es können zum Beispiel durch eine esoterische Entwicklung, weil diese notwendigerweise den Astralleib etwas freimachen muß, solche Menschen, die – sagen wir – ohne Beachtung alles dessen, was wahre Theosophie geben will, sich auf den Boden einer nicht ganz ernsthaften Theosophie stellen, es können gerade solche Menschen diese Eigenschaft des Astralleibes, den Egoismus, im Verlaufe ihrer esoterischen Entwicklung besonders hervorkehren." (GA 145, 26.03.1913, S.119)

Auch vor dem Egoismus ist ein Anthroposoph also nicht per se gefeit, ganz im Gegenteil, er setzt sich der Herausforderung der Umwandlung in besonderem Maße aus. Daher auch Rudolf Steiners beständige Aufforderungen, das Interesse nur für eng umgrenzte Kreise zu überwinden und zu weiten, die Oberflächlichkeit zu bekämpfen und ein starkes Gedankenleben auszubilden.

„Das ist ja für die heutigen Menschen so furchtbar schwierig, sich in Gedanken zu bewegen. Man wird sogar anstößig, höchst anstößig, wenn man in Gedanken sich bewegt ...

Das lieben die Menschen heute nicht. Die Menschen sitzen, gehen, stehen heute und ihre Gedanken spielen durch den Kopf dasjenige, ... was eigentlich Gedankenlosigkeit ist, aber es spielt durch den Kopf. Die Menschen überlassen sich diesen sogenannten Gedanken, sie geben sich passiv hin, nehmen auch jeden sogenannten Gedanken an, der ihnen durch den Kopf rollt. Und die Folge davon ist, daß der Gedankenwille, das Willkürliche, das aktiv Arbeitende im Gedanken, daß das heute in den Menschenseelen zu dem Allerseltensten gehört." (GA 190, 11.04.1919, S.157 f.)

Man darf nicht beim bloßen Vorstellungsleben stehenbleiben, das eigentlich nur eine Angelegenheit des Astralleibes ist und nicht der eigenen Aktivität unterliegt. Ein Beispiel wäre das assoziative Zuhören und Sprechen, was gern – jedenfalls von nicht wenigen – in Geselligkeit gepflegt wird. Sachinhalte spielen dabei meist ebenso wenig eine Rolle wie das wirklich gemeinsame Gespräch, das für jeden mitvollziehbar bleibt. Das Gespräch schwappt von einem ins andere, und das Persönliche steht obenan. Nun, in solchen Fällen mag es bei entsprechender Neigung hinnehmbar sein. Wenn das Persönliche jedoch auch ständig mit der Anthroposophie verquirlt wird und die Wirklichkeit fortlaufende Umdeutungen erfährt – „ich persönlich meine", „das finde ich aber nicht", in Bezug auf Tatsachen –, dann wird es problematisch.

„Man konnte bisher ein guter Geisteswissenschafter schon sein, wenn man Geisteswissenschaft studierte, ohne daß man sich kümmerte um dasjenige, was draußen im Leben vorging. Und wir haben ja gerade zwei Erscheinungen innerhalb unserer anthroposophischen Bewegung, über die wir eigentlich nachdenken sollten: Wir haben einerseits ganz gute Anthroposophen, welche aber, trotzdem sie ungeheuer viel wissen über die kosmische Entwickelung, über die Gliederung des Menschen, über Reinkarnation und Schicksal und Karma, von praktischen Gesichtspunkten des Lebens, von der Wirklichkeit des Lebens keine Ahnung haben, die gerade in der Anthroposophie etwas gesucht haben, um sich von dieser Wirklichkeit des Lebens fernzuhalten. Ja, diejenigen, die das, was ich jetzt sage, besonders betrifft, die ahnen nicht einmal, daß es sie betrifft. Denn eigentlich hält sich naiv jeder für einen Lebenspraktiker. Das also ist die eine Erscheinung, die wir unter uns haben.

Die andere Erscheinung ist die Sektiererei in irgendeiner Form. Es ist ja eine tiefe Neigung vorhanden, gerade in solchen Bewegungen, die sich auf das Geistige beziehen, Sektiererei zu treiben. Ob diese Sektiererei nun sich heraus entwickelt aus kleinen Cliquen, die auch mit dem Charakter der Sektiererei, wenn auch in sehr inferioren Dingen, auftreten, oder ob direkt Sektiererei getrieben wird, darauf kommt es nicht an. Denn dasjenige, worauf es ankommt, ist, wirklich einzusehen, daß durch diese hier gemeinte, anthroposophisch orientierte geisteswissenschaftliche Bewegung Objektivität, Unpersönlichkeit gehen muß. Das war ja immer das Schwierige unserer Bewegung, daß das Persönliche, meistens ohne daß man es ahnte, verwechselt wurde mit dem Objektiv-Sachlichen." (GA 190, 14.04.1919, S.207 f.)

Auch dies ist eine allgemein-menschliche Schwäche.

„Was aber notwendig ist, das ist: innerlich sachlich werden. Unter dem Einfluß der neueren Kultur haben die Menschen die Sachlichkeit verloren. Persönliches spielt überall." (GA 194, 14.12.1919, S.196)

Diese Schwäche gilt es aber zu überwinden! Denn die Feststellung, daß Anthroposophen auch nicht besser oder schlechter sind als andere Menschen, mag zwar dem einen oder anderen ein Trost sein, birgt aber Gefahren, wie gezeigt wurde. Und auch in der Anthroposophischen Gesellschaft birgt die Vermixung von Persönlichem und Sachlichem ständig die Gefahr der Zersplitterung und des Kampfes.

„Zunächst werden sich die Menschen einer gebildeten Gesellschaft nicht schlagen, sie werden sich nicht äußerliche Verletzungen zufügen. Aber mit welchen Gedanken, mit welchen Meinungen die Menschen unserer gebildeten Gesellschaft nebeneinander sitzen, davon brauche ich Ihnen nicht zu erzählen ... – Wenn in unserer Zeit, wo es den Leuten vorzugsweise darauf ankommt, Meinungen, Ansichten zu haben, sieben Mitmenschen zusammensitzen, dann haben sie dreizehn Meinungen, und infolge der dreizehn Meinungen wollen sie sich am liebsten in dreizehn Parteien spalten." (GA 96, 29.01.1906, S.14)

Keine Wollust im Wolkenkuckucksheim

„Nicht darum handelt es sich, im Abstrakten dieses oder jenes zu wissen, sondern hauptsächlich darum, überall die Forderung zu stellen zur Umkehr, zur Anstrengung, zur Überwindung des bequemen Schlendrians und in einer geistigen Weltauffassung das Richtige zu sehen. Und im geisteswissenschaftlichen Streben müssen Energien gesucht werden, nicht bloß Befriedigung, um zu sagen: 'Was war das wieder schön, ich bin so recht befriedigt', und in einem Wolkenkuckucksheim zu schweben, so daß man allmählich einschläft in der Befriedigung über die Harmonie in der Welt und über die allgemeine Menschenliebe." (GA 177, 13.10.1917)

Über die allgemeine Menschenliebe – so Rudolf Steiner – sollte man nicht reden, sondern sie praktizieren. Ebenso wenig sollte man von der Anthroposophie den eigenen Vorteil – wie komme *ich* in *meiner* Entwicklung voran? – oder gar seelische Wollust erwarten.

„Wie oft hört man immer wieder und wiederum, daß Leute, die in einen anthroposophischen Zweig *(örtliche anthroposophische Arbeitsgruppe, K.-D.N.)* gehen, Erhebung suchen. Unter einer Erhebung verstehen die Leute oft eine innere seelische Wollust. Die kann nicht geboten werden, denn die würde gerade die Menschen in Dumpfheit einhüllen und sie von dem Lichte, das sie brauchen, entfernen." (GA 191, 15.11.1919, S.278)

„Aber mit Schlafmützigkeit, mit derjenigen Gesinnung, die sich durch geistige Ideen und Begriffe ein wenig Wollust in der Seele schaffen will, darf diese anthroposophisch orientierte Geisteswissenschaft nicht verwechselt werden." (GA 194, 14.12.1919, S.195)

Nicht für die Befriedigung persönlicher Bedürfnisse ist Anthroposophie in der Welt, sondern für die Menschheit. Und ein sehr wirksames Heilmittel gibt es für jeden Menschen, um von einem egozentrierten Kleben an sich selbst loszukommen:

„Was gibt es da für eine Hilfe? – es gibt nur die eine Hilfe für die Menschen heute: loszukommen von sich selbst durch ein Interesse für die Angelegenheiten der Menschheit, durch wirkliches Interesse für dasjenige, was alle Menschen der heutigen Zeit angeht ..." (GA 190, 14.04.1919, S.203)

Wenn es zu Hause kracht

INTERVIEW MIT HELM STIERLIN

von Christine Pflug

Prof. Dr. Dr. Helm Stierlin, *geboren 12.03.1926 in Mannheim. Besuch der König-Wilhelm-Oberschule in Stettin; Studium der Medizin und Philosophie in Heidelberg, Zürich und Freiburg. 1951 Promotion zum Dr. phil. in*

Heidelberg, 1955 Promotion zum Dr. med. in München. Von 1955 bis 1974 Arbeit an verschiedenen psychiatrischen Kliniken und Forschungsinstituten, vor allem in den USA. Dort auch Ausbildung zum Psychoanalytiker. Dazwischen Professuren und Gastdozenturen an verschiedenen amerikanischen Universitäten sowie in Neuseeland und Australien.

Herausgeber der „Texte zur Familiendynamik". Gründer und Herausgeber (mit Josef Duss-von Werdt) der Zeitschrift „Familiendynamik". Ca. 200 wissenschaftliche Arbeiten und 13 Bücher mit Übersetzungen in zehn Sprachen.

1985: Distinguished Professional Contribution to Family Therapy Award der American Association for Marriage and Family Therapy.

Verheiratet mit Dr. Satuila Stierlin, die ebenfalls als Paar- und Familientherapeutin arbeitet. Zwei Töchter: Larissa und Saskia.

Partnerschaften und Familien sind die Keimzellen, in denen sich grundlegende Ursachen und Muster für Konfliktverhalten zeigen und auch bilden. Einhergehend mit der Auflösung des Rollenverständnisses brechen heute in Familien jede Menge Schwierigkeiten auf. Verhaltensweisen, mit denen Partner oder Familienmitglieder sich gegenseitig zu immer größeren Problemen hochschaukeln – sogenannte *Spiele* (der Erwachsenen) – und festgefahrene Begegnungsmuster führen in scheinbar ausweglose Sackgassen. Die Familientherapie hat die Aufgabe, das Familiensystem, d.h. alle Mitglieder, zu beraten und zu heilen. Die systematische Familientherapie hat sich in Amerika aus der Humanistischen Psychologie heraus entwickelt. Eine ihrer Begründerinnen war Virginia Satir. Professor Dr. Dr. Helm Stierlin ist einer der bedeutendsten Vertreter der Familientherapie.

Die wissenschaftliche Grundlage der systematischen Familientherapie ist die *Kybernetik*. Der Kybernetik liegt die Annahme zugrunde, daß Funktionen wie Steuerung, Regelung, Informationsaustausch und -verarbeitung bei Maschinen, Organismen und sozialen Gebilden gleichen Prinzipien folgen. Zahlreiche Elemente eines Systems bedingen sich gegenseitig in ihrem Verhalten (Zirkularität). Ein Konflikt in einer Partnerschaft oder Familie ist also immer gleichermaßen das (verdeckte) Problem aller Beteiligten bzw. wird von allen verursacht und fortgeführt. Oft zeigt es sich aber am auffälligen Verhalten *eines* Familienmitgliedes, dem sogenannten *„Symptomträger"*. Kinder und Jugendliche können durch unbewußte Mechanismen von ihren Eltern *delegiert* werden, deren verdrängte Wünsche, Eigenschaften, Triebe, Bedürfnisse auszuleben, was von einer herausragenden Berufskarriere bis zu kriminellen Verhalten gehen kann (Delegationsprozesse sind allerdings nicht an sich und in jedem Fall pathologisch). Der Delegierte, typischerweise ein Jugendlicher, wird hinausgesandt, aber gleichzeitig an der langen Leine der *Loyalität* gehalten, d.h. er fühlt sich an seine Eltern gebunden und erfüllt deren Aufträge.

Die systematische Familientherapie ist bemüht, nicht ausschließlich das Symptom zu beseitigen, also zum Beispiel die Tochter von der Magersucht oder die Ehefrau von der Migräne zu befreien, sondern das Familiensystem und Beziehungsgeflecht in Bewegung zu bringen und neue Verhaltensweisen zu ermöglichen, damit alle Beteiligten zu einem für sie wünschenswerten Miteinander kommen. Der Therapeut mobilisiert Heilungsmöglichkeiten, sogenannte *Ressourcen*, die wiederum selbst in der betreffenden Familie oder Partnerschaft zu finden sind. So kann eine Eigenschaft, zum Beispiel Willenskraft, die vorher die Familie in Konflikte gebracht hat, an einer anderen Stelle eingesetzt, Konflikte lösen und alle Beteiligten weiterbringen.

Helm Stierlin hat aufgrund seiner langjährigen Erfahrung auf treffende Weise das Thema *Beziehungskiste* so dargestellt, wie man es manchmal auch sehen sollte: als Witzgeschichte. In seinem Büchlein „Ob sich das Herz zum Herzen findet" zeichnet er und beschreibt in Gedichten die Partnerschaft von Anton und Antonine. An passender Stelle kann man im Interview deren Beziehungsgerangel (und auch das eigene) wiederfinden.

Christine Pflug: Was sind heute, also in den letzten zehn bis zwanzig Jahre, typische Konflikte in Familien?

Prof. Dr. Dr. Helm Stierlin: Dazu müssen wir erst einmal differenzieren, was heute eine Familie ist. Es gibt Konflikte zwischen Ehepartnern, weiterhin Konflikte zwischen Generationen, in denen die Kinder mit einbezogen sind, und dann gibt es Konflikte, die mehrere Generationen, meistens drei, betreffen. Diese unterschiedlichen Konflikte wirken aufeinander ein, sind aber jeweils für sich gesehen verschiedenartig.

C.P.: Dann schildern Sie erst einmal die Konflikte einer Familie mit Kindern.

H. Stierlin: Die Schwierigkeiten, die in einer Familie entstehen, hängen von dem Zyklus der Familie ab, das heißt von dem Alter der Kinder und von der Dauer der Partnerschaft der Eltern. Wenn man eine Familie mit kleinen Kindern betrachtet, so liegt der Konflikt sehr stark darin: Wer macht was? Es geht also um die Rollenverteilung zwischen den Ehepartnern. Da spielt die Bewußtseinsveränderung, die durch die feministische Bewegung hervorgerufen wurde, eine sehr große Rolle, weil die Frauen seit dieser Zeit davon ausgingen, daß sie einen Beruf haben sollten. Es besteht also eine Zwei-Karrieren-Familie, und deshalb ist eine partnerschaftliche Aufteilung der Aufgaben notwendig.

Für diese partnerschaftliche Aufteilung fehlen aber in der Regel die Modelle. Beide Partner kommen zum Beispiel aus Familien, die noch stark patriarchalisch gedrillt wurden. Das kann dann dazu führen, daß das Aushandeln der verschiedenen Aufgaben – „Wer macht die schmutzige Wäsche, wer versorgt die Kinder?" – sehr viel Zeit, Energie und guten Willen verlangt. Ein kleines Kind, oder auch mehrere kleine Kinder, bedeuten eine enorme Umstellung für ein junges Paar. Das Kind schreit, es muß versorgt werden, und jeder muß von dem, wie er bisher lebte, Abstriche machen. Das geht erfahrungsgemäß nur mit Konflikten und großen Krächen einher. Das ist sicherlich auch ein Grund dafür, warum heute gerade dann viele Ehen scheitern, wenn die Kinder noch klein sind, also in den ersten sieben Jahren.

Was ER erwartet, SIE erhofft,
Das differiert nur allzuoft.
Und was der eine hält für recht,
Das dünkt dem andern abgrundschlecht,
So daß es häufig grad zur Nacht
Im Partnerschaftsgebälke kracht
Und von der holden Zweisamkeit
Alsbald nur wenig übrigbleibt.

Wenn jeder andere Wertvorstellungen hat

C.P.: Wodurch entsteht dann der Konflikt? Man könnte doch ganz naiv meinen, daß man einfach die Aufgaben verteilt und sich dann an die Abmachungen hält. Warum klappt das nicht?

H. Stierlin: Der Konflikt kommt daher, daß die beiden Partner sehr unterschiedliche Vorstellungen von dem haben, was angemessen und fair ist. Der eine Partner hält es für völlig sinnvoll und gerechtfertigt, daß, wenn er selbst einen halben Tag für die Kinder opfert, dies der andere auch tun sollte. Wenn der Mann aber vielleicht beruflich so eingespannt ist, daß er dazu nicht in der Lage ist, versucht er das auf eine andere Weise auszugleichen.

Es werden also sozusagen Konten geführt über das, was jeder gegeben und bekommen hat. Diese Konten haben damit zu tun, was jeder von seiner eigenen Herkunftsfamilie als Wertigkeit erfahren hat und für fair und angemessen hält. Einigen Frauen genügt es, wenn der Mann das Geld verdient und sie in schwierigen Situationen, mitunter auch im Haushalt, unterstützt. Für viele andere Frauen gilt das aber heute nicht mehr; sie haben ein Zeitbudget. Wenn sie sich um die Kinder kümmern, betrachten sie das als einen Verlust, der einer möglichen beruflichen Aufgabe verlorengeht, und erwarten das gleiche Opfer von ihrem Ehepartner.

Das Problem bei all dem ist, daß die Konten in verschiedenen Währungen geführt werden. Es gibt dann russische Rubel und dänische Kronen, die nicht konvertibel sind. Das führt zu großen Mißverständnissen, und diese Mißverständnisse können Anlaß für Spannungen und Schwierigkeiten sein. Die Betreffenden stehen dann vor ausweglosen Situationen, weil der Macht- und Anspruchskampf sehr schnell eskaliert.

C.P.: Heute gibt es Familien, die aus den Bestandteilen alter geschiedener Familien neu zusammengesetzt sind. Gibt es typische Konflikte für diese sogenannten Patchworkfamilien?

H. Stierlin: In vielen dieser Familien – man spricht auch von Stieffamilien oder in englisch von „blended family", also aus alten aufgelösten Familien werden neue Familien zusammengesetzt – gibt es Konflikte, die sich von gespaltenen Loyalitäten herleiten. Die Kinder bemühen sich, den ehemaligen Eltern verbunden zu bleiben. Die neuen Eltern wollen die alten Eltern ersetzen, es ist aber für sie sehr schwierig, zu den Kindern einen Zugang zu finden. Die neuen Rollen sind oft sehr unklar definiert; manchmal sind die neuen Partner nur Freunde oder haben eigene Kinder. Es ist meistens eine unklare und verwirrte Situation, die mit anderen Problemen, wie zum Beispiel der Umstellung in einen eigenen Haushalt, zusammenfällt. Hier herrscht oft eine mitmenschliche Komplexität vor, die die Betroffenen überwältigt. Das führt natürlich zu Spannungen und Frustrationen, die sich in Konflikten entladen.

Solche Entwicklung scheint zwar üblich,
Ist andrerseits jedoch betrüblich.
Und daher scheint es uns geboten,
Den Hintergrund kurz auszuloten:

Zunächst erweist sich als Problem
Das jeweilige Wertsystem:
Daß Antonine mal gebiert,
Daß sie als Weib sich nicht so ziert,
Vielmehr brav dienend sich verhält
Und klaglos ihr Geschäft bestellt,
Dieweilen Anton dann und wann
Sich Freiheiten erlauben kann.

Rollenverwirrung, Erwartungsverwirrung, Loyalitätsverwirrung

C.P.: Ist das eine Rollenverwirrung?

H. Stierlin: Ja, eine Rollenverwirrung, eine Loyalitätsverwirrung und eine Erwartungsverwirrung.

C.P.: Wie kann eine Loyalitätsverwirrung aussehen?

H. Stierlin: In solch einer Situation konkurrieren jetzt drei Eltern, mitunter sogar vier, um die Liebe, Anerkennung und Wertschätzung eines Kindes. Dann spielen solche Vorstellungen hinein, daß in der Sicht der Kinder der eine Elternteil ungerecht behandelt worden ist, hinausgeworfen und verlassen wurde; das sind oft die Frauen, die sich dann sehr stark an die Kinder binden, aber auch Väter. Oft gibt es Streit über die Frage des Besuchrechtes, für den neuen Elternteil steht an, wie er sich in der Familie zurechtfindet, und die neu zusammengebrachten Kinder finden heraus, ob sie nun Geschwister sind oder sich als gegenseitige Rivalen betrachten. Für die Kinder entsteht auch die Frage, ob sie die neuen Eltern als Bereicherung oder ebenfalls als Rivalen betrachten. So gibt es sehr verwickelte Konstellationen, und für Kinder, für die es heute sowieso sehr schwierig ist, sich in dieser komplizierten Welt zurechtzufinden, wird die ganze Situation noch verwirrender.

C.P.: Welche Familien kommen zu Ihnen in Therapie, und wie ist dann ihre Situation? Hängt das Kommen vom Bildungsstand der Familie ab, oder muß der Konflikt schon bis zu einem gewissen Grade eskaliert sein?

H. Stierlin: Seitdem ich in den letzten siebzehn Jahren in Heidelberg bin, hat sich da einiges gewandelt. Heute kommen viel mehr Familien aus eigenem Antrieb, weil sie etwas in den Medien gelesen haben oder sich sonstige Informationen beschafft haben, und nicht, weil sie von Kollegen geschickt werden. Sie sehen dann selbst, daß ihre Beziehung nicht in Ordnung ist, daß sie sich zu viel streiten, zu wenig Lebensfreude haben, daß sie alle möglichen seelischen und körperlichen Probleme haben, daß sich die Kinder nicht gut entwickeln, und sie sehen sich von dieser Konfliktproblematik einfach überwältigt. Wenn sie dann selbst versucht haben, ihre Konflikte zu lösen, sind sie dabei immer mehr ins Gedränge gekommen, die Beziehungsklärung führte oft zu noch mehr Verwirrung. Neulich war zum Beispiel ein Paar bei mir, das sich, um die eigene Beziehung zu klären, vierzehn Tage in die Berge zurückgezogen hatte. Beide hatten psychologische Erfahrungen und Therapien hinter sich, aber das Resultat dieser versuchten Beziehungsklärung war das, daß sie keinerlei Freude am Urlaub hatten, sie kamen weder zum Sport noch zum Wandern oder Skilaufen, sondern sie verhedderten sich immer mehr und mehr in ihre Konflikte. In solchen Situationen ist es sinnvoll, einen neutralen Dritten hinzuziehen, der mit solchen Problemen Erfahrungen hat und sich bemüht, beiden Teilen gerecht zu werden. Mittlerweile liegen ja auch schon viele Erfahrungen vor, was man in solchen Situationen tun kann.

C.P.: Sie bezeichnen Ihre Herangehensweise als „systemische Therapie“. Wie würden Sie das definieren?

H. Stierlin: Der Begriff „systemische Therapie“ leitet sich von den Systemwissenschaften her, die vor vierzig Jahren als ein Modell immer wichtiger wurden. Es geht dabei darum, komplexe Zusammenhänge besser zu verstehen, das gilt sowohl für biologische als auch für soziale Wissenschaften. Dazu gehört die Informationstheorie, die allgemeine Systemtheorie und vor allem die Kybernetik; das ist die Lehre von Steuerungsprozessen. Diese wissenschaftlichen Betrachtungsweisen sind Modelle, die sich für das Verständnis komplexer menschlicher Beziehungen als nützlich erweisen. Sie eröffneten den Blick für Zusammenhänge, die für individuumzentrierte Sichtweisen, wie zum Beispiel die Psychoanalyse, nicht erfaßbar waren. Das betrifft zum Beispiel den sogenannten Kontext einer Beziehung, für Regeln in Beziehungen, für die sogenannten Spiele, die in Beziehungen gespielt werden. Wenn dieses Modell angelegt wird, hat es das Ziel, diese Spiele, Muster und Regeln zu verändern, und das in einer möglichst effektiven Weise, d.h. man versucht dem einzelnen zu helfen, sich aus all diesen Verstrickungen zu lösen. Daher kommt der Begriff „systemisch“, der irreführend sein kann, weil er eine eher mechanische Metapher benutzt, und weil er nicht berücksichtigt, daß es auch in menschlichen Zusammenhängen um individuelle Motivationen, Antriebe und Bedürfnisse geht, die sich durch eine solche mechanische Metapher nicht erfassen lassen.

Ich möchte daher noch einmal betonen, daß wir als Systemtherapeuten sowohl das Individuum in seiner ganzen komplizierten Eigenständigkeit und Motivationsdynamik, seinen Erwartungen, Wünschen, Zielen und Phantasien sehen, aber auch das wichtige existentielle System, in das jeder einzelne eingebettet ist. Wir denken und handeln von daher immer zweigleisig: Zum einen sehen wir die individuelle Motivationsdynamik, die individuelle Geschichte, aus der sich alles ergibt, und auch den Kontext, zum Beispiel die Partner-, Familienbeziehung, aber auch andere Lebenszusammenhänge, wie sie zum Beispiel im Beruf, in der Schule oder bei den Jugendlichen in der Peer-Group bestehen. Wir konzentrieren uns also nicht nur auf die Familie als ein systemisches Beziehungsnetz, sondern wir gehen von dem Problem aus, so wie es sich uns darstellt; das kann zum Beispiel für einen Alkoholiker auch den Arbeitsplatz und den Arbeitgeber mit einbeziehen, für einen Jugendlichen, der mit Drogen Probleme hat, die Gruppe der Gleichaltrigen. Wir gehen also immer von dem System aus, das wir bei dem Konfliktbeeinträchtigten für wichtig halten.

C.P.: Können Sie einmal an einem Beispiel darstellen, was ein sogenanntes Spiel innerhalb eines solchen Beziehungssystems ist?

Wenn die Frau nörgelt und der Mann sich zurückzieht

H. Stierlin: Ein bekanntes Spiel, wie ich es auch in meinem kleinen Heftchen dargestellt habe, ist das zwischen nörgelnder Frau und sich zurückziehendem Mann. Je mehr die Frau nörgelt und an dem Mann etwas Anstößiges findet, desto mehr zieht er sich zurück. Je mehr sich der Mann wiederum zurückzieht, desto mehr nörgelt die Frau. Das ist im Grunde genommen ein ganz einfaches Spiel, aber man wird leicht verstehen, daß es eskaliert und zu einer schwierigen Situation für die beiden führt. Ganz zentrale Bedürfnisse, wie zum Beispiel nach Anerkennung, Intimität, Verläßlichkeit werden durch dieses Spiel gestört.

C.P.: Wie könnte so ein Spiel in einer Familie mit ein oder zwei Kindern aussehen?

H. Stierlin: Zum Beispiel kann ein Elternpaar Schwierigkeiten haben, Konflikte, die zwischen ihnen bestehen, zu formulieren, und nun rekrutieren sie – in der Fachsprache würde man triangulieren sagen – das Kind, über das der Konflikt ausgetragen wird. Das Kind erhält dann sehr viel Aufmerksamkeit von den Eltern. Wenn es Probleme zeigt, kümmern sich die Eltern viel mehr um das Kind, als wenn es etwas gut macht. Auf diese Weise kann ein Kind in einem solchen System Mitspieler werden.

C.P.: Wie kann man sich das praktisch vorstellen? Die Eltern tragen ihre Konflikte um des lieben Friedens willen nicht aus und kehren sie unter den Teppich. Wie lebt nun das Kind diese Konflikte anstelle der Eltern?

H. Stierlin: Es ist sehr wichtig zu betonen, daß das Kind nicht aus Absicht mitspielt. Spiele stellen sich einfach ein, wenn man in einer schwierigen Situation ist, für die sich sonst scheinbar keine Lösung zeigt. Es ist dann oft der Fall, daß sich jemand als Symptomträger dieses Konflikts darstellt. Ein Symptom entwickelt sich oft als Folge einer Belastung oder auch aus der Mischung von Belastung und einer gewissen erblichen Disposition.

Statt Sexualität kommt die Migräne

C.P.: Welche Symptome können das sein?

H. Stierlin: Da gibt es eine große Bandbreite. Es gibt körperliche Symptome, die mehr in den psychosomatischen Bereich gehen, zum Beispiel Magengeschwüre, Bluthochdruck, Asthma; mehr psychologische Symptome sind dann Zwangsverhalten, wenn sich zum Beispiel ein Mädchen täglich drei Stunden duscht, Leistungsverweigerung und ähnliches. Dann gibt es Symptome, die mehr in den psychiatrischen Bereich gehen, zum Beispiel Antriebslosigkeit, Depression, Zerfahrenheit. Die Spielbreite von Symptomen und symptomatischen Verhalten ist sehr groß. Der Symptom-

Vor ihrem vorwurfsvollen Blicke
Weicht ER leicht säuerlich zurücke,
Was IHR umgehend konfirmiert:
ER drückt sich wieder routiniert.
Was dann bei IHR, die schon gestreßt,
Vorwürfe weiter sprudeln läßt,
Worauf, damit's IHN nicht bedrücke,
ER zieht noch weiter sich zurücke,
Was wiedrum SIE, die alsbald tost,
Noch allemalen mehr erbost,
Was wiedrum IHN, der auch nicht lacht,
Kaum übermäßig zärtlich macht,
Was wiedrum SIE ... doch sei's genug
Mit solchem Zug um Gegenzug.

träger ist dann immer aus der Rolle fallend, belastend und unter Umständen auch krank.

Nehmen wir als Einzelfall einmal Migräne. Zum Beispiel stellt sich diese Migräne als ein sehr schmerzhaftes Symptom in einer Situation ein, wenn sich die Frau durch die sexuellen Ansprüche ihres Mannes bedrängt fühlt, auf der anderen Seite aber erlebt, daß sie gefühlsmäßig zu kurz kommt. Aber sie hat große Schwierigkeiten, ihm das zu sagen. Anstatt ihm mitzuteilen, daß er mehr ihre Gefühlsbedürfnisse erwidert, wird die Sexualität zum Mittelpunkt der Konfliktsituation. Die Migräne-Attacke stellt sich dann in einer Situation ein, in der der Frustrations- und Aggressionspegel recht hoch ist, und dann kommt es zu diesen sehr schmerzhaften Zuständen, die verlangen, daß die Frau sich zurückzieht und Medikamente nimmt. Vielleicht geht sie dann in einen Raum, der verdunkelt ist, und läßt sich von einer Freundin trösten. Das ist für sie eine Möglichkeit, diesen sexuellen Zudringlichkeiten zu entgehen und gleichzeitig die Ursache auf die Krankheit zu schieben. Die Eigenverantwortung für die Steuerung von Nähe und Distanz wird durch das Symptom abgenommen. Das Symptom stellt sich in diesem Sinne als etwas ein, was für diese Situation sehr gelegen kommt. Aber man kann nicht sagen, daß es bewußt hervorgebracht sei, dazu ist die Situation viel zu komplex. Man muß also von der Vorstellung weg, daß man ein Symptom produziert, um irgend etwas zu bekommen. Die Formulierung müßte eher heißen, daß, wenn ein Symptom länger besteht, es in einer Beziehung bestimmte Funktionen erfüllt.

Als Familien- oder Systemtherapeut muß man hier immer fragen, was passieren würde, wenn man das Symptom beseitigt. Auf der einen Seite verschafft dieses Symptom zwar Leidensdruck und Einengung von Lebensfreuden, aber für das andere Problem, das mit der emotionalen und sexuellen Verträglichkeit der beiden Partner und mit den unterschiedlichen Wertsystemen zu tun hat, bleibt das Problem ungelöst. Deshalb kann eine schnelle Symptombeseitigung, die diesen ganzen Kontext nicht mit einbezieht, zu mehr Problemen führen, als sie mit dem Symptom selbst bestanden haben.

C.P.: Wie kann es aussehen, wenn zum Beispiel das Kind der Symptomträger ist?

Magersüchtigkeit

H. Stierlin: Betrachten wir einmal Anorexie, die Magersüchtigkeit junger Mädchen. Darüber habe ich gerade ein Buch mit meinem Kollegen Gunthart Weber geschrieben. Man kann diese Eßstörung unter verschiedensten Gesichtspunkten betrachten, aber der therapeutisch wichtigste scheint mir der zu sein, daß es sich dabei um einen Kampf handelt, zwischen dem

Wunschdenken nach Autonomie einerseits, andererseits um eine weiter bestehende Abhängigkeit. Nach unserer Erfahrung ist in solchen Familien das Thema Bindung sehr stark betont: Das sind zum einen Loyalitäten, zum anderen ist es die Vorstellung, daß man alleine nicht lebensfähig sei und daß man vor allem andere nicht alleine zurücklassen könne. Es sind verinnerlichte Vorstellungen, die den normalen Ablösungsprozeß sehr schwer machen.

Sie läßt etwa ins Bett sich führen
Mit Magen- oder Darmgeschwüren,
Oder – es ist nicht zum Scherzen –
Sie bekommt es nun am Herzen.
Mitunter kann jedoch auch ein
Migräneanfall handlich sein.
Ja, warum sollten sie verschonen
Die altbekannten Depressionen?

C.P.: Ist es das Kind, das meint, daß es die Eltern nicht alleine lassen dürfe?

H. Stierlin: Da kommt vieles zusammen. Das Kind hat oft die Vorstellung, daß es, wenn es sich ablöst, alleine nicht zurechtkommt. Es meint, so viel Wärme und Geborgenheit zu vermissen, daß es alleine nicht lebensfähig sei. Andererseits hat es die Vorstellung, daß die Eltern auch nicht alleine zurechtkämen. Eine Ablösung ist meiner Meinung nach ein dynamischer Prozeß, in dem sich beide Parteien verändern – und somit auch ihre Beziehung zueinander –, andererseits kann aber immer eine Nähe bestehen bleiben. Und das macht die großen Probleme in diesen Familien, weil ihre Mitglieder meinen, eine Ablösung sei ein Entweder-Oder, entweder ist man ganz getrennt oder ganz eng beisammen. Sie können sich nicht vorstellen, daß es in diesem Fall ein Sowohl-als-auch gibt. Es spielen viele Dinge mit hinein, zum Beispiel dieses Familiencredo, das Bindungskräfte ganz stark aktiviert, zum anderen wirken eingeschliffene Muster, aber auch soziologische Faktoren, zum Beispiel welche Bedeutung heute Essen und Schlanksein haben.

Aus diesem Bedeutungsgebräu bildet sich der Boden, auf dem heutzutage Anorexien entstehen können. Es zeigt sich, daß ein Konflikt besteht zwischen Autonomie und dem Wunsch, abhängig zu bleiben. Und in gewisser Hinsicht kann man sagen, daß diese Mädchen das Problem genial lösen: Zum einen demonstrieren sie Autonomie dadurch, daß sie ihren Körper beherrschen, sie machen ihren Körper zu einem Feind, gegenüber dem sie den Triumph ihres Willens erleben. Sie erleben also ihre eigene Macht durch Kontrolle und Fasten.

Gleichzeitig stellen sie mit dieser Art von Autonomie zentrale Werte ihrer Familie in Frage. Denn oft sind das Familien, in denen Behütetwerden, Versorgtsein, gut essen und auf die Gesundheit achten einen großen Stellenwert haben. Die Währung der Liebe ist oft die, daß Fürsorge über den Magen geht. So zeigen diese Mädchen ihren Eltern, daß sie das, was sie an Fürsorge bekommen, nicht annehmen. Dadurch grenzen sie sich in einer sehr schroffen Weise ab. Andererseits löst so ein Mädchen durch das Hungern solche Ängste in den Eltern aus, daß die Bindungskräfte wieder aktiviert werden. Wenn die Eltern merken, daß ihre Tochter abnimmt, es ihr nicht gut geht und sie sich aus dem Kreis der Gleichaltrigen ausklinkt, sind das für die Eltern Beweise für ihre eigene erzieherische Unfähigkeit. Das aktiviert eine ungeheure Angst und Sorge bei ihnen, und dem Kind gibt es auf eine fast perverse Weise ein Gefühl von Wichtigkeit. Dadurch wird wiederum die Familienbindung noch mehr zementiert. Gleichzeitig schleichen sich Automatismen ein, der Körper gewöhnt sich daran, daß er zu wenig Nahrung erhält und dadurch entsteht auch ein gewisses Kontinuum. So ein Symptom kann sich über mehrere Generationen erhalten; zum einen ist es ein Problemlöser eines scheinbar unausweichlichen Dilemmas, aber natürlich zu einem Preis, der letztlich das Problem noch verschärft.

C.P.: Das scheinen ganz ausweglose Teufelskreise zu sein. Wie gehen Sie denn als Familientherapeut vor, wenn zum Beispiel eine solche Familie zu ihnen kommt?

H. Stierlin: Ich halte es für sehr wichtig, daß man sich als Therapeut von dem Anliegen der Betroffenen leiten läßt. Das ist deshalb so bedeutungsvoll, weil das Anliegen sehr unterschiedlich sein kann. Es kann zum Beispiel ein Paar kommen, und der eine Partner hat das Anliegen, die Ehe doch noch zu retten, er betrachtet die Therapie als seine letzte Chance und will alles dafür einsetzen. Der andere hat schon längst einen Termin mit dem Rechtsanwalt vereinbart und dieser hat ihm vielleicht geraten, um gute Konditionen zu bekommen, noch ein paar Gespräche zu führen. Wenn man diese unterschiedlichen Erwartungslagen nicht berücksichtigt, dann kommt man in ein großes Durcheinander. Deshalb ist es wichtig, die unterschiedlichen Erwartungen der einzelnen Mitglieder vorher abzuklären.

So gibt es beispielsweise viele
Mit Grimm gespielte Opferspiele,
Bei denen man mit eignen Leiden
Zu trüben sucht des Partners Freuden,
Bei denen man als Opferlamm
Moralisch sich erhöhen kann,
Dieweil der andre Egoist
Und ethisch minderwertig ist.

Erst dann kann sich herausstellen, was das Ziel, vielleicht angesichts solcher unterschiedlicher Erwartungen, sein kann.

C.P.: Beschreiben Sie doch einmal beispielsweise eine solche Situation von Magersüchtigkeit. Würde ein solches Mädchen alleine in Therapie kommen? Und falls die ganze Familie mitkäme, wie würden Sie da vorgehen?

H. Stierlin: Manchmal kommen die Mädchen alleine, aber wenn sie jünger sind, kommt die ganze Familie mit. Ältere Mädchen oder auch Frauen, zum Beispiel solche, die Bulimie haben, also Freßsucht, kommen oft alleine.

C.P.: Nehmen wir einmal den Fall, eine ganze Familie kommt mit dem magersüchtigen Mädchen. Sagen dann gewöhnlich die Familienmitglieder, daß sie selbst keine Probleme hätten, aber sehr wohl das Mädchen?

H. Stierlin: Das kann so sein, aber oft meinen die Eltern, daß sie dann selbst etwas falsch gemacht hätten. Sie glauben, daß sie irgendwie als Eltern versagt haben müßten, denn sonst wäre das Mädchen ja nicht magersüchtig. Oft kommen sie, weil sie Hilfe brauchen, ihre Konflikte besser zu verstehen und miteinander klarzukommen.

C.P.: Ist also schon ein Konfliktbewußtsein vorhanden?

H. Stierlin: Sehr häufig, das betrifft vor allem solche Familien, die freiwillig zur Beratung kommen. Das ist hier bei uns im Institut der Fall. Etwa 30 % unserer Klienten nehmen einen Anfahrtsweg von etwa 200 km in Kauf.

C.P.: Kann man dann bei den Klienten, die zu Ihnen kommen, ein systemisches Denken voraussetzen?

Symptome als Ausdruck von Beziehungsproblemen

H. Stierlin: Ja. Ich glaube, das ist eine Folge der Bewußtseinsveränderung bzw. -erweiterung, die in den letzten zwanzig Jahren stattgefunden hat. Mehr und mehr Menschen sehen Symptome als Folge und Ausdruck von Beziehungsproblemen an.

C.P.: Welche Prozesse und Stufen machen Sie mit den Familien in Ihren Beratungen und Therapien durch?

H. Stierlin: Das ist in wenigen Sätzen schwierig zu beantworten. Ich möchte einmal den äußeren Rahmen beschreiben: Bei uns dauern Therapien eineinhalb bis zwei Jahre, aber sie finden in vergleichsweise langen Abschnitten statt. Die Abschnitte gehen von vier bis sechs Wochen, zwei Monaten oder sogar bis zu einem halben Jahr. Die Durchschnittszahl der Behandlungen bei Anorexie zum Beispiel beträgt sechs bis sieben Sitzungen, wobei eine Sitzung zwei Stunden dauert. Ich versuche, jede Sitzung neu zu beginnen, es ist jeweils ein neuer Anfang. Ich lasse mich dann leiten, was von den jeweiligen Klienten als Problem und Ausgangslage dargestellt wird. Dann gilt es zu verstehen, was die unterschiedlichen Erwartungen und Anliegen sind, welche Konflikte sich daraus ergeben und wie mit diesen Konflikten umgegangen wird. Das Diffizile dabei ist, daß die Welt der menschlichen Beziehungen sehr unterschiedlich deutbar ist, und ein und dasselbe Verhalten kann sehr unterschiedlich interpretiert werden.

Wenn zum Beispiel ein junger Mann morgens nicht aufsteht, nicht in die Universität oder zur Arbeit geht, sich niedergeschlagen oder mürrisch zeigt, kann man das vielleicht als Ausdruck von Faulheit sehen oder als Folge einer Depression, und je nachdem hat man dann sehr unterschiedliche Vorstellungen von dem, was getan werden sollte. Die einen denken, daß man ihm einen Tritt in den Hintern versetzen müßte, die anderen halten eine geharnischte Rede oder einen Rausschmiß auf die Straße für angemessen, andere würden ihn zu einem Psychiater schicken und Neuroleptika verschreiben lassen oder denken gar an die Einweisung in eine Klinik. Das sind also enorm unterschiedliche Konsequenzen, die auf einer verschiedenen Sichtweise des Problems beruhen. Und da zeigt es sich auch, wie wichtig es ist, daß man diese unterschiedlichen Sichtweisen thematisieren kann, anstatt daß man sich nur eine Sicht zu eigen macht. Vieles, was sich als Produkt von scheinbar unlösbarer Problematik zeigt, ist die Folge von Mißverständnissen, die wiederum auf unterschiedliche Sichtweisen zurückgehen.

Nähe und Distanz

C.P.: Eine bedeutende Ursache von Konflikten ist das Umgehen mit Nähe und Distanz. Bei dem von Ihnen genannten Spiel zwischen mürrischer Ehefrau und davonlaufendem Mann, und auch bei Anorexie, ist das ja das Thema. Wie gehen Sie mit der Nähe-Distanz-Problematik um?

H. Stierlin: Dafür ist verschiedenes notwendig und sinnvoll. Man muß sich erst einmal darüber klarwerden, was die eigentlichen Bedürfnisse sind, und bereits da zeigt sich, daß sie bei vielen Menschen nicht klar bzw. ambivalent sind. Wir wünschen uns sowohl Nähe als auch Distanz. Wir brauchen einen Eigenbereich, in dem wir in Ruhe gelassen werden, in dem wir tun und denken können, was wir wollen, und dann brauchen wir einen anderen Bereich zum Mitteilen und Austauschen. Mit beiden Wünschen verbinden sich für viele Menschen unterschiedliche Befürchtungen. Mit der Distanz kann sich die Vorstellung von Freiheit, aber auch von Einsamkeit und Abgeschnittensein verbinden, in der Nähe sieht man dann eine positive Vorstellung von Verschmelzen, aber man hat auch Angst vor dem völligen Verlust der Eigenständigkeit, der eigenen Grenzen, der eigenen Ziele und Werte. Das alles sind letzten Endes Ideen, die die Menschen haben, aber

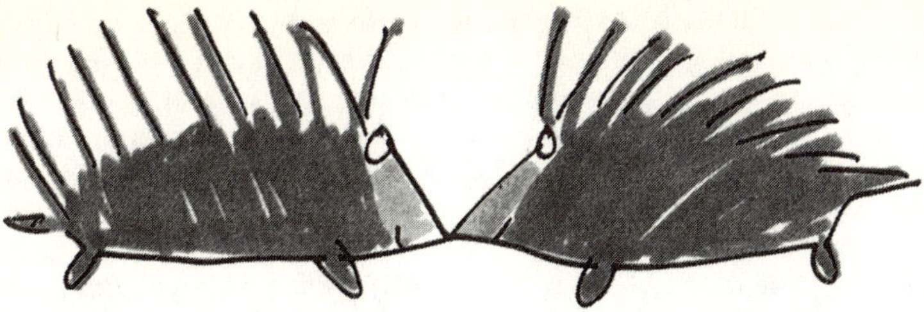

Denn Partner sind, so könnt man meinen,
Nun ähnlich mal den Stachelschweinen:
Wenn diese zärtlich sich umfacheln,
Spürn sie nur allzu schnell die Stacheln;
Wird die Distanz jedoch zu weit,
Verkümmern sie in Einsamkeit.

diese bestimmen unser Verhalten. Es ist wichtig, daß man einfach einmal diese Vorstellungen äußert und die Ideen entfalten kann, und daß man sich aber auch die Ambivalenz, die jeder Mensch hat, bewußt macht.

Wenn der eine klammert und der andere flieht

C.P.: Wie sieht die Ambivalenz aus?

H. Stierlin: Gerade bei diesem Thema findet man sehr oft, daß einer der beiden Partner die Nähe vertritt und der andere die Distanz. Der eine wird von dem anderen immer nur als derjenige gesehen, der sich drückt, der flieht, der keine Nähe haben will, und der andere als derjenige, der die Nähe sucht. Derjenige, der die Nähe sucht, wird als Verfolger erlebt, und der, der die Nähe vermeidet, als das flüchtige Reh. Wenn man an einer solchen Situation etwas drastisch ändert, wenn man zum Beispiel eine

Übung einführt, die den Verfolger zum Verfolgten macht, ist es frappierend zu sehen, wie dieselbe Frau, die sich immer beklagte, daß ihr Mann ihr nichts gebe und Intimität vermeide, sich nun auf einmal, wenn ihr Mann das Erwünschte gibt, schrecklich eingeengt fühlt. Sie hat dann kein größeres Bedürfnis, als dieser schrecklichen Klammer zu entrinnen. Man hat hier also die zwei Seiten der Ambivalenz. Anstatt etwas auszuhandeln und in Toleranz den anderen zu ertragen, werden die zwei Positionen aufgespalten. Die Ambivalenz ist auf unreflektierte Weise in zwei gegensätzliche Handlungsweisen geteilt worden. Ich würde als Therapeut dazu anregen, daß die Menschen ihre Ideen und Vorstellungen aussprechen, ich würde ihnen helfen, die Ambivalenz in sich selbst anzunehmen und würde raten, mit neuen Möglichkeiten zu experimentieren.

C.P.: Wie könnten diese in diesem Fall aussehen?

H. Stierlin: Ich bin dafür, daß man immer etwas spielerisch vorgeht und Experimente macht. Wenn zum Beispiel über Distanz geklagt wird, würde ich vorschlagen, mehr Nähe zu machen. Vielleicht kann das Paar ein Wochenende miteinander gestalten und dabei sehen, wie weit das alles gut geht oder wie weit sie sich dabei gegenseitig nerven. So ein Experiment würde dem Ganzen eine neue Bedeutung und auch eine Musterdurchbrechung geben. Wenn das Paar dann ein Wochenende verreist, kann es sein, daß das ganz gut geht. Es ist aber auch möglich, daß die beiden sich tatsächlich nur noch wenig zu sagen haben. Vielleicht sind dann die Interessen und Erwartungen so unterschiedlich, daß der Urlaub ein völliger Streß für beide wird. Aber in jedem Fall würde das beiden eine tiefere Einsicht in ihre Nähe- und Distanzbedürfnisse geben, und auf dieser Basis kann man das Thema Nähe und Distanz auch neu regulieren. Vielleicht treffen sich die beiden dann nur alle drei Monate einmal, oder es gibt auch solche Paare, die jeden Abend stundenlang zusammen sind.

Die Alles-oder-nichts-Idee

C.P.: Und was würden Sie der vorhin genannten Migränefrau empfehlen, die die Sexualität ihres Mannes abweist und sich statt dessen von ihrer Freundin trösten läßt?

H. Stierlin: Da gibt es mehrere Ansatzpunkte. Der eine kann sein, daß die Frau aggressive Gefühle zulassen würde und diese auch ausdrückt. Es kann in ihr die Angst stecken, daß, wenn sie Aggressionen zeigt, alles kaputt geht. Da steckt auch eine Alles-oder-nichts-Idee dahinter: entweder sind wir harmonisch und ein wunderbares Paar oder, wenn es nur ein wenig Ärger gibt, wir gehen ganz auseinander. Das ist auch so eine Idee, die den Entwicklungsraum und die Verhaltensweisen in einer Partnerschaft sehr einengt.

Als erstes gilt es zu betrachten,
Wie zwei, die nach einander schmachten,
Es schaffen, sich vereint zu spüren
Und doch Distanz zu regulieren.

Man kann das Problem aber auch von der Sexualität her angehen. Wie weit ist es möglich, durch Nein-Sagen, durch Aushandeln, durch Abgrenzen eine Situation zu schaffen, die für beide befriedigend ist? Man müßte solch eine Partnerschaft genau für sich betrachten. Vielleicht ist die Sexualität auch nur zu einem Schlachtfeld geworden, auf dem etwas ausgekämpft wird, das in andere Bereiche gehört. Vielleicht ist die Sexualität an sich gar nicht das Problem, sondern die Frau fühlt sich nicht wertgeschätzt, weil der Mann seine Sonntage bei der Schwiegermutter verbringt. Vielleicht hat die Frau über Jahre die Idee genährt, daß ihr Mann die Schwiegermutter liebt und sie selbst dagegen völlig unwichtig sei. Vielleicht hat sich das dann bei ihr so festgefahren, daß sie meint, wenn sie sowieso nur die zweite Geige spiele, sie ihm auch nicht mit der Sexualität entgegenzukommen brauche. In solch einem Fall ist die Sexualität gar nicht das Problem, sondern vielleicht ein Loyalitätskonflikt des Mannes gegenüber seiner Mutter. Vielleicht ist gerade von diesem Mann der Vater sehr früh verstorben, er selbst war dann für die Mutter ihr Ein und Alles, sie hatte sich für ihn aufgeopfert, und der Mann meint, wenn er ihr jetzt nicht seine Zeit und Energie gebe, könne er nicht mehr vor sich bestehen.

Die Entweder-oder-Logik

C.P.: Kann man von daher sagen, daß die Ursachen von Konflikten meistens Mißverständnisse sind?

H. Stierlin: Das wäre zu einfach. Es sind wohl Mißverständnisse, die aber auf sehr unterschiedliche Grundannahmen zurückzuführen sind, auf unterschiedliche Erwartungen und Modellvorstellungen. Meistens kann darüber gar nicht reflektiert und gesprochen werden. Sie fallen dann in dieses Entweder-oder-Denken, das vielleicht in der Mathematik, aber nicht im Menschlichen seinen Platz haben sollte.

C.P.: Sind es dann also keine rein intellektuellen Mißverständnisse, sondern liegen sie in einem Bereich, in dem der Mensch nicht bewußt ist?

H. Stierlin: Oft ergeben sich diese Mißverständnisse aus einer starren inneren Entweder-oder-Logik. Wenn zum Beispiel jemand denkt, daß er leistungsmäßig entweder auf der Spitze sein muß oder im anderen Fall ein totaler Versager sei, wenn er entweder völlige Nähe oder totale Distanz hat, ohne sich darüber bewußt zu sein, sind sofort die Weichen für enorme Probleme in einer Beziehung gestellt.

C.P.: Sehen Sie Möglichkeiten, wie man in Familien Konflikte selbst lösen kann, ohne gleich einen Therapeuten in Anspruch zu nehmen?

H. Stierlin: Ich halte das für äußerst schwierig. Meistens ist man in seinen Problemen so verwickelt, daß man die nötige Außenposition, die dann wichtig ist, innerhalb dieser Familie nicht einnehmen kann. Wenn es in anderen Bereichen, zum Beispiel bei Gewerkschaften und Arbeitgebern um Schlichtungsverträge geht, zieht man immer einen Dritten heran. Jemand, von dem man eine gewisse Neutralität und Fairneß erwartet, wird dann als Schlichter eingesetzt. Genauso halte ich das bei Familien für nötig. Ein Außenstehender kann besser neue Anstöße geben, die Muster der Familie durchbrechen, damit neue Möglichkeiten ausprobiert werden können, aber er muß auch darauf vertrauen, daß in der Familie selbst viele Ressourcen, d.h. Erneuerungskräfte, sind, die der Familie dann helfen, alleine weiterzukommen. Dazu genügen manchmal ein bis zwei Sitzungen. Das würde ich dann als Beratung bezeichnen. Das Wort Therapie ist in diesem Fall nicht angebracht.

Die Heilungskräfte sind im Problem zu finden

C.P.: Sie sprachen eben von Ressourcen. Wie können diese Erneuerungskräfte aussehen?

H. Stierlin: Systemtherapeuten sehen die Ressourcen oft gerade da, wo auch das Problem steckt. Das ist auf Anhieb nicht zu verstehen, aber ich möchte es einmal an dem Beispiel der Magersucht verdeutlichen: Da zeigt sich oft eine enorme Bereitschaft dieser Frauen, irgend etwas durchzuziehen. Sie haben eine enorme Willensstärke, Kompromißlosigkeit und den Willen, etwas ganz und gar gut zu machen. Das, was sie einerseits in ihr Dilemma bringt, ist andererseits auch eine Ressource. Es kommt nur darauf an, daß diese Ressource jetzt umgeleitet wird. Wir als Systemtherapeuten beziehen die Ressourcen sehr stark ein, d.h. wir denken an die Zukunft, wir sehen in jedem Problem eine Ressource verborgen, so daß, wenn man eine Qualität in einen anderen Kontext bringt, sie zum Nutzen der Familie wird und viele Kräfte freisetzen kann.

Nicht in die Vergangenheit, sondern in die Zukunft blicken

C.P.: Wie könnten die Ressourcen bei dem Spiel mit der nörgelnden Frau und dem fliehenden Mann aussehen?

H. Stierlin: Das kann man so allgemein schwer beantworten. Es ist möglich, daß sich hinter einem solchen Spiel eine große Fairneß verbirgt oder auch die Sehnsucht nach einer neuen Art von Beziehung. Die Intensität der Frustration kann davon abhängen, daß früher sehr schöne Erlebnisse zwischen beiden da waren, und daß man nun aus der Enttäuschung heraus, daß das nicht mehr so ist, auf den anderen ärgerlich reagiert. Die Ressourcen liegen nicht so offen da, sondern man muß sie herausfinden, erfragen und aufspüren. Sie sind auch in jeder Situation und bei jedem Menschen anders gelegen. Aber ganz allgemein sind wir als Systemtherapeuten mehr ressourcenorientiert als pathologieorientiert. Wir meinen auch, daß es nicht so sinnvoll ist, so sehr in die Vergangenheit zu schauen, weil dann sofort eine Schwere kommt, da sich die Vergangenheit eben nicht ändern läßt. Das ist dann oft eine Ursachen- und Schuldsuche: Dieses Schuldsuchen ist oft linear, also monokausal, und ist eine Art Einbahnstraßendenken. Vielleicht meint man dann, daß das Kind Schwierigkeiten hat, weil man es nicht sechs Monate lang gestillt hat oder in ein Internat gegeben hat. Es werden dann sehr schnell Verbindungen geknüpft, die einen negativen Zirkel schaffen.

C.P.: Vor allem sind mit einer solchen Sichtweise Probleme auch nicht mehr auflösbar.

Welche Möglichkeiten gibt es denn, daß in einer Familie oder in einer Partnerschaft Konflikte erst gar nicht bis zu einer Ausweglosigkeit führen? Gibt es da bestimmte Rituale oder andere Arten von Vorkehrungen?

H. Stierlin: Es gibt heute in Amerika sehr viele Institutionen und auch professionelle Helfer, die sich mehr um diese Prävention kümmern. Sie unterrichten sozusagen auch Paare über die Gefahren der Ehe. Wenn man autofahren will, braucht man einen Führerschein; wenn man eine Ehe eingeht, weiß man nichts über die Schwierigkeiten, auch nicht, wenn man dann Kinder bekommt. Ich persönlich meine, daß beides zum Gelingen einer Familie dazugehört: daß man, bevor man eine Familie gründet, sich Zeit zum Experimentieren in der Partnerschaft lassen und verschiedenes ausprobieren sollte, aber daß man, wenn man die Beziehung dann eingeht, das Vertrauen entgegenbringen sollte, sie auch durchzuziehen. Beide Seiten scheinen mir sozusagen als Prophylaxe nötig. Man sollte sich also erlauben, in einer Partnerschaft zu experimentieren, durch die Fehler zu lernen und weiterzukommen. Man sollte durchaus die Bereitwilligkeit haben, Fehler zu machen, aber aus diesen dann auch zu lernen. Andererseits sollte man meiner Meinung nach, wenn man eine Partnerschaft oder Familie gegründet hat, auch mit einem Vertrauen herangehen, um die unweigerlich kommenden Probleme und Konflikte des Alltags zu bewältigen.

C.P.: Kann man Kinder zur Konfliktfähigkeit erziehen?

H. Stierlin: Ich glaube schon. Man könnte da bedeutend mehr tun als getan wird. In Amerika zum Beispiel lernen Kinder in bestimmten Schulen, eine gute Streitkultur zu entwickeln. Sie lernen dort, mit Konflikten umzugehen, diese zu formulieren und auszusprechen und vor allem lernen sie, wenn man solche Konflikte hat, daß man dann den anderen nicht heruntermacht und daß man nicht nachtragend zu sein braucht. Ich halte es für äußerst wichtig, in einer Familie eine Streitkultur zu entwickeln. Das ist auch die Voraussetzung für eine gelungene Demokratie.

Eine Streitkultur entwickeln

C.P.: Wie kann eine solche Streitkultur aussehen?

H. Stierlin: Man muß lernen, Konflikte anzusprechen, diese dann auch auszutragen, man muß lernen, Kompromisse zu schließen, außerdem sich auf die Wellenlänge des anderen und seine Position einzustimmen und dann aber auch, wenn eine Lösung gefunden ist, wieder zur Tagesordnung überzugehen. Konflikte sollen nämlich nicht im Untergrund weiterschwelen; man muß einfach akzeptieren lernen, daß wir Menschen unterschiedliche Werte haben, und diese soll man dann auch gelten lassen.

C.P.: Wiederholen sich Konfliktstrukturen, die man in seiner Herkunftsfamilie erlebt hat, auch im späteren Leben?

H. Stierlin: Ganz sicher, denn wir sind am empfänglichsten für Modelle, Leitbilder und Werte, wenn unser Verstand noch am unreifsten ist. Deswegen ist es ganz unvermeidlich, daß sich Werte, Erwartungen, Delegationen im Kontext der Familie ausbilden. Diese führen dann dazu, daß man auch im späteren Leben, also in der eigenen Familie oder auch im Berufsfeld, diese Konflikte wieder reaktiviert. Das kann man beobachten, dazu gibt es auch eine ganze Reihe von Büchern. Die Analytiker sprechen hier von der Übertragung. Auch die spätere Partnerwahl wird dadurch mitbestimmt, was ein Kind in seiner Familie erlebt hat. Oft sucht man einen Partner nach dem

Zwei im Siegerlorbeer

So bleibt als Weisheit letzter Schluß,
Daß, wer sich paart, auch spielen muß.
Jedoch beachte man mithinnen:
Ein *jeder* muß dabei gewinnen!
Ein *jeder* muß es arrangieren,
Daß beide jeweils profitieren,
So daß zuletzt mit Siegermiene
Auch Anton *und* die Antonine
Erstehn aus allem Schmerz und Streit
Als Schmiede ihrer *Zweisamkeit*

Modell aus, das der gegengeschlechtliche Elternteil liefert, also in wichtigen Aspekten dem Vater oder der Mutter ähnelt. Oft sucht man dann auch einen Partner, der gerade bestimmte Aspekte des gegengeschlechtlichen Elternteils *nicht* hat. Da entstehen sehr komplizierte Kompromißbildungen. Natürlich spielen auch die Erwartungen eine Rolle, die man von den Eltern mitbekommen hat. In den Familien von Magersüchtigen kann man oft eine Sexualitätsfeindlichkeit erleben. Den Mädchen wird dann vermittelt, daß Männer bloß „das eine" wollten; es kommt also darauf an, daß sich die Mädchen einen Partner suchen, der nicht so begierlich, sondern mehr liebevoll ist. Das führt dann bei den Mädchen dazu, daß von Anfang an bestimmte Verhaltensweisen und Wahrnehmungen über einen anderen Menschen ausgeblendet werden und andere wiederum forciert gesucht werden.

C.P.: Überträgt man Konfliktverhalten, das man aus der Herkunftsfamilie gelernt hat, auch in andere Bereiche, zum Beispiel in berufliche Zusammenhänge?

H. Stierlin: Es gibt zum Beispiel Studien darüber, daß jemand, der immer Schwierigkeiten mit älteren Geschwistern hatte, sich also gegängelt und ausgebeutet fühlte, solch eine Situation an seinem Arbeitsplatz wiederfindet bzw. mithilft, diese zu konstruieren. Es gibt dann an diesem Arbeitsplatz wieder einen sogenannten älteren Bruder, mit dem derjenige sich verkracht und Mißverständnisse hat, und das führt immer wieder bis zu dem Punkt, daß er das Arbeitsverhältnis aufgeben muß.

C.P.: Sie sind seit vielen Jahrzehnten in Ihrer Arbeit tätig. Wie haben sich in dieser Zeit die Familienkonflikte gewandelt? Was ist in der Nachkriegszeit, zum Beispiel durch die antiautoritäre Bewegung bis heute geschehen?

H. Stierlin: Da hat sich sehr vieles gewandelt. Der Familienverband hat sich aufgelockert, das zeigt sich auch an der wachsenden Zahl von Scheidungen und Trennungen. In westlichen Ländern wird ja mittlerweile jede dritte Ehe geschieden. Außerdem bleiben viele Menschen in westlichen Ländern alleine. Zwanzig Prozent der Frauen wollen keine Kinder haben, und diejenigen, die sie bekommen, sind dann oft schon älter. Es gibt immer mehr alleinerziehende Eltern, vor allem alleinerziehende Frauen, oft wird auch Partnerschaft und Elternschaft getrennt. Sie werden als Erlebnisbereiche angesehen, die für viele Menschen einfach nicht mehr zusammengehören. Die Geburtenplanung und auch die Abtreibung sind wesentlich erleichtert. Das sind alles Faktoren, die zu einer Individualisierung geführt haben. Dazu hat natürlich auch ganz stark die feministische Bewegung beigetragen. Es gibt den Wunsch nach Selbstverwirklichung, der mit einer Partnerschaft in Konflikt geraten kann. In den letzten Jahrzehnten hat sich äußerst viel gewandelt.

Alle Abbildungen dieses Artikels sind dem Buch von Helm Stierlin „Ob sich das Herz zum Herzen findet", Reinbek 1992, entnommen. Mit freundlicher Genehmigung des Rowohlt Verlages.

Laß uns darüber reden!

INTERVIEW MIT FRIEDEMANN SCHULZ VON THUN

von Thomas Höfer

Prof. Dr. Friedemann Schulz von Thun: *geboren 1944 in Soltau. 1965 Abitur. Studium mit Hauptfach Psychologie an der altsprachlichen „Gelehrtenschule des Johanneums" in Hamburg. 1971 Diplom. 1973 Promotion über „Verständlichkeit der Informationsvermittlung". Assistent bei Reinhard Tausch. 1975 Habilitation und Berufung auf eine Professur für Schulpsychologie wiederum in Hamburg. 1981 „Miteinander reden - Störungen und Klärungen", das sich in der beruflichen Aus- und Fortbildung zu einem Standardwerk im deutschsprachigen Raum entwickelte (Auflage zur Zeit 300.000). 1977-1984 Lehrzeit bei Ruth Cohn in Humanistischer Psychologie. Seither neben der Professur als Kommunikationslehrer und Klärungshelfer unterwegs (vor allem für Lehrer, Ärzte, Führungskräfte und sog.*

„Trainer"). 1988 „Klärungshilfe" (mit C. Thomann) und 1989 „Miteinander reden 2. Stile, Werte und Persönlichkeitsentwicklung". Seit 1990 Angebot eines Curriculums zum „Experten für zwischenmenschliche Verständigung und dialogische Menschenführung im beruflichen und politischen Bereich".

Wenn das Ende eines Interviews gekommen ist und alle Fragen abgehandelt sind, frage ich meine Gesprächspartnerin oder meinen Gesprächspartner, ob ihr oder ihm noch irgend etwas auf dem Herzen liegt, ob es noch irgend etwas gibt, was noch nicht gesagt wurde, was aber unbedingt gesagt werden sollte. Als ich diese Frage an Friedemann Schulz von Thun richtete, nahm er ein Blatt Papier und zeichnete einen großen Kreis. „Eine Frage", sagte er und zeichnete einen Pfeil von außerhalb des Kreises in den Kreis hinein, „wirft immer ein ganzes Feld auf. Und im ersten Zugriff", jetzt zeichnete er in den großen Kreis drei ganz kleine, „berührt man ein wenig willkürlich zwei oder drei Teilaspekte des ganzen Umfeldes, und das wird dann zur Antwort. Alles, was darum herumliegt, gehört aber mit dazu und müßte auch gesagt werden, bleibt aber auf der Strecke. Aber das macht das Wesen und die Lebendigkeit des Gesprächs aus, in dem die Antwort in ihrer Unvollständigkeit aus dem Augenblick heraus geboren ist. Wer Vollständigkeit anstrebt, muß wohl ein Buch schreiben."

Diese Feststellung wird häufig in einen Vorwurf umgemünzt und als Kritik an der journalistischen Form des Interviews geäußert: Im Interview sei es schwer, Gedankengänge zu entwickeln bzw. diese zu verfolgen. Dazu würden sich doch Artikel besser eignen.

Das mag zwar im Einzelfall zutreffen, läßt aber die Stärken des Interviews unberücksichtigt, zumal ein Interview mit einem kompetenten Gesprächspartner allemal besser ist als ein zweit- oder drittklassiger Artikel. Hinzu kommt, daß durch das Hin und Her von Frage und Antwort viele verschiedene Aspekte einer Sache angeschaut werden und Unklarheiten, auch kritisch und kontrovers, hinterfragt werden können. Selten wird es gelingen, Sachverhalte erschöpfend zu behandeln, aber es werden Anregungen gegeben, erste Hinweise auf unter Umständen völlig neue Denkansätze, die zum Vertiefen anregen. Mit Blick auf dieses Interview kann ich hierzu die Bücher von Friedemann Schulz von Thun nur wärmstens empfehlen.

Worte sind eine Quelle der Mißverständnisse, heißt es bei Antoine de Saint-Exupéry. Zu zeigen wie recht er damit hat und wo überall in der zwischenmenschlichen Kommunikation die Fallstricke lauern, die dazu führen, daß wir einander nicht oder falsch verstehen, aber auch, was man zum besseren Verstehen tun kann, ist Ziel dieses Interviews.

Thomas Höfer: Eine der Hauptaussagen in Ihren Büchern ist, daß sprachliche Äußerungen quadratisch seien. Können Sie das erläutern?

Prof. Dr. Friedemann Schulz von Thun: Die Idee hierzu kam mir Anfang der siebziger Jahre, als ich Kommunikationskurse für Führungskräfte gab. Immer wieder waren es vier Themenkomplexe, die in diesen Kursen eine Rolle spielten. Die erste Frage war, wie ich das, was ich selbst begriffen habe und anderen vermitteln möchte, verständlich „rüberbringen" kann. Diese Frage war das Thema meiner Dissertation und zahlreicher weiterer Forschungen, die zum Hamburger Verständlichkeitsmodell führten, das vier Faktoren für Verständlichkeit benennt – Kürze/Prägnanz, Gliederung/Ordnung, Einfachheit, anregende Zusätze – und diese auch trainierbar macht.

Die Quadratur der Nachricht

Es stellte sich aber heraus, daß Verständlichkeit nur *ein* Aspekt von Kommunikation ist. In den Seminaren tauchten dann im Zuge gruppendynamischer Prozesse Fragen auf wie: „Wieviel kann ich von mir selbst zeigen? Kann ich sein, wie ich bin? Muß ich mich verstellen und eine professionelle Maske tragen?" Diese Fragen berühren den in kommunikativen Situationen stets brisanten Aspekt der Selbstoffenbarung oder – wie ich heute lieber sage – der Selbstkundgabe.

Der dritte Themenkomplex war der zwischenmenschliche und läßt sich durch die Frage ausdrücken: „Wie fühle ich mich behandelt durch die Art, wie du mit mir sprichst?" Es gibt da ja verschiedene Möglichkeiten, zum Beispiel überheblich, von oben herab, oder von unten herauf, also kriecherisch. In beruflichen Zusammenhängen war auch stets von Interesse, wie sich Mitarbeiter, durch die Art des Chefs zu sprechen, behandelt fühlten.

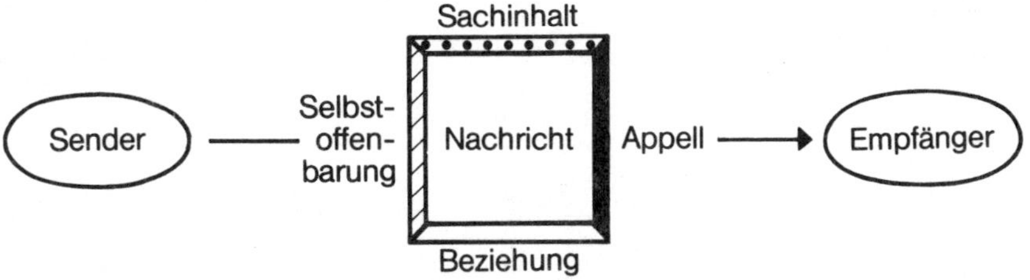

Die vier Seiten einer Nachricht
(aus: Schulz von Thun 1981, S.30)

Der vierte Gesichtspunkt war besonders für Führungskräfte von Interesse: „Wie muß ich reden, um Menschen zu überzeugen, um sie nicht nur zu erreichen, sondern auch um bei ihnen etwas zu erreichen?" Manipulation, Einflußnahme und Überzeugungskraft standen als Themen hier im Mittelpunkt.

Diese vier Aspekte spielten immer wieder eine Rolle, bis mir dann irgendwann der Gedanke kam, daß sie in jeder sprachlichen Äußerung immer gleichzeitig enthalten sind. Immer wenn ich zu jemandem spreche, sind alle vier Seiten mit von der Partie: Ich teile sachlich etwas mit; ich gebe von mir selber etwas kund; ich sage über mein Gegenüber etwas aus, so daß er sich als Mensch behandelt – oder auch mißhandelt – fühlt; und ich versuche auch, Einfluß zu nehmen. So kam ich auf die Idee, die Nachricht quadratisch darzustellen, um die Gleichzeitigkeit der vier Aspekte – Sachinhalt, Selbstkundgabe, Beziehungshinweis, Appell – darstellen zu können.

Explizit – implizit

T.H.: Was verstehen Sie unter expliziten bzw. impliziten Äußerungen?

F. Schulz von Thun: Explizit heißt, wortwörtlich ausgedrückt, implizit heißt, es steckt mit drin, zwischen den Zeilen, atmosphärisch. Wenn ein Mann zu seiner Frau sagt: „Du, der Mülleimer quillt schon wieder über!", dann ist das explizit eine reine Sachfeststellung. Implizit schwingt offenbar ein Vorwurf mit, wodurch die Beziehungsseite angesprochen ist, ferner klingt ein Appell an – „Nun bring ihn doch endlich herunter!" –, dabei ist weder der Beziehungsaspekt noch der Appell wortwörtlich ausgesprochen.

Die impliziten Anteile einer Äußerung sind nicht etwa seelisch weniger wirksam als die expliziten, im Gegenteil: Wir sind in der Regel gerade für das, was zwischen den Zeilen mit anklingt, sehr empfänglich und oft auch empfindlich.

T.H.: Eine Äußerung enthält immer vier Anteile, es wird jedoch meistens nur ein Anteil direkt ausgesprochen. Ist es überhaupt möglich, alle Seiten einer Nachricht gleichzeitig sprachlich zu fassen?

F. Schulz von Thun: Das wäre sehr gekünstelt, und man müßte viele Worte machen. In der Regel ist eine der vier Seiten des Quadrats gleichsam über der Wasseroberfläche. In unserem Beispiel wäre das der Sachinhalt – der Mülleimer ist voll. Die Selbstkundgabe („Ich als Ordnungsliebender bin ungehalten!"), der Beziehungshinweis („Du bist nachlässig in diesen Dingen!") oder der Appell („Leere ihn aus, und in Zukunft rechtzeitig!") schwimmen unter der Wasseroberfläche, sind implizit in der einen sprachlichen Äußerung enthalten. Das Quadrat kann im Gespräch jederzeit kippen, so daß zum Beispiel die Appellseite nach oben kommt: „Bring jetzt endlich den Mülleimer herunter!" Dann werden die anderen Nachrichtenanteile implizit.

Übrigens unterscheiden sich Menschen darin, welche Seite sie bevorzugt „oben" haben: Manche zum Beispiel sprechen gern und gut über sich selbst, andere vermeiden jede Selbstkundgabe und übersetzen ihren inneren Zustand in Sachmitteilungen.

Mit vier Ohren hören

T.H.: Eine Ihrer Aussagen, die auf den ersten Blick überraschen kann, lautet: Was eine Nachricht beim Empfänger anrichtet, wird durch den Empfänger selbst angerichtet. Wie geschieht das?

F. Schulz von Thun: Entsprechend der Quadratur der Nachricht spricht nicht nur der Sender mit vier Schnäbeln, sondern der Empfänger hört auch mit vier Ohren. Im – oft unbewußten – Entscheidungsbereich des Empfängers liegt es dann, mit welchem Ohr er eine Nachricht bevorzugt hört.

Sagt ein Ehemann etwa: „Meine Güte, was ist das hier wieder für ein Saustall!", so könnte die Frau mit dem Selbstkundgabeohr hinhören und käme darauf, daß er heute schlechte Laune hat und überaus gereizt ist. Das Selbstkundgabeohr hört sehr einfühlsam und diagnostisch im Sinne von „Aha, so geht es dir also".

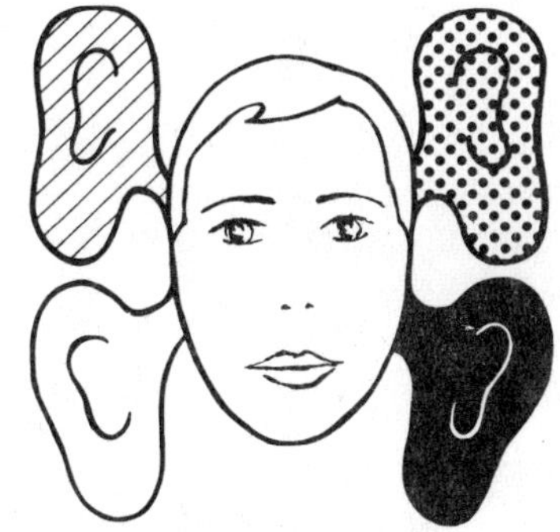

Der vierohrige Empfänger
(Aus: Schulz von Thun 1981, S.45)

Liegt sie hingegen mit dem empfindlichen Beziehungsohr auf der Lauer, mit dem sie etwas darüber erfährt, was er von ihr hält, würde sie einen Vorwurf hören und könnte daraufhin beleidigt sein und einschnappen.

Das Beispiel zeigt, daß es sehr in der Hand – oder besser gesagt: im Ohr – des Empfängers liegt, wie er eine Nachricht aufnimmt und wie er innerlich auf sie reagiert. Somit ist die empfangene Botschaft auch ein Machwerk des Empfängers.

T.H.: Ich habe mich schon immer an den Begriffen Sender und Empfänger gestört.

F. Schulz von Thun: Ja, sie entspringen einem technischen Modell und treffen eigentlich auch in der starren Rollenverteilung die menschliche Wirklichkeit nicht, denn die Rollen von Sender und Empfänger wechseln in der Realität ständig.

T.H.: Genau, nur irgendwie sind sie schwer zu ersetzen.

F. Schulz von Thun: Es wäre schön, wenn wir andere Begriffe hätten, die zum Ausdruck bringen könnten, daß die eine Seite etwas von sich gibt und die andere etwas aufnimmt und an sich heranläßt. Denn das sind ja die Aspekte, unter denen sprechende Menschen kommunikationspsychologisch angeschaut werden. Der nachrichtentechnische Ausdruck „Nachricht" läßt sich übrigens gut durch „Äußerung" ersetzen – im Gegensatz zur „Innerung", die dem Gesprochenen zugrunde liegt. Diese Unterscheidung ist wichtig, denn wir fühlen uns nicht dann verstanden, wenn jemand unsere Äußerungen korrekt erfaßt hat und wiedergeben kann, sondern wenn wir spüren, daß unsere „Innerung" den anderen erreicht hat.

„Er versteht mich nicht"

T.H.: Wenn zwei Menschen miteinander kommunizieren, redet der eine mit vier Schnäbeln, der andere hört mit vier Ohren, wobei die Rollen ständig wechseln. Da ist doch die Gefahr riesig, daß die Menschen aneinander vorbeireden.

F. Schulz von Thun: Natürlich! Stellen Sie sich vor, ein Vater kommt abends nach Hause und zwischen ihm und seiner Frau ensteht folgender Dialog, wobei ich die Rollen rein zufällig wähle:

Sie: Gut, daß du da bist. Der Stefan hat schon wieder eine Fünf geschrieben. Wir müssen unbedingt darüber reden.

Er: Ja, in welchem Fach hat er denn die Fünf?

Sie: In Mathe.

Er: Wie sind denn die Arbeiten vorher ausgefallen?

Sie: Du, das weiß ich nicht so genau, darauf kommt es mir im Augenblick auch gar nicht an.

Er: Wir müssen mal zuerst die Sachbasis klären.

Sie: Ja, ja, aber Stefan liegt oben in seinem Zimmer und heult.

Er: Nun, wir müssen doch erst feststellen, ob überhaupt Anlaß zur Sorge und zum Heulen besteht. Wie ist denn sein Leistungsstand in den anderen Fächern?

Sie: Ich glaube, auch nicht so gut.

Er: Also, das ist nun wirklich unpräzise. Roswitha, laß uns erst die Fakten klären, damit wir überhaupt fruchtbar miteinander diskutieren können.

Sie: Meine Güte, es geht mir jetzt nicht um die 'Präzision der Fakten', sondern ich möchte mit dir reden.

Der Frau ist danach, ihr Herz auszuschütten, ihre Äußerungen sind als Selbstkundgabe gedacht. Der Vater hört aber auf der Sachebene und denkt sich: „Meine Frau ist immer so gefühlsbetont. Und dann wird sie so schnell ungeduldig, obwohl ich mir doch wirklich Mühe gebe, mich auf das

Problem einzustellen.“ Natürlich wird er auf der Faktenebene einiges vermissen, wenn die Frau gar nicht über Fakten reden möchte, sondern darüber, wie ihr zumute ist. So reden beide aneinander vorbei.

Die Botschaft im Schlepptau

T.H.: Was sind korrelierte Botschaften?

F. Schulz von Thun: Ein Verständigungserschwernis ist oftmals, daß eine ausgesprochene Botschaft viele unausgesprochene im Schlepptau hat. Bei dem Beispiel mit dem Mülleimer dürfte in neunundneunzig von hundert Fällen die ausgesprochene Botschaft – „Der Mülleimer quillt über“ – die andere – „Du hättest ihn doch schon längst leeren sollen“ – hinter sich herziehen. Hört man die korrelierte Botschaft mit, begeht man keinen Empfangsfehler, sondern im Gegenteil, man erschließt das Gemeinte aus dem Gesagten, und das ist die Aufgabe des Empfängers.

Es gibt aber Fälle, in denen der Sender die korrelierte Botschaft nicht hat mitsenden wollen. Aus der Äußerung „Oh, ich war so enttäuscht, als du gestern Abend nicht gekommen bist!“ könnte der Empfänger die korrelierte Botschaft „Du Schuft! Du treulose Tomate!“ heraushören. Genau das hat der Sender aber vielleicht in dem Fall nicht gefühlt und auch nicht sagen wollen, er wollte nur seiner Enttäuschung Ausdruck verleihen, etwas von sich preisgeben, ohne damit einen Vorwurf oder Appell an den anderen zu verbinden. Hier läge dann eine Quelle von Mißverständnissen, indem der Empfänger innerlich-gefühlsmäßig auf korrelierte Botschaften reagiert, die in der Ursprungsbotschaft gar nicht enthalten sind.

T.H.: Mit Blick auf den Mülleimer könnte der Empfänger mit einem gewissen Recht entgegnen: „Tatsächlich, du hast recht, er ist wirklich voll.“

F. Schulz von Thun: Damit würde er sich für den an ihn gerichteten Appell taubstellen, was allerdings auch ein methodisch geübter Kunstgriff sein kann, zum Beispiel um den Partner darauf aufmerksam zu machen, daß er sich vielleicht auch einmal zuständig fühlen könnte.

Wahrnehmen – interpretieren – fühlen

T.H.: In Ihren Büchern schreiben Sie, daß ein Empfänger drei Empfangsvorgänge – wahrnehmen, interpretieren, fühlen – auseinanderhalten muß. Wie ist das zu verstehen?

F. Schulz von Thun: Zwei Freunde sitzen beieinander und der eine erzählt dem anderen einige witzige Anekdoten aus seinem Leben und steigert sich richtig ins Erzählen hinein, ist Feuer und Flamme. Der andere aber schaut nach links und rechts, spielt mit seinem Kugelschreiber und macht insgesamt einen abwesenden Eindruck. Darauf sagt sein Freund zu ihm: „Also wenn dich das, was ich sage, nicht interessiert, dann kannst du den Abend auch allein verbringen. Mir reicht es!"

Der Anekdotenerzähler hat drei Dinge gleichzeitig getan: Er hat das Spielen mit dem Kugelschreiber und die abwesende Mimik wahrgenommen; er hat daraus geschlossen, daß sich sein Freund für die Anektoden nicht interessiert, er hat also das Wahrgenommene interpretiert; er hat drittens auf das Verhalten des Freundes mit Enttäuschung und Ärger reagiert.

Es ist ausgesprochen wichtig, die drei Vorgänge, die hier zu einem verschmolzen waren, auseinanderzuhalten. Da ist zunächst einmal die Wahrnehmung, die wohl unumstößlich ist. Der Freund hat wirklich mit dem Kugelschreiber gespielt und aus dem Fenster geschaut. Die Interpretation, daß er sich nicht für das Erzählte interessiert, mag richtig oder falsch gewesen sein. Beides ist möglich.

Es ist auch denkbar, daß der Freund sich sehr wohl für die Anekdoten interessiert, aber ein Rest aus dem Gespräch vorher beschäftigt ihn noch, so daß seine Aufmerksamkeit absorbiert ist. Viele andere Gründe für das Spielen mit dem Kugelschreiber sind denkbar. Die innere Reaktion schließlich, die Enttäuschung und Verärgerung, bezieht sich auf die Interpretation, und die Angemessenheit einer Reaktion steht oder fällt mit dem Schritt zwei, der Interpretation.

Indem Menschen dazu neigen, diese drei Vorgänge nicht auseinanderzuhalten und miteinander zu verschmelzen, laufen sie Gefahr, nicht wirklich in Kontakt miteinander zu sein. Wenn der Erzähler mit Wut und Verärgerung reagiert, reagiert er womöglich nicht auf sein Gegenüber, auf den Menschen mit seiner inneren Befindlichkeit, sondern auf sein eigenes Phantasie- und Interpretationsprodukt, womit er im eigenen Käfig gefangen bleibt, ohne Kontakt mit seinem Freund zu haben.

T.H.: Auch das kann ja wieder hin und her gehen, indem jeder der Gesprächspartner Phantasiebilder produziert und in ihnen sein Gegenüber vermutet, ohne zu ahnen, daß er jeweils das, worauf er reagiert, selbst erzeugt. Im Extrem macht man sich ein völlig falsches Bild von seinem Gegenüber. Wie läßt sich diese Gefahr vermeiden?

F. Schulz von Thun: Wenn man sich bewußt macht, daß man auf sein eigenes Interpretationsprodukt reagiert, und weiß, daß dieses zutreffend oder unzutreffend sein kann, ist es leicht, sich durch Rückfragen zu vergewissern, ob die eigene Annahme richtig ist. „Du, ich sehe dich mit deinem Kugelschreiber spielen. Interessiert dich überhaupt, was ich dir erzähle?" Der Freund kann dann entsprechend antworten: „Also, ehrlich gesagt ...", oder: „Doch, das interessiert mich sehr, aber mir ist, als du das eben mit dem Pferd gesagt hast, etwas aus dem letzten Urlaub eingefallen."

In dem Augenblick, wo ich mich durch Rückfragen vergewissere, daß meine Interpretation richtig ist, habe ich wieder Kontakt zu meinem Gegenüber und beziehe mich in meinen Reaktionen direkt auf ihn statt auf ein Phantasieprodukt.

Kongruente und inkongruente Botschaften

T.H.: Zwei weitere Begriffe sind kongruente bzw. inkongruente Äußerungen. Was hat es damit auf sich?

F. Schulz von Thun: Mit diesen Begriffen sprechen Sie den folgenschweren Tatbestand an, daß wir, indem wir sprechen, uns nicht nur verbal äußern, sondern gleichzeitig nonverbale Begleitmusik machen. Im Gegensatz zum späteren Leser dieses Interviews hören Sie jetzt nicht nur meine Worte, sondern Sie hören meine Stimme, nehmen den Tonfall wahr und sehen meine Mimik und Gestik. Bei kongruenten Äußerungen stimmen der nonverbale und der verbale Teil überein. Zu einem Satz wie: „Ich bin traurig", paßt ein trübes Gesicht und eine gedämpfte Stimme. Wegen ihrer Stimmigkeit sind sie leicht vom Empfänger zu verstehen.

Bei inkongruenten Nachrichten widersprechen sich der verbale und der nonverbale Teil, zum Beispiel wenn jemand den Satz „Ich bin furchtbar wütend!" mit ruhiger, gelassener Stimme vorträgt und dazu mild lächelt. Solche Äußerungen sind schwer verständlich, weil der andere nicht weiß, welcher Aspekt, der verbale oder der nonverbale, gültig ist und worauf er sich beziehen soll. Mein kleiner Sohn würde in so einem Fall auf die Stimme und das Lächeln reagieren und den Inhalt der Worte übergehen. Aber in der Regel sind inkongruente Nachrichten sehr verwirrend.

T.H.: Ich glaube, ob man mit inkongruenten Nachrichten umgehen kann oder nicht, hängt davon ab, wie gut man einander kennt.

F. Schulz von Thun: Ja, auch. Wenn ich von jemandem weiß, daß ein bestimmter Tonfall und eine bestimmte Mimik Ironie ausdrücken sollen, kann ich damit leichter umgehen, als wenn ich auf Vermutungen angewiesen bin. Einem anderen liegt es vielleicht nicht, sich selbst in den Mittelpunkt zu stellen, und daher bagatellisiert er die Äußerung „Mir geht es nicht gut" durch einen leichtmütigen Gesichtsausdruck, obwohl es ihm wirklich nicht gutgeht. Weiß ich das, werde ich auch zurückhaltende Botschaften entsprechend aufnehmen.

T.H.: In der Lehrerausbildung konnte ich die Erfahrung machen, daß die Eindeutigkeit einer Aussage – gerade mit Blick auf die Übereinstimmung von verbalen und nonverbalen Gesprächsanteilen – ein wichtiger Faktor für das Verstehen von Lehrer und Schüler ist. Schüler müssen zum Beispiel erst lernen, mit ironischen Äußerungen umzugehen. Gerade zu Beginn einer Tätigkeit in einer Klasse ist das wichtig.

F. Schulz von Thun: Natürlich! Mit der Zeit wissen die Schüler den Lehrer so zu nehmen, wie er es meint. Und umgekehrt natürlich auch.

Sachlich bleiben – geht das?

T.H.: Wir haben gesehen, daß sehr viele Dinge eine Rolle spielen, wenn zwei Menschen sich miteinander unterhalten: die Quadratur der Nachricht, explizite und implizite Botschaften, kongruente und inkongruente Äußerungen, Phantasiebildungen usw. Nun ist eine berechtigte Forderung, die in Gesprächen immer wieder zu hören ist, sachlich zu bleiben. Wie läßt sich diese Forderung angesichts der Vielschichtigkeit des Kommunikationsprozesses überhaupt erfüllen?

F. Schulz von Thun: Das läßt sich pauschal kaum beantworten. Es gibt Bereiche, etwa im Berufsleben, in denen der sachliche Aspekt von Unterhaltungen überwiegen muß und in denen die Beteiligten gut beraten sind, wenn sie ihre persönliche Betroffenheit und Gekränktheit, ihre Emotionen eine Weile zurückstellen. Bei Themen aber, die so angelegt sind, daß sie den Beziehungs- oder Selbstkundgabeaspekt zum Inhalt haben, wäre Sachlichkeit möglicherweise ein falsches Ziel, hier können es eher Offenheit oder Leidenschaft sein, woran sich die Gesprächspartner orientieren sollten.

Allerdings kann man gar nicht verhindern, daß selbst in einem Gespräch, bei dem übereinstimmend der Sachaspekt im Vordergrund steht, die persönliche Betroffenheit der einzelnen mit hineinspielt und atmospharisch wirksam ist. Um das Quadrat der Äußerung kommt man nicht herum, und da ist die Sachlichkeit immer nur ein Aspekt.

T.H.: Angenommen, zwischen zwei Menschen findet ein Gespräch statt, dessen Gegenstand zwar auf den ersten Blick ein Sachthema ist, aber den einen Gesprächsteilnehmer innerlich berührt, also bei ihm mit starken Gefühlen verbunden ist. Der andere Gesprächspartner bemüht sich, den sachlichen Aspekt in den Vordergrund zu stellen, aber das Gespräch nimmt für beide einen unerfreulichen Verlauf, beide sind hinterher frustriert, und eine Klärung hat nicht stattgefunden. Wie können die beiden verhindern, daß sie aneinander vorbeireden?

F. Schulz von Thun: Haben Sie ein Beispiel?

T.H.: Ein Angestellter geht zu seinem Chef und möchte einen anderen Arbeitsplatz haben, weil sein Schreibtisch augenblicklich in einem Raum steht, den sonst selten jemand betritt. Ihm geht es darum, daß er sich abgeschoben und alleingelassen fühlt, aber er bringt das nicht ganz klar heraus. Der Chef, dem Anliegen durchaus aufgeschlossen, reflektiert nur auf die Sache und diskutiert die objektiven Vor- und Nachteile der Arbeitsplatzverteilung.

F. Schulz von Thun: Diese Frage vom grünen Tisch aus, ausschließlich unter dem Gesichtspunkt der optimalen Verteilung der Arbeitsplätze, wie einen Sachstreit zu führen, wäre sicherlich ein Kommunikationsfehler, denn man würde versuchen, die innere Brisanz, die Betroffenheit und emotionale Gestimmtheit der beteiligten Personen auszuklammern. Das hieße aber, man würde der Wahrhaftigkeit abschwören, die in dieser Situation angelegt ist.

Um sicherzustellen, daß man sich im Gespräch miteinander auf derselben Ebene bewegt, ist wiederum eine Rückfrage sinnvoll, mit der man den anderen auffordert auszusprechen, worum es ihm bei dem Thema zutiefst und eigentlich geht. Da kann es sein, daß in einer scheinbaren Sachauseinandersetzung etwas ganz Unsachliches ans Licht kommt, was aber aber das eigentlich seelisch Wirksame ist.

Aktives Zuhören

T.H.: Eine Gesprächstechnik, die oft in den Vordergrund gestellt wird, wenn es darum geht, dem eigentlichen Thema eines Gesprächs oder eines Verhaltens auf die Spur zu kommen, ist das aktive Zuhören. Was ist das?

F. Schulz von Thun: Unter aktivem Zuhören versteht man gemeinhin eine bestimmte Art, auf den anderen zu reagieren, indem ich ihm nicht antworte, um meinen eigenen Senf zu dem Gesagten dazuzugeben, sondern um das, was ich von ihm verstanden und atmosphärisch erspürt habe, in meinen Worten prägnant wiederzugeben. Der Gedanke dahinter ist, daß sich der andere optimal verstanden weiß und das Gefühl hat, daß das, was er als Antwort erhält, seine eigenen Gedanken auf den Punkt bringt.

T.H.: Können Sie mal ein Beispiel bringen?

F. Schulz von Thun: Nun, bleiben wir bei Ihrem Beispiel von eben. Nachdem der Angestellte sein Anliegen vorgetragen hat, vielleicht stammelnd und, im Reden mit Vorgesetzten nicht geübt, unsicher, könnte ein aktiv zuhörender Chef sagen: „Verstehe ich Sie richtig, Herr Müller, Sie fühlen sich in Ihrem Zimmer im Keller regelrecht abgeschoben. Sie spüren, daß sie nicht teilnehmen an dem, was hier vorgeht; Sie werden nicht wahrgenommen und sind irgendwie vom Team entfernt, nicht nur räumlich, sondern auch gefühlsmäßig. Stimmt das so?“ Und dann würde Herr Müller sagen: „Ja, genau! Nicht nur räumlich, sondern auch gefühlsmäßig. Genau so ist es!“ Das bedeutet nicht, daß der Angestellte sich automatisch durchsetzen müßte, aber er fühlt sich zunächst einmal verstanden und wird auch den Argumenten des Chefs aufgeschlossener begegnen. Es kann ja sein, daß aus zwingenden Gründen eine Arbeitsplatzverlegung nicht möglich ist, etwa weil der Platz fehlt. Dann wird man den Arbeitsplatz belassen müssen, wo er war, was aber nicht ausschließt, daß andere Möglichkeiten gefunden werden können, um dem Angestellten das Gefühl zu geben, daß er mit zum Team gehört. Denn es ist gar nicht unwahrscheinlich, daß der Schreibtisch nur ein materielles Symbol für sein Außenseitergefühl ist; er wäre dann nur gleichsam die äußerste Zwiebelschale des Kernproblems.

T.H.: Als ich bei meiner Vorbereitung in verschiedenen Büchern die Beispiele für aktives Zuhören durchgesehen habe, drängte sich mir der

Eindruck auf, daß die eine Seite ständig am Reden ist und die andere nichts tut, als das zurückzuspiegeln. Auf die Dauer wirkt das gekünstelt.

F. Schulz von Thun: Das aktive Zuhören stammt aus der Gesprächstherapie von Carl Rogers. Rogers hatte bemerkt, daß es seinen Klienten nicht half, wenn er ihnen kluge Ratschläge gab, und so bemühte er sich darum, das, was die Klienten sagten, gefühlsmäßig nachzuvollziehen. Das war die Geburtsstunde der Gesprächstherapie, und das aktiv-einfühlsame Zuhören wurde das neue Handwerkszeug des Therapeuten. In der Therapiesituation, die eine sehr spezielle Situation ist, ist es auch angebracht, denn Therapeut und Klient verkehren miteinander auf der Grundlage eines Vertrages: Der Klient versucht sich selbst und seinen Lebensproblemen auf die Spur zu kommen, und der Therapeut bemüht sich, ihm zu folgen und zuzuhören.

Im täglichen Leben begegnen sich die Menschen aber als gleichberechtigte Partner, und da wäre es völlig unangebracht, wenn der eine immer reden und der andere immer zuhören würde. In Kommunikationstrainings wird das aktive Zuhören ja mitunter regelrecht als Technik erlernt, mit der Gefahr, daß es zu einer Marotte wird und den Geist, den es eigentlich haben sollte, verliert.

Das aktive Zuhören sollte man sehr gut können, um es dann aber auch zu lassen und nur im echten Bedarfsfall einzusetzen. Der Bedarfsfall ist dann gegeben, wenn sich jemand bemüht, etwas in Worte zu fassen, aber nicht die rechten Worte findet. Wenn ich dann meine, den Kern verstanden zu haben, ohne daß die Worte schon klar herausgekommen sind, kann das aktive Zuhören fruchtbare Hebammendienste leisten, indem ich dem anderen sage: „Ich habe dich so und so verstanden. Meinst du das?“ Ist das Gemeinte aber schon klar herausgekommen, leistet das aktive Zuhören keine zusätzlichen Dienste mehr.

Für alle kommunikationspsychologischen Wegweiser gilt übrigens in gleicher Weise, daß sie zur mechanischen Marotte verkommen, wenn sie als Technik dressurmäßig eingeübt werden. Im Gespräch realisiert, bewirken diese Techniken dann genau das Gegenteil von dem, was eigentlich gedacht war.

T.H.: Der andere fühlt sich nicht ernstgenommen und macht dicht.

F. Schulz von Thun: Genau!

Kommunikationsstile

T.H.: In Ihrem Buch „Miteinander reden 2“ unterscheiden Sie acht Kommunikationsstile. Was hat es mit diesen Stilen grundsätzlich auf sich?

F. Schulz von Thun: Sie beschreiben Arten und Weisen, mit anderen Menschen in Kontakt zu treten. Normalerweise benutzen wir sie alle, je nach der Art der Beziehung zu einem Kommunikationspartner und den situativen Umständen. In den seltensten Fällen sind aber alle acht Stile in gleichem Maße für einen Menschen verfügbar, so daß er sich mit einigen Kontaktstilen schwerer tut als mit anderen bzw. bestimmte Stile bevorzugt. So mag es dem einen leicht fallen, sorgend und helfend auf andere zuzugehen, ihm fällt es aber schwer, sich selbst von der rat- und hilflosen Seite zu zeigen und andere um Hilfe zu bitten.

Bedürftig-abhängiger Stil | Helfender Stil | Selbst-loser Stil | Aggressiv-entwertender Stil

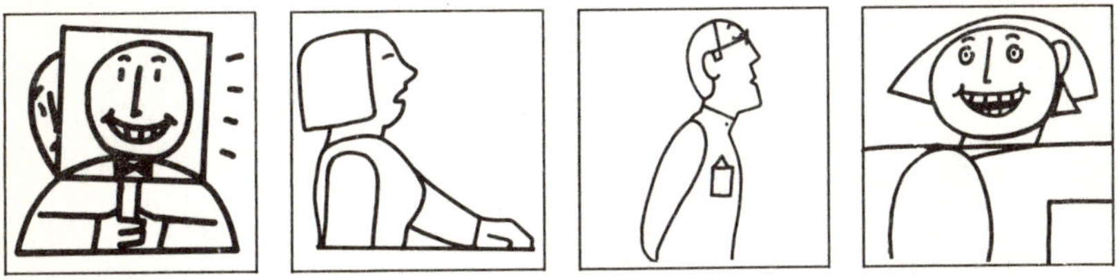

Sich beweisender Stil | Bestimmend-kontrollierender Stil | Sich distanzierender Stil | Mitteilungsfreudig-dramatisierender Stil

Acht Stile der Kommunikation
(Aus: Schulz von Thun 1989, S.15)

T.H.: Diese Stile sind ja aus einem kommunikationspsychologischen Ansatz heraus geboren. Ich habe aber das Gefühl, daß sie mehr sind als nur die Beschreibung von Kommunikationsweisen, nämlich ein Zugang zu der Gesamtseelenbefindlichkeit eines Menschen.

F. Schulz von Thun: Das sehe ich auch so. Die Art und Weise, wie ich mit anderen Menschen in Kontakt trete, entspricht bestimmten inneren Zuständen meiner Seele. Sie hat oft auch die Wirkung, daß bestimmte Seelenverfassungen, die einem Menschen unangenehm sind, die bei ihm Angst auslösen, erfolgreich vermieden werden. Wer es, aufgrund welcher Lebensumstände auch immer, nicht ertragen kann, abhängig zu sein, wird dahin streben, im Kontakt mit anderen Menschen einen helfend-entgegenkommenden Stil zu entwickeln und vielleicht sogar einen Helferberuf zu ergreifen, also zum Beispiel Arzt oder Psychologe werden.

T.H.: Was kann man tun, um seinen eigenen Kommunikationsstil zu ergründen?

F. Schulz von Thun: Zunächst ist mir wichtig festzustellen, daß diese Stile nicht als Kästen gedacht sind, in die man sich selbst oder andere einordnen könnte, das wäre zu statisch. Vielmehr kann man über seinen Kommunikationsstil Aufschluß über die eigenen Fähigkeiten und Schwächen, aber auch die eigenen Entwicklungsmöglichkeiten erhalten.

Um sich selbst auf die Spur zu kommen, kann man zunächst einmal so etwas wie eine nachträgliche Selbstbetrachtung anstellen, indem man sich im nachhinein vor Augen führt, wie man sich in einer bestimmten Situation verhalten hat, wie die Art war, auf die Wünsche des anderen zu reagieren, wie man die eigenen Wünsche und Vorstellungen ins Gespräch eingebracht hat usw.

Dabei ist es hilfreich, Kategorien an der Hand zu haben, die als Vergleichsmuster dienen können. Die acht Stile wären zum Beispiel solche Kategorien. Allerdings sollte diese Betrachtung wirklich im nachhinein geschehen und nicht während eines Gesprächs, weil sonst die Aufmerksamkeit nicht auf den anderen gerichtet ist.

Das zweite ist, sich von den Menschen, mit denen man privat und beruflich zu tun hat, Rückmeldung über das eigene Verhalten geben zu lassen, sie aufzufordern, auszusprechen, wie man auf sie gewirkt hat, im Positiven wie im Negativen.

T.H.: Das kann nach hinten losgehen, denn nicht jeder kann das, was er hört, verkraften, und die Aufforderung, einem anderen die Meinung zu sagen, muß nicht ehrlich gemeint sein. Ich kenne Freundschaften, die an den Folgen der Einladung, „Nun sag mir mal, was du ehrlich von mir hältst", zerbrochen sind.

F. Schulz von Thun: Das ist natürlich ein Alptraum. Viel hängt aber davon ab, wie dieses Feedback gegeben wird, ob es nur an den Schwächen herumnörgelt oder auch die positiven Eigenschaften herausstreicht. Ein Feedback kann unterschiedlicher Qualität sein. Einmal kann es unter der Prämisse stehen: „So sehe ich dich" – dann schaut man nach außen, auf den anderen –, oder man kann mehr in sich selbst blicken, und dann steht das Feedback unter der Fragestellung: „Was löst deine Art, zu sprechen und dich zu geben, bei *mir* an Gedanken, Stimmungen und Gefühlen aus?"

Mit der zweiten Art gibt der Feedbackspender auch viel von sich selbst preis, im Sinne einer Selbstkundgabe. Für den Empfänger ist diese Art oft leichter zu verkraften, weil sie nicht so beurteilend, vielleicht sogar verurteilend, wirkt, sondern sich im Bereich der Beziehung von ich und du abspielt: „So geht es *mir* mit dir."

T.H.: Allerdings sollte jemand, der um Feedback bittet, nicht erwarten, daß man ihm schmeichelt, sondern in der Lage sein, tatsächlich Kritik zu ertragen.

F. Schulz von Thun: Auch das! Mit so einer Rückmeldung betritt man schwieriges Gelände, weil die Tatsächlichkeit einer Beziehung zur Sprache kommt, und die Dosis sollte so gewählt werden, daß sie die im Augenblick vorhanden Kräfte nicht übersteigt. Kein leichter Balanceakt!

Der aggressiv-entwertende Stil

T.H.: Ich möchte auf einen der acht Kommunikationsstile, quasi exemplarisch, ausführlicher zu sprechen kommen. Können Sie den aggressiv-entwertenden Stil einmal näher charakterisieren?

F. Schulz von Thun: Der aggressiv-entwertende Stil kann sich auf viele verschiedene Arten zeigen. Der eine neigt vielleicht dazu, Menschen in einer sehr grobschlächtigen Weise zu beschimpfen; ein anderer hat eine sehr feine, höflich-ironische Art, die stets den wunden Punkt trifft; ein dritter neckt und stichelt, scheinbar flachsend-fröhlich, aber mit einer Niederträchtigkeit, die das Opfer sehr wohl empfindet. Allen Varianten gemeinsam ist das Bemühen, den anderen, durch die Art, wie ich mit ihm oder über ihn spreche, in seinem Wert herabzusetzen. Gleichzeitig wird die eigene Person auf das Podest des Unangreifbaren, Überlegenen und Verständigen gestellt.

T.H.: In Ihrem Buch „Miteinander reden 2" führen Sie die einzelnen Stile jeweils auf einen seelischen Grundsatz, ein seelisches Axiom, zurück. Wie würde das für den aggresiv-entwertenden Stil lauten?

F. Schulz von Thun: Diese Axiome gelten für Menschen, bei denen ein Stil nicht hin und wieder auftritt, sondern zur vorherrschenden Art der Kontaktaufnahme zu anderen Menschen geworden ist. Beim aggressiv-entwertenden Stil würde das Axiom etwa lauten: „Ich bin klein, mache alles falsch und wehe, jemand merkt das, dann werde ich untergebuttert. Am besten wehre ich mich prophylaktisch gegen all die Niederschläge, die mir aus meiner Umgebung drohen – Angriff ist die beste Verteidigung!"

Ein Mensch, der zu diesem Stil neigt, wird sich selbst groß und den anderen klein machen, wird sich selbst in die Oberhand, das Gegenüber aber in die Unterhand setzen. Er tut das in dem Bestreben, gar nicht erst gedemütigt zu werden, denn vor nichts fürchtet er sich uneingestandenermaßen so sehr wie vor Herabsetzung.

T.H.: Das klingt recht negativ. Wo liegt der positive Wert einer aggressiv-entwertenden Grundhaltung?

F. Schulz von Thun: Ein solcher Mensch hat keine Schwierigkeiten damit, Ärger, Empörung, Kritik zu äußern. Er wird diese Gefühle und

Stimmungen nicht in sich hineinfressen, um dann an innerer Verstopfung zu leiden, sondern er äußert sie, trägt sie nach außen, und diese Fähigkeit zur Konfrontation schützt ihn davor, daß seine Beziehungen ausschließlich und allzu friedlich und höflich und damit, wie ich sage, „fried-höflich" werden. Manch andere Menschen können sich von dieser Fähigkeit eine Scheibe abschneiden, denn sie kann sehr vitalisierend auf Partnerschaften und Beziehungen wirken. Insbesondere betont selbstlose („selbst-lose") Menschen, die ihre eigenen Wünsche stets in den Hintergrund stellen, können hier etwas dazulernen.

T.H.: Was kann ein Mensch tun, der die aggressiv-entwertende Haltung einseitig und übermäßig entwickelt hat?

F. Schulz von Thun: Er sollte sich darum bemühen, das Gute und Positive im anderen Menschen wahrnehmen zu lernen. Wenn ich Vorgesetzte, die nur über ihre Mitarbeiter herziehen, nach deren positiven und lobenswerten Eigenschaften frage, so zeigen sie sich zunächst recht ratlos und wissen nichts zu sagen. Mit anderen Worten: Für das Positive im anderen besteht bei ihnen keine Wahrnehmung, und diese gilt es zu entwickeln. Im zweiten Schritt sollten sich solche Vorgesetzte darum bemühen, ihre Mitarbeiter spüren zu lassen, daß ihre lobenswerten Eigenschaften erkannt und gewürdigt werden.

Solche edlen Empfehlungen sind aber leider nur dann umsetzbar, wenn zuvor eine Arbeit an sich selbst stattgefunden hat: daß ich all die unliebsamen Anteile, die zu mir gehören und für die ich mich insgeheim verachte, ans Licht gehoben und mich mit ihnen ausgesöhnt habe. Die Selbstakzeptierung geht der Fremdakzeptierung voraus – und deswegen erfordert die Veränderung der Kommunikation seelische Schwerstarbeit.

Klärungshilfe

T.H.: Ein Ehepaar, seit vielen Jahren verheiratet, stellt auf einmal fest, daß es sich nichts mehr zu sagen hat. Wie kommt so ein Phänomen zustande?

F. Schulz von Thun: Der Gründe für solche Sprachlosigkeit sind viele, meistens wirken mehrere zusammen. Eine Ursache ist oft eine starke Arbeitsteilung von Mann und Frau. Sie leben dann in verschiedenen Welten und können für den anderen allenfalls ein Pflichtinteresse aufbringen: Das Zuhören und Sich-Einlassen wird zu einer zusätzlichen Anstrengung.

Ein anderer Grund kann sein, daß einer der Partner schlechte Erfahrungen damit gemacht hat, das, was ihn innerlich bewegt, auszusprechen. Wenn er nach einer Reihe von Gesprächen das Gefühl bekommt, daß das, was ihm wirklich am Herzen liegt, vom anderen nicht ernstgenommen und mit ein paar flotten Sprüchen schnell abgetan wird, reift in ihm die Entscheidung, solche Angelegenheiten künftig mit sich allein auszutragen, weil er sich vom Gespräch einfach nichts mehr verspricht. Damit wird aber ein lebenswichtiger Aspekt aus der Beziehung ausgeklammert: Die wirklich innerlich bewegenden Angelegenheiten werden nicht mehr in die Beziehung eingebracht. So etwas liegt einem ja auch nicht auf der Zunge, sondern braucht einige Zeit, um spruch-reif, aussprechbar zu werden. Das kommt langsam aus der Tiefe empor, wenn man Zeit füreinander hat und Zeit miteinander verbringt, bei einer längeren Wanderung vielleicht erst nach der dritten Stunde.

Wenn ein Paar solche Zeiten nicht vorgesehen hat, wenn es die nicht gibt, dann kommen nur die Dinge zwischen den Partnern zur Sprache, die an der Oberfläche liegen. Meist sind das nur organisatorische Fragen. Eine echte Teilhabe am Seelenleben des anderen entsteht nicht.

T.H.: Ihrem Buch „Klärungshilfe", das Sie zusammen mit Christoph Thomann herausgegeben haben, liegt ein Projekt der Hamburger Universität zugrunde. Können Sie das kurz schildern?

F. Schulz von Thun: Die Frage, die uns bewegte, war, wie sich ein Klärungshelfer verhalten muß, um Gesprächspartnern aus einer Sackgasse, aus der sie aus eigener Kraft keinen Weg finden, herauszuhelfen. Wir wollten aber keine Klienten aus akademischen Kreisen oder gar aus der Psychoszene haben, sondern einfache Menschen aus dem Alltagsleben. Um das zu erreichen, haben wir eine Annonce in der *Bild*-Zeitung aufgegeben: „Wer Schwierigkeiten in der Familie oder mit dem Partner hat – Universität Hamburg bietet Gesprächshilfe an!" Entsprechend waren die Fälle. Tatsächlich meldeten sich überwiegend Paare und Familien, die in sehr einfachen Verhältnissen lebten, und kamen mit ihren Problemen zu uns. Und wir versuchten, den gerissenen Gesprächsfaden wieder zu knüpfen.

T.H.: Welche Aufgabe hat ein Klärungshelfer?

F. Schulz von Thun: Die erste Aufgabe ist zu verstehen. Die Menschen kommen mit dem Gefühl in die Beratung, nicht mehr verstanden zu werden. Der eigene Partner hat gar nicht den inneren Abstand, um zuhören zu können, er ist sofort selbst betroffen und ist blitzschnell auf der Palme. Von der Palme herab ist einfühlsames Zuhören aber nicht möglich. Der Klärungshelfer muß für die abgerissene Kommunikation eine Notbrücke errichten, über die die Partner erstmals wieder zueinander kommen können, mit dem Ziel, daß sich beide wieder direkt begegnen können.

Er tut das, indem er einem Partner zuhört und versteht und das, was er verstanden hat, in Worte faßt, die der andere Partner auch verstehen kann. Er hört nicht nur aktiv zu, sondern ist quasi ein Dolmetscher, der den wahren Bedeutungsgehalt des Gesagten, die hinter den Worten liegenden Gefühle etwa, übermittelt. Das wäre die erste Aufgabe. Im nächsten Schritt muß er mit den aufkommenden Emotionen – das können Angst, Wut, Trauer und viele mehr sein – unerschrocken und aktiv umgehen können,

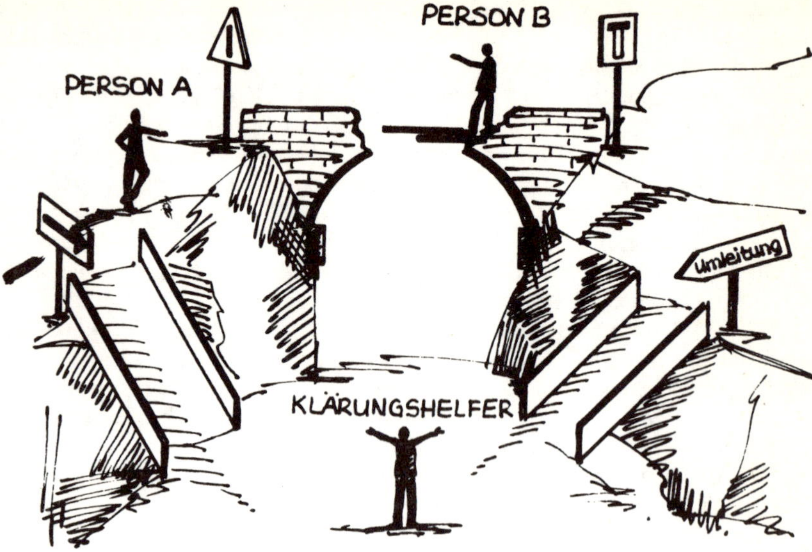

Die Umwegschaltung über den Klärungshelfer
(Aus: Thomann, S.99)

um nicht wie ein Kaninchen vor der Schlange zwischen den sich raufenden Parteien zu sitzen. Oft ist es uns so tatsächlich gelungen, die Verbindung wieder herzustellen, aber einige Fälle waren so hoffnungslos, daß auch wir die Flinte ins Korn geworfen haben.

T.H.: Können Sie dafür mal ein Beispiel nennen?

F. Schulz von Thun: In einer Ehe war das Mißtrauen zwischen den Partnern so weit gediehen, daß alles Bemühen vergebens war. Die Frau hatte ihrem Mann einiges verheimlicht, und der Mann war mißtrauisch geworden. Vielleicht war es auch umgekehrt, so daß die Frau nicht alles erzählte, weil der Mann stets sein Mißtrauen äußerte und hinter ihr herspionierte. Das ist ja das Typische an zwischenmenschlichen Teufelskreisen, daß jeder sein eigenes Verhalten als Reaktion auf den anderen begreift.

Je mißtrauischer der Mann wurde, umso mehr behielt die Frau für sich, um sich und ihm zu beweisen, daß sie nicht über jedes Detail ihres Lebens rechenschaftspflichtig sei. Schließlich fing der Mann an, der Frau hinterherzutelefonieren und ihre Telefongespräche auf Band aufzuzeichnen und nach Feierabend abzuhören, was sie natürlich veranlaßte, ihre Angelegenheiten wasserdicht vor ihm abzuschotten. In diesem Zustand kamen sie dann in die Beratung. Dieses hohe Maß an Mißtrauen hatte so tiefe Schäden angerichtet, daß die Beziehung nicht zu halten war.

T.H.: Was für Ergebnisse hatte das Projekt?

F. Schulz von Thun: Zunächst ist da das Buch, sozusagen als äußeres Ergebnis, das die Techniken und Grundhaltungen der Klärungshilfe beschreibt. Ein mehr persönliches Fazit ist die Überzeugung, daß es lohnt, den Stier bei den Hörnern zu packen. Es lohnt sich, das, was in zwischenmenschlichen Beziehungen schwierig, unheilvoll und schmerzhaft geworden ist, wirklich zum Gegenstand der Auseinandersetzung zu machen. Ich betone das deshalb, weil bei vielen Menschen die Ansicht vorherrscht, daß das Reden über diese Dinge die Situation nur verschlimmert. Meine Erfahrung bestätigt dieses Vorurteil nicht, obwohl ich innerlich auch oft dazu neige, die Flinte ins Korn zu werfen. Es lohnt sich, darüber zu reden, man muß nur bereit sein, sich den dabei aufkommenden Gefühlen zu stellen.

T.H.: Ein Phänomen, das ich oft beobachte – besonders ausgeprägt in anthroposophischen Zusammenhängen –, ist, daß Menschen Konfliktthemen meiden, um ein – in meinen Augen – übertrieben ausgeprägtes Harmoniebedürfnis zu pflegen.

F. Schulz von Thun: Das ist genau das Vorurteil, das ich den Anthroposophen gegenüber habe, wobei meine Erfahrungen nicht ausreichen, um mir ein Urteil bilden zu können. Aber mir scheint, daß sich Anthroposophen mit viel Liebe, Hingabe und großer Kunstfertigkeit um das Gute und Edle bemühen, daß sie aber das Unschöne am Menschen, seine Aggressionen und Konflikthaftigkeit, sehr scheu behandeln.

Aber im Grunde ist es für mich nicht weiter verwunderlich, daß Menschen den Konflikt und die Auseinandersetzung scheuen, denn angenehm sind diese Dinge nicht. Auf Dauer versäumt man aber wertvolle Entwicklungsmöglichkeiten.

T.H.: Haben Sie weitere Erfahrungen aus Ihrem Projekt ziehen können?

F. Schulz von Thun: Eine weitere Erfahrung ist, daß es sich lohnt, in schwierigen Phasen einer Beziehung einen geschulten, erfahrenen Klärungshelfer hinzuzuziehen. Das bringt ein Gespräch auf ganz andere Themen, der Verlauf der Auseinandersetzung ist anders als gewohnt. Es gibt zwar keine Erfolgsgarantie, aber der Versuch lohnt, und ich kann nur jedem, dem seine Beziehung wichtig ist, dazu raten, sich in einer Krise diese Hilfe zu gönnen.

Therapie als Sucht

T.H.: Kann das nicht auch zum Mißbrauch führen? Ich kenne Paare, bei denen jeweils ein Partner in regelmäßigen Abständen einen Gesprächstherapeuten aufsucht, um das Gespräch, das in der Ehe nicht stattfindet, dort zu führen.

F. Schulz von Thun: Die Einbeziehung eines Klärungshelfers soll nie eine Einrichtung auf Dauer werden, sondern ist als Krisenintervention gedacht, die nur solange sinnvoll ist, bis die Partner wieder in der Lage sind, ihr Zusammenleben aus eigenen Kräften sinnvoll zu gestalten. Daß im Einzelfall eine Sucht entsteht, ist nicht auszuschließen, nur sollte ein guter Therapeut darauf geschult sein, solche Abhängigkeiten zu erkennen und ihnen zu begegnen. Er muß – auch in der Einzeltherapie – darauf achten, daß sich nicht ein Partner ständig bei ihm seelisch entlastet, um dann in der Beziehung die Luken wieder dichtmachen zu können; er würde sonst mißbraucht werden und ein fehlerhaftes Spiel mitspielen.

Gemeinsam in die Therapie

T.H.: Ist es für den Erfolg der Therapie erforderlich, daß beide Partner zur Therapie gehen?

F. Schulz von Thun: Wenn beide von dem zur Diskussion stehenden Problem betroffen sind, ist es nützlich, daß auch beide erscheinen. Es kommt allerdings häufig vor, daß ein Partner, meist die Frau, Hilfe sucht und der andere Partner nicht mitkommen will. Es ist ja legitim, wenn ein Partner das Empfinden hat, mit einer Therapie nichts anfangen zu können. Vielleicht liegt es ihm nicht, seine innersten Gefühle zu Markte zu tragen. Dann kann es vorkommen, daß der andere Partner den Schritt zunächst allein tut, und das ist auch sinnvoll.

In vielen Fällen ist nur ein anfängliches Hindernis zu überwinden. Wir bitten oft den zweiten Ehepartner, einfach einmal mitzukommen, völlig unverbindlich, ohne die Verpflichtung, mit in das Geschehen einzusteigen, und mit der Möglichkeit, jederzeit wieder zu gehen. Meist ist es dann so, daß dieser Partner nach einiger Zeit gar nicht an sich halten kann und mit Vehemenz in das Geschehen eingreift und auch nicht mehr gehen möchte.

T.H.: Und wenn der Mann – oder die Frau – nun gar nicht möchte?

F. Schulz von Thun: Unter Umständen setzt er dann – bleiben wir mal beim Mann – seine Beziehung aufs Spiel. Es kommt gar nicht selten vor, daß die Frau kurz davor ist, aus einer Beziehung auszusteigen, und als letzte Chance, die sie der Beziehung geben möchte, die Hilfe von außen sucht. Wir hören oft, daß Menschen nur deshalb mit zur Therapie kommen, weil der Partner mit der Trennung gedroht hat.

T.H.: Oftmals scheuen sich Menschen, therapeutische Hilfe in Anspruch zu nehmen, weil sie fürchten, negativ etikettiert zu werden. „Schau mal, die gehn zum Psychodoktor, die sind nicht ganz dicht." Wann ist es für ein Paar sinnvoll, zur Therapie zu gehen?

F. Schulz von Thun: Ich sehe zwei Gründe. Der erste wäre eine akute Krise mit erheblichem Leidensdruck und der Gefahr, daß die Beziehung scheitert. Wenn ein Paar allein nicht mehr weiterweiß, sollte es sich nicht scheuen, Hilfe in Anspruch zu nehmen.

Der zweite Grund wäre der Impuls, mehr aus der Beziehung machen zu wollen und nicht mehr wie bisher – mehr schlecht als recht – nebeneinanderherzuleben. Warum nicht ein gemeinsames Projekt Partnerschaft, um etwa nach fünfzehn Ehejahren neue Antriebe zu erhalten?

T.H.: Machen Sie diese Klärungshilfe noch?

F. Schulz von Thun: Nur noch hin und wieder im beruflichen Bereich. Es gibt andere in meinem Team, die darauf spezialisiert sind.

„Wir brauchen eine Streitkultur"

T.H.: Angenommen, in einer Partnerschaft ist ein Partner nicht in der Lage, mit dem anderen zu streiten. Angenommen, ihm brennen gewisse Dinge auf dem Pelz, die er gerne loswerden möchte, und weil sie ihm über die Hutschnur gehen, brüllt er auch mal los, woraufhin die Frau sofort zurücksteckt, die Schuld bei sich sucht und keinerlei Widerstand bietet. Was kann das Paar tun, um zu lernen, so zu streiten, daß daraus etwas Positives entstehen kann?

F. Schulz von Thun: Zunächst möchte ich unterstreichen, daß es sich lohnt, eine Streitkultur zu entwickeln: Es gibt Themen in Partnerschaft und Ehe, die den Streit wert sind. Angenommen, so ein Paar kommt zur Klärungshilfe. Dann könnte der Klärungshelfer die Frau auffordern, auszusprechen, wie ihr zumute ist, wenn ihr Mann lospoltert, zu sagen, was dann in ihr vorgeht. Er würde sich also bemühen, mit liebevoller Sorgfalt, das ans Licht zu heben, was in der Frau an Zaghaftigkeit, Ängsten und Befürchtungen vorgeht, und die Frau ermutigen, ihre Position neben der ihres Mannes aufzubauen, damit sie Partnerin wird, nicht Erduldende bleibt.

Den Mann würde er dazu einladen, die Aussagen der Frau an sich heranzulassen und zu erleben, daß es schön ist, ein Gegenüber zu haben. Denn vielleicht tut er alles, damit sie sich klein fühlt, verachtet sie dann aber im Gegenzug für ihre Unterwürfigkeit.

Nun hat man nicht immer einen Klärungshelfer zur Hand, und da wäre die zweite Möglichkeit die Metakommunikation. Metakommunikation bedeutet, daß ein Paar sich hin und wieder einmal Zeit nimmt, darüber zu reden, wie es miteinander umgeht. Dann könnte sie sagen: „Immer wieder kommt es vor, daß ich eigentlich eine eigene Meinung habe, aber wenn du dann so aufbrausend bist, dann traue ich mich nicht, noch etwas zu sagen, obwohl noch Vieles in mir wäre." Das kann er dann hören und überhaupt erstmal zur Kenntnis nehmen. Und er könnte sagen: „Ich mache dich zwar mundtot, das weiß ich. Aber ich freue mich nicht über meinen 'Sieg', sondern merke, daß uns der Faden gerissen ist, und fühle mich dann allein." In dieser Art etwa könnte ein Gespräch, über die Art und Weise miteinander zu sprechen, verlaufen.

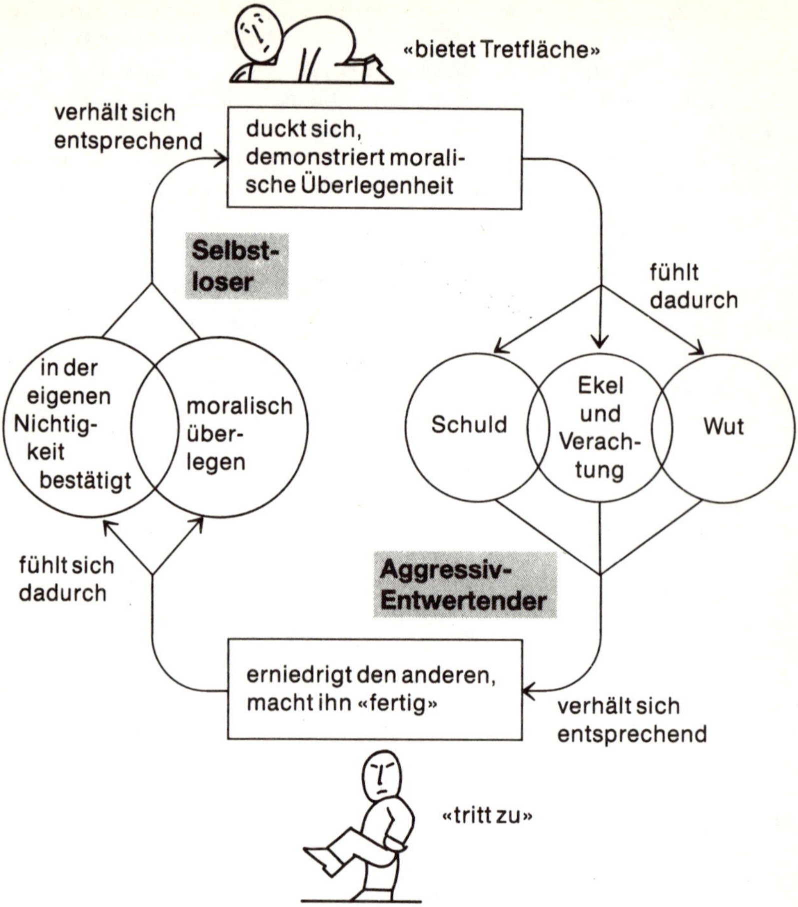

Ein Teufelskreis
(Aus: Schulz von Thun 1989, S.102)

Entwicklung durch Ergänzung

Auf diese Weise kann Entwicklung möglich werden, wobei Entwicklung Erweiterung bedeutet. Ich betone immer ausdrücklich, daß das, was vorhanden ist, nicht über Bord geworfen, sondern ausgebaut und ergänzt werden soll. Die Leute fragen oft, ob sie sich nach dem Willen der Kommunikationspsychologen völlig umkrempeln sollen, ob sie ganz neue Menschen werden und alles Alte über Bord werfen müssen. Mitnichten! Die erste Botschaft ist immer: Probiere, zu dem zu stehen, der du bist, und versuche, der ganz zu sein, nicht nur die eine vorzeigbare Hälfte. Erst die zweite Botschaft lautet: Versuche, die Fähigkeiten und Eigenschaften, die auch noch latent in dir stecken, ebenfalls zu entwickeln.

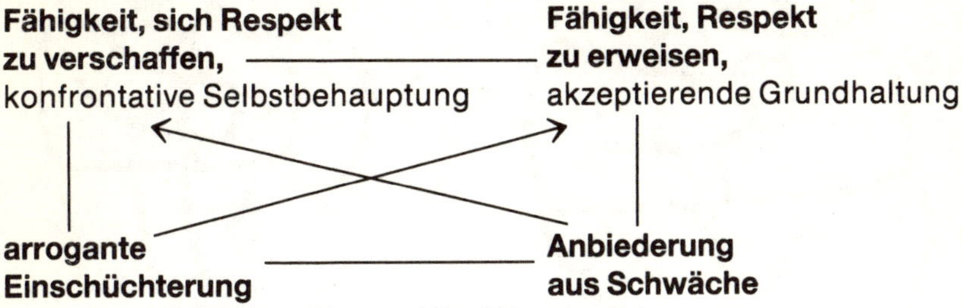

Werte- und Entwicklungsquadrat
(Aus: Schulz von Thun 1989, S.140)

T.H.: Das wird auch anhand des Werte- und Entwicklungsquadrates deutlich. Die Entwicklungsrichtung läuft immer diagonal durch das Quadrat, wodurch die vorhandenen Eigenschaften beibehalten, aber ergänzt und so in ihrer Einseitigkeit korrigiert werden.

F. Schulz von Thun: Ja, und die Entwicklungsrichtungen verschiedener Menschen überkreuzen sich mit ihren Diagonalen; was der eine dringend zur Erweiterung seiner Person braucht, hat der andere vielleicht des Guten zuviel. Im Wertequadrat ist zum Ausdruck gebracht, daß in der Kommunikation immer zwei Schwestertugenden in Ausgleich zu bringen sind – diese sind oben eingetragen. Ist nur eine Tugend ohne die andere entwickelt und gelebt, verkommt sie zur Untugend im Sinne von „des Guten zuviel". Diese entwertenden Übertreibungen sind unten eingetragen und können zum Ausgangspunkt der Entwicklungsdiagonalen gemacht werden.

Zum Thema Streit ist noch wichtig, daß man zwei Phasen des Streites auseinanderhält. Die erste Phase ist die des akuten Ausbruchs. Hier gerät man hart aneinander, vielleicht fliegen die Fetzen. Ihr sollte eine nachträgliche Klärungsphase folgen, wo der Streit nochmals mit kühlem Gemüt besprochen wird. Das kann einige Minuten später geschehen oder erst nach Tagen oder gar Jahren – oder gar nicht.

In der ersten Phase soll man sich nicht darum bemühen, nach schönen Worten zu suchen, sich einfühlend zu verhalten usw., da soll man sich abreagieren, damit die Wut und Gekränktheit heraus kann. Erst in der zweiten Phase wird das, was in der ersten Phase nichts verloren hat, zum Wert, denn hier soll man sich darum bemühen, den anderen zu verstehen und den Hintergrund der eigenen Reaktionen zu verdeutlichen.

T.H.: Was ist die Wunschvorstellung eines Kommunikationspsychologen?

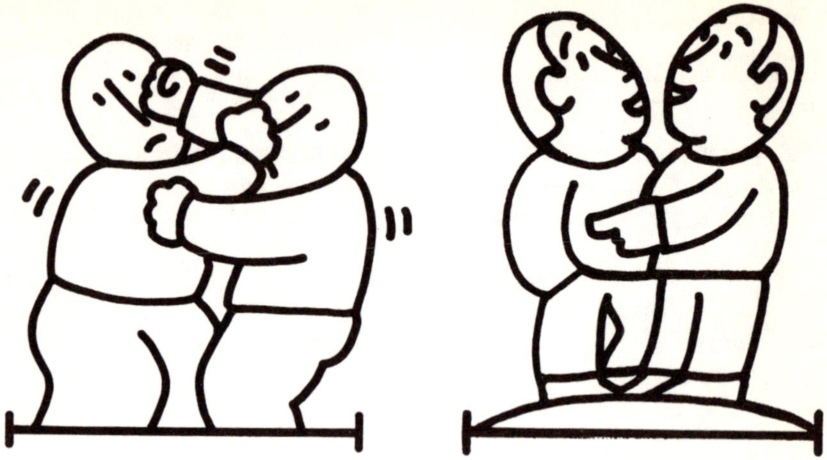

Phase des Ausbruchs
(«Getümmel»)

Phase der
Nachbearbeitung
(«Hügel»)

Die zwei Phasen des Aneinandergeratens
(Aus: Schulz von Thun 1989, S.136)

F. Schulz von Thun: Daß es ihm gelingt, einen kleinen Beitrag zur Dialogfähigkeit des Menschen und damit der Menschheit zu leisten: daß wir fähiger werden, Selbstbehauptung und Verständnis so miteinander zu verbinden, daß eine friedliche und lebendige Koexistenz von mir und dir, von uns und euch auf diesem Erdball möglich wird. Das ist etwas pathetisch gesprochen, bildet aber letztlich den Sehnsuchtshintergrund für all die kleinen und vordergründigen Anstrengungen zum Beispiel im privaten Bereich mit den Partnern, Kindern, Nachbarn: daß wir fähig werden, über das, was auch immer zwischen uns passiert – und wo wir aneinandergeraten und uns womöglich verlieren – reden zu können, um uns so auf einer anderen Ebene wiederzutreffen.

Das gilt auch für den beruflichen Bereich, und hier wäre eine zusätzliche Wunschvorstellung, daß Professionalität und Menschlichkeit mehr miteinander verbunden werden, als das derzeit geschieht.

Was können wir Kommunikationspsychologen dafür tun? Uns stehen drei Mittel zu Gebote: Erstens die Aufklärung über zwischenmenschliche Zusammenhänge, zweitens die Entwicklungshilfe für den einzelnen durch Selbsterfahrung und Training und drittens die direkte Mithilfe am Ort des Geschehens – durch Moderation und Klärungshilfe bei schwierigen privaten oder beruflichen, manchmal auch politischen Auseinandersetzungen. – Und immer wieder gibt es Augenblicke, in denen Wunsch und Wirklichkeit gar nicht so weit auseinanderliegen.

Literatur:

Schulz von Thun, Friedemann: Miteinander reden 1. Störungen und Klärungen. Reinbek 1981

Schulz von Thun, Friedemann: Miteinander reden 2. Stile, Werte und Persönlichkeitsentwicklung. Reinbek 1989

Thomann, Christoph/Schulz von Thun, Friedemann: Klärungshilfe. Handbuch für Therapeuten, Gesprächshelfer und Moderatoren in schwierigen Gesprächen. Reinbek 1988

Alle Abbildungen mit freundlicher Genehmigung des Rowohlt Verlages.

Hans-Diedrich Fuhlendorf

Rückkehr zum Paradies
oder
Erbauen des Neuen Jerusalem?

Geschichtsbetrachtungen in apokalyptischer Zeit

352 Seiten, kart., DM 39,– ISBN 3-926841-37-0

In diesem Buch wird ein Bild vom apokalyptischen Charakter unserer Zeit entworfen. Juden, Muslime, Christen, von moderner Wissenschaft und Technik Begeisterte, Sozialisten und Nationalisten kommen zu Wort, fast alle in einem Kampf zwischen Gut und Böse, Gott und Satan darinnenstehend, viele von dem Willen erfüllt, eine altgewordene Welt zu zerschlagen, um eine neue, bessere, menschlichere aufzubauen. Dabei wird das, was die einen als gottgewollte neue Weltordnung erstreben, von anderen als von Satan herrührend verdammt. Die Erwartungen hinsichtlich der neuen Weltordnung reichen von einer Sehnsucht nach Rückkehr zum Paradies bis zu der Hoffnung, das Neue Jerusalem, die Stadt auf dem Hügel, erbauen zu können.

Bezug über den Buchhandel oder direkt beim Verlag (zzgl. Porto und Verpackung):

Flensburger Hefte Verlag, Holm 64, D-24937 Flensburg. Fax: 0461 / 2 69 12

Bücherschau

Friedrich Glasl: Konfliktmanagement. Ein Handbuch für Führungskräfte und Berater.

Verlag Paul Haupt, Bern/Verlag Freies Geistesleben, Stuttgart ³1992. 464 Seiten, geb., DM 120,–

Das sehr umfangreiche und ausführliche Buch von Friedrich Glasl beschäftigt sich mit der Behandlung von Konflikten in Organisationen und wendet sich an den professionellen Konfliktberater, darüber hinaus auch an Führungskräfte, Personalvertreter, Politiker usw. Das Ziel des Buches ist, theoretische und praktische Hilfen zum Erkennen, Verstehen und Bewältigen von Konflikten zu geben. Bemerkenswert ist, daß den Ausführungen von Glasl durchgängig ein anthroposophisches Menschenbild zugrunde liegt, das nicht nur als graue Theorie oder abstraktes Modell im Hintergrund bleibt, sondern aus dem konsequent Anregungen für die Gestaltung von Organisationen und die Lösung von Konflikten abgeleitet werden. Dabei beschränkt sich Glasl nicht auf anthroposophische Literatur, sondern bezieht in wissenschaftlich exakter Weise alle relevanten Quellen aktueller Konfliktforschung mit ein.

Inhaltlich hat der Autor eine Gliederung in drei große Abschnitte vorgenommen: Konfliktdiagnose – hier liegt der Schwerpunkt auf der Konflikttypologie –, Konflikteskalation und als drittes Strategien zur Konfliktbehandlung. Den Kern des Buches macht sicherlich die Eskalationstheorie aus, die in einem neunstufigen Modell, das vom Autor selbst entwickelt wurde, gipfelt.

Mittlerweile gilt *der Glasl* als ein Standartwerk der Literatur zur Konfliktbewältigung, das eigentlich jedem Profi bekannt ist. Das Buch ist ausgesprochen gründlich gearbeitet. Die Hinweise auf weiterführende Literatur und das umfassende Literaturverzeichnis machen es darüber hinaus zu einer Fundgrube für weitergehende oder ergänzende Fragen. Jeder, der in professionellen Zusammenhängen mit Konflikten und deren Lösung zu tun hat, wird dieses Buch schätzen. Für den Hausgebrauch ist es allerdings nicht gedacht und auch weniger geeignet, da es in der Manier wissenschaftlicher Werke nüchtern, fast trocken, geschrieben ist und in der Vollständigkeit anstrebenden Gründlichkeit den Laien ermüden und überfordern kann.

Auf die inhaltlichen Einzelheiten des Buches einzugehen, ist hier nicht der Raum. Vieles wird in dem Interview mit dem Autor (S.26 ff.) angesprochen und kann dort auch nachgelesen werden. Weil es leitend für das gesamte Buch und außerdem von allgemeiner Gültigkeit ist, soll an dieser

Stelle, quasi als Leseprobe, das Schlußwort des Buches wiedergegeben werden:

„Konflikte sind eine dreifache Herausforderung für jeden, der mit ihnen zu tun hat. Denn für diese Herausfordrung ist es einerlei, ob wir als Betroffener oder als professioneller Berater und Begleiter damit zu tun haben:

1. Wir werden bis zum äußersten gefordert, um die Ereignisse in all ihrer verwirrenden Komplexität zu überblicken und zu durchschauen:

– denn Konflikte sind vielschichtig, überall treten unzählige Faktoren in beinahe unübersehbaren Verflechtungen auf;

2. Wir sind jederzeit der Gefahr ausgesetzt, durch die Geschehnisse mitgerissen zu werden und jeglichen Boden unter den Füßen zu verlieren, der uns Halt gibt:

– denn in Konflikten wird unsere ganze Person angesprochen, unser ganzes Denken, Fühlen und Wollen wird ständigen Korrumpierungen ausgesetzt und führt zu einem Handeln, das nicht mehr von unserem Ich getragen wird;

– weil wir uns selbst verlieren, darum verlieren wir den Halt; und statt selber zu handeln, werden wir gedrängt und geschoben;

3. Wir werden mit all unseren widersprüchlichen Licht- und Schattenseiten konfrontiert, als Konfliktpartei genau so wie als beratende Drittpartei – und wir müssen uns den ungeläuterten Seiten unserer Persönlichkeit, unserer Gruppe oder der Organisation stellen:

– Konflikte führen uns immer in Grenzsituationen, in denen alles davon abhängt, wie wir uns zu uns selber stellen – und in welchem Menschen- und Weltbild wir uns verankert wissen.

In der Komplexität der Konfliktsituationen mögen die von uns gebrachten Diagnose- und Erklärungsmodelle wie eine Landkarte dienen, die Orientierung gibt und den Weg trotz aller verschlungener Pfade weisen kann. Dadurch können wir der Gefahr begegnen, daß uns Konflikte wie eine große Naturkatastrophe überwältigen und uns einem Gefühl der Blindheit aussetzen.

In der Turbulenz des Geschehens, wenn wir uns unter größtem Entscheidungs- und Handlungsdruck befinden, mögen die Interventionskonzepte dazu beitragen, daß wir einen Weg des Handelns finden, der die noch vorhandenen Selbstheilungskräfte im Menschen aktiviert. Dadurch können wir dem Gefühl der Ohnmacht, das uns in Konflikten entweder lähmt oder zur blindwütigen Zerstörung ansetzt, wirksam begegnen.

Denn die hier gebotenen Konzepte und Methoden des Konfliktmanagements sind eine praktische Anwendung der Grundhaltung der Gewaltlosigkeit. Diese Gewaltlosigkeit erscheint uns das beste Vorgehen, um an einem menschlichen Zusammenleben konstruktiv mitzubauen. Nur der Ersatz von Gewaltmethoden durch solche Verfahren, die an Bewußtsein und Ethik appellieren, scheint uns wirklich sinnvoll zu sein, wenn wir aus den Teufelskreisen der Regression und Destruktion ausbrechen wollen.

Die hier dargestellten Methoden der Konfliktbehandlung führen in der Regel zu einer eindringlichen Selbstkonfrontation. Aber nur durch schmerzhafte Momente der Selbstkonfrontation können letztlich unsere besten Kräfte geweckt werden. Je tiefer die Selbsterfahrung im Konflikt ist, desto stärker kann auch das Erlebnis der eigenen Möglichkeiten sein. Je größer der Widerstand, desto kräftiger kann Entwicklung wachsen. Unser Menschenbild wird gleichzeitig mit unserem Selbstbild immer wieder auf die Probe gestellt. So erleiden wir durch intensive Konflikte wahrhaftig einen Sterbe- und Auferstehungsprozeß. In ihm können wir erleben, daß Leiden wirklich sinnvoll ist – wenn wir in den dunkelsten Tiefpunkten die Perspektive christlichen Menschenverständnisses nicht verlieren.“ (S.433 f.)

Thomas Höfer

der Quellhof

Das Landhaus an der Jagst

bietet Ihnen Kultur und Natur zu Ihrer Erholung, Selbstfindung u. persönlichen Vertiefung. Seminare, Tagungen, große Bibliothek; biographische Einzelgespräche, therapeutische Anwendungen, auf Wunsch auch praktische Arbeit.

Bitte Informationen und Programm anfordern.

74592 KIRCHBERG/J.–MISTLAU. 07954-396

Angelika Hoefler

Die Reinkarnationsforscherin,
Begründerin der Karma-Kabbalistik
und Autorin
"Namen – das ausgesprochene Geheimnis",
"Karma – Die Chancen des Lebens" (u.a.)

spricht Ihr Karma auf Cassette:

Lebensplan, Lebensaufgabe, Lebensweg,
Prüfungen und Perspektiven,
Partnerschaft, Finanzen, Beruf, Berufung

DM/sFr 180,–, öS 1.400,– per Scheck
oder Postanweisung mit Angabe von
Ruf- u. Fam.-Name, ggf. Mädchenname,
Alter u. Beruf an

ANGELIKA HOEFLER,
Lindenallee 37c, D-50968 Köln
Telefon Mo-Do 10-13 Uhr 02 21/38 14 36

Privatsitzungen (DM 300,–) und
Seminartermine auf Anfrage

Haben Sie schon einmal
ausgerechnet,
wieviel Sie sparen,
wenn Sie die
FLENSBURGER HEFTE
im Abonnement beziehen?
Es lohnt sich!

z.B. 1995:
Hefte 48 bis 51 für
nur DM 56,–
inkl. Porto und Verpackung
(Ausland: DM 60,–).
Auf Wunsch ermäßigt:
DM 46,– (Ausland: DM 50,–).

FLENSBURGER HEFTE –
immer ein Gewinn!

Peter Lüdemann-Ravit

Konfliktsprechstunde

Bewältigung – Gerechtigkeit – Recht
200 Seiten, gebunden
DM 38,– / öS 297,– / sFr. 39,–

Konflikte und Krisen im zwischenmenschlichen Bereich hemmen Entwicklungen, zerstören Hoffnungen, hinterlassen Wun-den und kosten Kraft und Geld. Was aber sind die Ursachen von Auseinandersetzungen, und in welchem Zusammenhang treten sie in Erscheinung? Das hier angesprochene Konfliktpotential verringern heißt, die eigene Handlungsmotivation wie auch die der Beteiligten durchschauen. Versucht man den Konflikt als inneren Weg zu sehen, in den man die anderen einbezieht, ist man Gewinner, auch wenn man verliert. Ist jedoch ein Gerichtsverfahren nicht zu umgehen, fehlt es auch dafür nicht an konkreten Hinweisen und praktischen Informationen. Mit diesem Buch ist eine umfassende Orientierungshilfe für den bewußt zu gestaltenden Umgang mit Konflikten gegeben.

VERLAG Urachhaus

Flensburger Hefte Verlag – Lieferbare Titel, Herbst 1994

Johannes Rogalla von Bieberstein:
Die These von der Verschwörung 1776–1945
216 S., kt. DM 33,– / ISBN 3-926841-36-2

Carola Cutomo:
Medialität – Besessenheit – Wahnsinn
188 S., kt. DM 19,80 / ISBN 3-926841-19-2

Klaus Engels:
Destruktive Kulte im Spannungsfeld von Kirche und Gesellschaft
212 S., kt. DM 28,– / ISBN 3-926841-46-X

Hans-Diedrich Fuhlendorf:
Rückkehr zum Paradies oder Erbauen des Neuen Jerusalem?
352 S., kt. DM 39,– / ISBN 3-926841-37-0

Wolfgang Gädeke:
Anthroposophie und die Fortbildung der Religion
448 S. Leinen DM 48,– / ISBN 3-926841-23-0
kt. DM 36,– / ISBN 3-926841-24-9

Dieter Hornemann:
Geheimnisvolles Afrika
102 S., 32 farb. Abb., kt. DM 26,– / ISBN 3-926841-60-5

Johannes Kiersch:
Fragen an die Waldorfschule
148 S., kt. DM 19,80 / ISBN 3-926841-33-8

Peter Krause:
Das Judasproblem
128 S., kt. DM 19,80 / ISBN 3-926841-38-9

Peter Krause:
Feuer in Tschernobyl
168 S., 37 farb. Abb., kt. DM 28,– / ISBN 3-926841-58-3

Peter Krause, Faustus Falkenhahn (Hg.):
Einsam – gemeinsam
192 S., kt. DM 22,80 / ISBN 3-926841-43-5

Ernst-Martin Krauss:
Holzwege, Steinwege ...
92 S., Großformat, 13 farb. Abb., geb., DM 56,–
ISBN 3-926841-35-4

Jukka Kuoppamäki:
Einsam – gemeinsam
Musikkassette, DM 22,–

Andreas Meyer (Hg.):
Seele und Geist
160 S., kt. DM 26,– / ISBN 3-926841-47-8

Heinz Schimmel (Hg.):
Tanz der Seelen
108 S., 14 farb. Abb., kt. DM 25,– / ISBN 3-926841-53-2

FH 11
Über Tod und Sterben
3. Aufl., 264 S., kt. DM 24,80 / ISBN 3-926841-11-7

FLENSBURGER HEFTE = **FH** (ISSN 0932-5859)
FH-Sonderhefte = **So** (ISSN 0943-5549)

FH 13
Hexen, New Age, Okkultismus
3. Aufl., 196 S., kt. DM 19,80 / ISBN 3-926841-08-7

FH 14
Erneuerung der Religion. Die Christengemeinschaft
4. Aufl., 184 S., kt. DM 16,80 / ISBN 3-926841-07-9

FH 15
Waldorfschule und Anthroposophie
3. Aufl., 132 S., kt. DM 9,80 / ISBN 3-926841-00-1

FH 16
Kulturvergiftung: Rauschgift, Sucht und Therapie
2. Aufl., 228 S., kt. DM 16,80 / ISBN 3-926841-21-4

FH 17
Kulturvergiftung: Alkohol
2. Aufl., 160 S., kt. DM 16,80 / ISBN 3-926841-34-6

FH 18
Bio.-dyn. Landwirtschaft, Ökologie, Ernährung
2. Aufl., 184 S., kt. DM 19,80 / ISBN 3-926841-03-6

FH 19
Musik
2. Aufl., 184 S., kt. DM 16,80 / ISBN 3-926841-06-0

FH 20
Sexualität, Aids, Prostitution
2. Aufl., 170 S., kt. DM 14,80 / ISBN 3-926841-09-5

FH 21
Aids
164 S., kt. DM 14,80 / ISBN 3-926841-10-9

FH 22
Erkenntnis und Religion
132 S., kt. DM 14,80 / ISBN 3-926841-13-3

FH 23
Engel
2. Aufl., 172 S., 9 farb. Abb., kt. DM 19,80
ISBN 3-926841-15-X

FH 24
Direkte Demokratie – 1789–1989
240 S., kt. DM 14,80 / ISBN 3-926841-16-8

FH 25
Rechtsleben und soziale Zukunftsimpulse
244 S., kt. DM 16,80 / ISBN 3-926841-17-6

FH 26
Michael / Januskopf Bundesrepublik
184 S., 8 farb. Abb., kt. DM 16,80 / ISBN 3-926841-22-2

FH 27
Strafprozeß, Strafvollzug, Resozialisierung
224 S., kt. DM 16,80 / ISBN 3-926841-20-6

FH 28
Naturwissenschaft und Ethik
204 S., kt. DM 16,80 / ISBN 3-926841-25-7

FLENSBURGER HEFTE 74

Abgründe und Chancen in Zeiten des Egoismus

192 Seiten, kt.
DM 28,– ISBN 3-935679-02-5

Der barbarische Anschlag auf das World Trade Center hat die Welt erschüttert. Entsetzen, Trauer, Wut sowie Ängste und Unsicherheit breiteten sich aus. Pechschwarze Wolken zogen über der Menschheit auf, die sich unversehens an den Abgrund gerückt sah.

Die Zeichen der Zeit verheißen in der Tat nichts Gutes. Aber traf uns dieser haßerfüllte Terrorakt wirklich aus heiterem Himmel? Oder neigen wir nur dazu, die oft grausame Wirklichkeit der Weltlage auszublenden? Rücksichtsloser Egoismus einzelner sowie nationale, religiöse und andere Gruppenegoismen entfalten nicht erst seit jüngster Zeit ihre verheerenden Wirkungen. – Wir gehen in diesem Band auf die Hintergründe der gegenwärtigen Situation ein und zeigen auch Hoffnungen und Chancen, die damit verbunden sind.

Die Autoren schildern außerdem das Wesen des Egoismus, seine Wirkungen im alltäglichen Leben, in der Partnerschaft und in Gruppen. Es entfaltet sich die ganze Bandbreite zwischen gesundem und ungesundem Egoismus. Und es zeigen sich die Notwendigkeit und auch Wege, den schädlichen Egoismus zu überwinden.

Beiträge

Der Aufstand der Pflanzen
Märchen von Anne Pehrs, Waldorfschülerin

Das Böse vernichten?
Artikel von Wolfgang Weirauch, Red. FH

Mörderischer Haß / Afghanistan / Der Heilige Krieg / Die Kreuzzüge kreuzen sich / Egoismus und neue Ideen / Einseitige Globalisierung.

Was kann jetzt noch „Normalität" heißen? – Orientierungssuche in einer schlagartig veränderten Welt
Artikel von Arfst Wagner, Red. FH

Die Grenze zwischen Gut und Böse geht mitten durch jeden Menschen / Das „Böse" und die „Zivilisation" / Sind die Menschenrechte am Ende?

Ein schmaler Grat
Artikel von Klaus-Dieter Neumann, Red. FH

Goldgrube Egoismus
Interview mit Renate Hasselberg, Psychotherapeutin

Egoisten sind einsamer / Die Partnerschaft als Ort der Ausbeutung / Übungen zur Überwindung des Egoismus / Interesse für die Welt.

Zuerst komme ich
Interview mit Josef Kirschner, Schriftsteller

Jeder Mensch ein Gegner / Das Leben – ein Spiel / Wahrheit, Moral und Gewissen / Keine Schuldgefühle.

Über die Unmöglichkeit, ein Egoist zu sein
Artikel von Jutta Mardorf

Der umzingelte Egoist
Interview mit Ursula Nuber, Psychologin und Journalistin

„Der Mensch ist dem Menschen ein Wolf" / Die sozialen Antennen der Männer sind kürzer.

„Da hab ich keine Probleme mit" – Beobachtungen in einem narzißtischen Zeitalter
Artikel von Dr. Rolf Lutzebäck, Waldorflehrer

„Gesunder" und „gestörter" Narzißmus / Folgen für die Gesellschaft.

„Du bist egoistisch!"
Interview mit Prof. Dr. Peter Dentler, Psychologe

Der Mensch geht immer wieder bis an den Rand des Abgrunds / Viele wollen nicht erwachsen werden.

Die geistigen Hintergründe des Egoismus
Artikel von Wolfgang Weirauch

Eurythmie

Aufbruch oder Ende einer jungen Kunst?

204 Seiten, 12 farb. Abb., kt.
DM 28,– ISBN 3-935679-01-7

Die eurythmische Kunstszene hat in den letzten Jahren wesentlich an Gewicht verloren. Und die Zahl der Studenten an Eurythmieschulen hat weltweit dramatisch abgenommen. Wo liegen die Ursachen für diese Entwicklung? Ist die Eurythmie nach nicht einmal 100 Jahren bereits eine sterbende Kunst? Ein eurythmischer Neuanfang ist nötig, aber unter welchen Bedingungen könnte ein solcher Aufbruch gelingen? Wo werden neue Ansätze für Ausbildung und künstlerische Betätigung in der Eurythmie gesucht? Wo wird geforscht? Wie wird die Zukunft der Eurythmie aussehen? Was will die Bewegungskunst Eurythmie?

Diesen Fragen gehen die Autoren nach. Es kommen verschiedene Persönlichkeiten aus der Eurythmiebewegung zu Wort, die dafür bekannt sind, daß sie neue eurythmische Wege suchen und diese auch ein Stück gegangen sind. Alle Autoren berichten von Ihren Erfahrungen und geben [illegible] Einblicke in die Werkstatt Eurythmie. – Ein auch für Nichtfachleute interessantes Buch.

Beiträge

Die Zukunft ist offen – Unzeitgemäßes zur Eurythmie
Artikel von Arfst Wagner, Eurythmist, Red. FH

Was hat das 20. Jahrhundert der Eurythmie zu sagen?

Die Auferstehung der Eurythmie aus ihrer Ohnmacht
Interview mit Volker Frankfurt, Eurythmist

Laute sind geistige Wesen / Sturz in den Materialismus / Ohne die Auseinandersetzung mit dem Bösen keine Spiritualität.

„Wir sind noch nicht frei genug"
Interview mit Alexander Seeger und Helga Mattke-Michaels, beide freischaffende Eurythmisten

Interesse an interdisziplinärer Erweiterung / Verschiedene eurythmische Stilrichtungen / Eurythmie zu Rock- und Popmusik / Weg und Methode präzisieren.

Im Hinblick auf eine andere Welt
Interview mit Cornelia Klose und Bettina Grube vom MondEnsemble

Auf der Suche nach der Bewegung – Ein Weg durch Schauspiel, Mime und Eurythmie
Arnold Sandhaus, Dozent für Eurythmie und Schauspiel

Ein immer neues Suchen und Ringen
Interview mit Werner Barfod, Leiter der Sektion für redende und musizierende Künste am Goetheanum in Dornach

Durchstoßen in eine andere Welt / Drei eurythmische Bewegungsquellen / Anthroposophie ist die Quelle der Eurythmie / Die Form wird sich wandeln, aber nicht die Substanz.

Was die heutige Zeit verlangt
Interview mit Melaine MacDonald-Lampson, Eurythmistin

Gib der Eurythmie ein eigenes Gesicht
Interview mit Rob Barendsma, Eurythmiedozent

Die Krise als Chance
Interview mit einer Gruppe freier Eurythmiestudentinnen und -studenten in Hamburg

„Die Eurythmie ist sehr stark"
Interview mit Dorothea Mier, Leiterin der School of Eurythmy Spring Valley/USA

Mit der Welt verbinden
Interview mit Annemarie Ehrlich, Eurythmistin, Institut für Eurythmie im Arbeitsleben, Den Haag

FLENSBURGER HEFTE 72

Es ist an der Zeit

Aspekte der Anthroposophie

216 Seiten, kt.
DM 28,– ISBN 3-935679-00-9

Die Anthroposophie ist eine Art Okular, um die irdische und die übersinnliche Welt besser zu verstehen. Sowohl ihre Methode als auch ihre Inhalte erweitern den Horizont desjenigen, der die Phänomene der Welt mit Interesse beobachtet.

Dieser zweite Band zum Thema eröffnet spannende Einblicke in die Vielfältigkeit der Anthroposophie und ihre praktischen Auswirkungen im alltäglichen Leben. Sie erfahren, was der Mensch nach dem Tod erlebt und wie er sich auf eine neue Geburt vorbereitet. Mit unseren Gesprächspartnern schauen wir auf die Schöpfungsgeschichte der Menschheit, den geheimnisvollen Zusammenhang zwischen dem ersten Menschen, den zwei Jesusknaben und den zwei Marien.

Lesen Sie von dem Wesen des Rechtslebens, wie in Teilen der Deutschen Bundesbahn Elemente der Dreigliederung eingeführt wurden, über den geplanten bundesweiten Volksentscheid, über die Freiheit des Geisteslebens im Bildungswesen sowie Vereinseitigungen in der Waldorfschulbewegung, die Idee der Schönen Schule, das erste und zweite Goetheanum sowie die Anthroposophische Gesellschaft. Außerdem erfahren Sie Einzelheiten aus dem Leben der Interviewpartner, wie sie der Anthroposophie begegnet sind und wie sie mit ihr arbeiten.

Beiträge

Es ist an der Zeit
Interview mit Gerald Häfner, MdB, Bündnis 90/Die Grünen

Wir erwachen am Unrecht / Mit dem Rechtsleben eine Welt der Schönheit erbauen / Grund und Boden als Ware? / Ideale in konkrete Gesetzentwürfe gießen / Revolution mit friedlichen Mitteln / Direkte Demokratie ist an der Zeit.

Der Durchbruch zum Geist ist nah
Interview mit Rudolf Gädeke, Pfarrer der Christengemeinschaft

Das Leben zwischen Tod und neuer Geburt / Der Tod als wichtigster Augenblick des Lebens / Die Erinnerung verlischt im Licht / Die Ich-Krise in der Dunkelheit / Wohin mit dem Bösen? / Das Einmalige des ersten Goetheanums / Das zweite Goetheanum als Schandmal / Ohne geistig strebende Menschen wäre die Erde am Ende.

Geheimnisse
Interview mit Michael Debus, Pfarrer der Christengemeinschaft

Das Geheimnis des Weiblichen / Die Polarität der beiden Jesusknaben / Die zwei Schöpfungsberichte / Die beiden Marien / Die zwei Einweihungen des Lazarus / Johannes der Täufer / Das Ich schafft sich durch Selbsterkenntnis / Die Sonderstellung der Anthroposophie als Wissenschaft / Die Anthroposophie als Weg zu Christus.

Das Tor der Intuition
Interview mit Johannes Kiersch, Dozent für Waldorfpädagogik

Schöne Schule / Schulklima und Schulgeist / Öffentlich über Esoterik sprechen / Meditative Arbeit und aktive Beziehung zur Außenwelt / Sinnlose Ritualsysteme im Bildungswesen / Geben Waldorfschulen ihren Geist auf?

Ist der Zug abgefahren?
Interview mit Karl-Dieter Bodack, Prof., Dipl.-Ing., M.S.

Die drei Dimensionen des Ich / Der sich selbst entwickelnde Mensch / Die soziale Dreigliederung Steiners / Einseitigkeiten führen zur Unmenschlichkeit / Dreigliederung in Unternehmen / Unlösbare Probleme der Deutschen Bundesbahn? / Gestaltungsimpulse für eine menschenwürdige Umwelt.

Flensburger Hefte 71

Einblicke in die Anthroposophie

200 Seiten, kt.
DM 28,– ISBN 3-926841-99-0

Anthroposophie, was ist das eigentlich? Eine Weltanschauung, eine Wissenschaft von der Wirklichkeit des Geistes? Ist sie eine Methode, um das Geistige in Welt und Mensch, um geistige Wesen, das Böse oder die Wirksamkeit von Reinkarnation und Karma im menschlichen Leben zu erkennen?

Dieses Buch gibt spannende Einblicke in die Vielfältigkeit anthroposophischer Forschungsergebnisse. Sie erfahren etwas über Naturgeister, Engel, die Trinität und das Böse, über Rudolf Steiner und die Anthroposophische Gesellschaft, über Meditationspraktiken und Konzentrationsübungen, über Beuys' erweiterten Kunstbegriff und die Arbeit an der sozialen Plastik sowie über die allgemeine Schulkrise und die Alternative der Waldorfpädagogik mit ihren Stärken und Schwächen.

Es sind anthroposophische Impressionen, Schlaglichter auf einzelne Aspekte der Anthroposophie. Gleichzeitig berichten die Interviewpartner aus ihrer Biographie, wie sie der Anthroposophie begegnet sind und wie sie mit ihr arbeiten. Aus individuellen Blickwinkeln und Erfahrungshorizonten schildern die Autoren wesentliche Kernbereiche der Anthroposophie, die vielfältige Anregungen bieten, Mensch und Welt tiefergehend zu verstehen und das kulturelle und soziale Leben zu gestalten.

Beiträge

Anthroposophie leben
Interview mit Dr. med. Michaela Glöckler, Leiterin der Medizinischen Sektion am Goetheanum
Die Wirklichkeit des Geistes / Was ist Anthroposophie? / Individuelle Zugänge zur Anthroposophie / Menschen auf den Weg ihrer Entwicklung bringen / An der Weiterentwicklung der Kultur arbeiten / Die Anthroposophische Gesellschaft als Gefäß / Schulung sozialer Fähigkeiten und Kompetenzen.

Dem Himmel so nah
Interview mit Hans-Werner Schroeder, Pfarrer der Christengemeinschaft
Das Wirken der Naturgeister / Der Mensch als schöpferisches Wesen / Zukunftsimpulse durch die Engel / Warum ein Gott Mensch werden mußte / Zusammen mit Christus die Zukunft gestalten / Den Auferstandenen schauen / Luzifer, Ahriman und Sorat / Das Böse im Menschen / Anthroposophie hat eine verwandelnde Kraft.

Die Sprache des Christus
Interview mit Emanuel Zeylmans, Pfarrer der Christengemeinschaft
Die Welt wartet auf die Meditation des Menschen / Übersinnliche Erfahrungen / Erlebnishunger in Zeiten der Ich-Sucht / „Steiner würde heute nicht in anthroposophischen Kreisen wirken" / Die heilende Kraft des Geistes / Die Zukunft hängt von unseren Gedanken ab.

Arbeit an der sozialen Plastik
Interview mit Johannes Stüttgen, Künstler
Einführung der direkten Demokratie / Joseph Beuys und die Anthroposophie / Der erweiterte Kunstbegriff / Die Kathedrale von Chartres als Keim sozialer Gestaltungen / Auseinandersetzung mit dem Bösen und Häßlichen.

Neue Impulse durch freie Schulen
Interview mit Henning Kullak-Ublick, Waldorflehrer
In manchen Waldorfschulen ist Steiner nicht mehr erwünscht / Die Ungleichbehandlung der freien Schulen / Die Aktion mündige Schule / Ohne spirituelle Erneuerung wird die Menschheit zum Teufel gehen.

Träume

Was wollen sie uns sagen?

192 Seiten, kt.
DM 28,– ISBN 3-926841-97-4

Der Traum vermittelt uns Bilder und Symbole, die aus einer höheren Welt in unser Bewußtsein dringen. Oft ist es nur die chaotisch erscheinende Verarbeitung des Tagesgeschehens, mitunter erhalten wir aber Botschaften, die uns in bildhafter Form auf eine ungeahnte Krankheit, ein seelisches Defizit oder auf eine Konfliktsituation hinweisen. Seltene Perlen sind es, wenn einem Verstorbene oder geistige Wesen im Traum erscheinen, um etwas mitzuteilen, wenn man in einem Wahrtraum ein zukünftiges Ereignis vorausschaut oder wenn man sich in einem luziden Traum bewußt wird, daß man träumt.

Dieses Buch ist ein Leitfaden durch die bunte, vielgestaltige und oft verwirrende Welt der Träume. Es handelt von den Entstehungsursachen, von der Bedeutung und Symbolik des Traumes, von Traumdeutung und Traumerinnerung, von den verschiedenen Traumforschungsansätzen, den Träumen in älteren Kulturen, der Traumwelt im Islam und von der anthroposophischen Bedeutung des Traumlebens. Ein traumhafter Lesestoff mit vielen Beispielen.

Beiträge

Lebendige Träume
Artikel von Wolfgang Weirauch, Red. FH
Die Bewußtseinszustände / Träume des Ätherleibes / Träume des Astralleibes / Der Traum als Dramatiker.

Träume richtig deuten
Interview mit Dr. Johannes W. Schneider, Psychologe, Dozent
Einschlaf- und Aufwachträume / Träume vom Fliegen / Prophetische Träume / Träume von Verstorbenen / Träume als Lebenshilfe / Karmische Beziehungen und Erlebnisse aus früheren Erdenleben.

Joseph der Träumer
Artikel von Eckhard Glaeser, Landwirt und Gartendesigner

Orientalische Träume
Interview mit Prof. Dr. Annemarie Schimmel, Islamwissenschaftlerin
Traumdeuter im Orient / In der Nacht ist die Seele bei Gott / Wahrträume in der Morgenstunde / Wenn zwei das gleiche träumen / Die Todesträume der Kalifen / Die Toten als Lehrmeister der Lebenden.

„Erwache sofort!" – Traumerlebnisse
Artikel von Arfst Wagner, Red. FH
Das manipulative Hineinwirken in die Träume anderer Menschen.

Traumhaft
Interview mit Dr. Michael Schredl, Psychologe
Nachtangst / Alpträume / Angstbehandlungen / Wiederholungsträume / Flugträume / Luzide Träume / Wahrträume / Traumarbeit.

Bilder aus dem Nachtarchiv der kranken Seele – Kommt die Traumdeutung Freuds für uns noch in Frage?
Artikel von Hans-Joachim Plümer, Waldorflehrer

Lesen im persönlichen Lebensbuch
Artikel von Dr. Peter Schraud, 12-Sinnes-Werkstatt Louisenlund

Literarische Träumereien – Der Traum als Gegenstand der Literatur des 19. Jahrhunderts
Artikel von Dr. Rolf Lutzebäck, Waldorflehrer

Quellen der Inspiration
Interview mit Kurt Meyer, Institut für Traumanalysen, Kreuzlingen
Im Traum meldet sich unser höheres Selbst / Die sieben luziden Traumkörper / Träume an Wendepunkten des Lebens / Übungen, um Träume exakter zu erinnern.

Sonderheft 18

Erfahrungen im Umgang mit Tod und Sterben

Beiträge von Leserinnen und Lesern

180 Seiten, kt.
DM 28,– ISBN 3-926841-98-2

Der Verlust eines geliebten Menschen durch den Tod gehört zu den einschneidendsten Erfahrungen, die man während des Lebens macht. Ohnmacht, Verzweiflung, Verlusterlebnisse umfassen die Seele wie eine eiserne Hand. Kann man diesen dunklen Gefühlen entrinnen, und ist es möglich, im Tod einen Sinn zu sehen?

In diesem Band schildern die verschiedensten Menschen ihre Erlebnisse, wie sie mit diesem Verlust fertiggeworden und wie sie mit Tod und Sterben umgegangen sind. Die intimen Schilderungen lassen einen nicht nur teilhaben am Leben der betroffenen Menschen, sie machen diese Sammlung zugleich zu einem Buch über die Liebe. Glück und Trauer, Lebensgewinn und Verlusterfahrung liegen oft dicht beieinander.

Das Buch enthält u.a. Beiträge über: die Pflege eines sterbenden Menschen, die schmerzvolle Verlusterfahrung, die Trauer und Trauerarbeit, den Sinn des Todes, den Umgang mit Verstorbenen, Sterbebegleitung und die Arbeit im Hospiz, Träume vom Tod, Nah-Todeserfahrungen, Humor im Trauerfall.

Die Beiträge führen nicht nur die schweren Momente des Abschieds vor Augen, sondern sie zeigen auch, wie Sterben, Tod und Abschiednehmen einen würdigen Platz im Leben einnehmen können. Es sind bewegende Geschichten vom Sterben und vom Leben, von der Veränderung des Lebens durch den Tod.

Berichte, wunderbare Erzählungen und Gedichte – ein bunter Strauß von Beiträgen, den Sie sich nicht entgehen lassen sollten!

Aus dem Inhalt

Das ganz alltägliche Sterben
Erfahrungen als Pfleger in der Sozialarbeit.

Die Leihgabe
Lebensbericht über den Verlust eines Kindes.

Hilfe in schwerer Zeit
Der drohende Tod der Mutter und die völlige Veränderung des Lebens.

Den Abschied gestalten
Erinnerungen an eine Kindheit auf dem Dorf, in dem Abschiednehmen und Sterben einen würdigen Platz hatten.

Sterben auf der Intensivstation einer Universitätsklinik
Bericht einer Therapeutin und Begleiterin von Krebserkrankten.

„Ich tausche meine Kraft gegen deine Erschöpfung"
Interview mit Hannelore Ingwersen, Hospizleiterin
Hilfe für Sterbende / Der Betroffenheit kann sich niemand entziehen / Woher schöpfen die Helfer ihre Kraft? / Das Erleben des Todes prägt das Lebensgefühl / Die Fragen am Ende eines Lebens.

So wie man lebt, stirbt man auch!
Leben und Sterben der Eltern und der Schwiegereltern / Die Nah-Todeserfahrung – mein Damaskuserlebnis.

Auf dem letzten Stück des Weges mitgehen
Begegnungen, Erlebnisse und Erfahrungen mit Menschen in den letzten Tagen.

Persephones Schwestern, oder: Die Trauer – für mich ist sie ein Tor
Erfahrungen von Frauen mit Trauer Träume, Rituale, das Erlebnis des Todes.

Eine Liebesgeschichte
Ein Zivildienstleistender verliebt sich in eine junge Frau, die an Multipler Sklerose erkrankt ist und die er bis zu ihrem Tod pflegt. **u.v.m**

Publikationen aus unserem Verlag, die zum Verständnis der gegenwärtigen Krisensituation vieles beitragen können.

(Siehe auch FLENSBURGER HEFTE 74, Seite 1 in diesem Prospekt.)

SONDERHEFT 19

Die Welt am Abgrund

Jeder Mensch eine Bombe?

Anfang Nov. 2001, ca. 190 Seiten, kt.
DM 28,– ISBN 3-935679-03-3

Der Anschlag auf das World Trade Center am 11.09.2001 war eine Zäsur in der Weltgeschichte. Schlagartig wurde die Verletzlichkeit der westlichen Welt offenbar, und die Illusion einer friedlichen Zukunft schwand abrupt. Die oft gepriesene, rein auf das Wirtschaftliche beschränkte Globalisierung zeigte ihre Einseitigkeit. Gleichzeitig kamen wieder gefährliche Begriffe ans Tageslicht: Kampf der Kulturen, Rachefeldzug, Kreuzzug, Auslöschung des Bösen – das nur im anderen gesehen wird.

Wir alle – jeder einzelne von uns – stehen den komplizierten Zusammenhängen mehr oder weniger hilflos, manchmal sogar ohnmächtig gegenüber. Alles muß von Grund auf neu überdacht werden: das eigene persönliche Leben, die politische Überzeugung, das politisch-gesellschaftliche Engagement und das Bemühen um geistige Erkenntnisse. Themen, die wir in den letzten Jahren immer wieder in den FLENSBURGER HEFTEN zum Kern unserer Arbeit gemacht haben.

Dieser Sonderband enthält die Essenz aus 17 FLENSBURGER HEFTEN und Büchern zu den aktuellen Themen: Krieg in Afghanistan und gegen das Terrornetzwerk Al-Quaida, Kampf der Kulturen, Islam, Scharia, Dschihad, Fundamentalismus, Globalisierung, Völkermord, Krieg aller gegen alle, das Böse, Erscheinungsformen des Bösen, das Doppelantlitz des Bösen, das Böse im Menschen, Weltinteresse und Selbsterkenntnis, und zu der Frage, was wir politisch, gesellschaftlich und geistig in dieser Zeit der Krise und des Umbruchs tun können.

Dieses Buch gibt Hilfen und Orientierung. Es ermöglicht Ihnen, einzelne Darstellungen zu den komplexen Themen kompakt, zielgenau und in einem neuen Zusammenhang zu lesen. Sie werden staunen, was Sie alles neu entdecken werden.

Mit Beiträgen von:

Jon Armajani, Faruk Arslan, Werner Barfod, Jimmy Carter, Daniel Cohn-Bendit, Hans-Josef Dreckmann, Mohammed el-Faiumi, Hans-Diedrich Fuhlendorf, Wolfgang Gädeke, Gerald Häfner, Thomas Höfer, Raschad Hassan Khalil, Stefan Leber, Frank Linde, Wilhelm Maas, Hans-Peter Martin, Mesbah al-Metoali Hamad, Klaus-Dieter Neumann, Annemarie Schimmel, Dierk Schneider, Peter Scholl-Latour, Hans-Werner Schroeder, Hassan el-Shennawi, Michael Steiner, Johannes Stüttgen, Bassam Tibi, Arfst Wagner, Wolfgang Weirauch, Mahmoud Hamdi Zakzouk, Cordula und Emanuel Zeylmans sowie Tilman Zülch.

FLENSBURGER HEFTE 69

Islamische Impressionen

Brücken zwischen Orient und Okzident

228 Seiten, 12 farb. Abb., kt.
DM 28,– ISBN 3-926841-96-6

In der islamischen Welt von Indonesien bis Westafrika leben mehr als eine Milliarde Menschen. Diese Welt ist weder religiös noch kulturell oder politisch eine Einheit. Ziel dieses Buches ist es nicht, eine umfassende Darstellung des Islam und seiner kulturellen und politischen Auswirkungen zu geben, sondern es werden interessante Mosaiksteine aus dieser für den Westen oft fremden Welt beleuchtet.

Statt den viel beschworenen Kampf der Kulturen zu verstärken, möchten die Autoren Verständnis und Interesse für die arabisch-islamische Welt wecken und Brücken zwischen Orient und Okzident bauen. Islamwissenschaftler, Politiker, Journalisten, Musiker und Theologen kommen zu Wort und geben Einblick in die Religion Islam, in Scharia, arabische Philosophie, Sufismus, den politischen Islam sowie in die aktuelle Politik. Ein Schwerpunkt ist eine Reise nach Ägypten, wo mit markanten Persönlichkeiten Gespräche geführt wurden – Impressionen aus der faszinierenden Welt des Islam.

Beiträge

Flensburger Hefte 61

Die Hintergründe von 666

196 Seiten, kt.
DM 28,– ISBN 3-926841-85-0

Was verbirgt sich hinter der Zahl 666? Um das Geheimnis dieser Zahl zu entschlüsseln, unternehmen wir mit diesem Band eine Reise in die Antike und verfolgen den Weg des hellenistischen Geistesgutes und der griechischen Medizin über den Orient bis ins mittelalterliche Europa. Wir lernen das goldene Zeitalter der Wissenschaften im islamischen Weltreich in Bagdad und im maurischen Spanien kennen und analysieren, was sich um das Jahr 666 n.Chr. im Zusammenhang mit der persischen Akademie von Gondischapur ereignete.

Wer verstehen will, was im Jahre 666 geschah, muß sich mit dem geistigen Wesen Sorath auseinandersetzen und dem nachspüren, was Sorath im 7. Jahrhundert mit der Menschheit vorhatte und jetzt zum Jahrtausendende wieder beabsichtigt. Dafür braucht man auch ein

Verständnis der drei okkulten Fähigkeiten, die die Menschen in Zukunft erlangen werden.

Wir versuchen, in diesem Buch den Unterschied zwischen Arabismus und Islam herauszuarbeiten und beleuchten übersinnliche Vorgänge, die mit dem Entstehen einer materialistischen Naturwissenschaft verbunden sind. Zur Abrundung des Themas zeigen wir, wie die sogenannte achte Sphäre, schwarze Magie und die Lüge mit 666 zusammenhängen. – Ein Schlüssel zum Verständnis des Bösen und unserer Zeit.

FLENSBURGER HEFTE 60

Die Impulse des Bösen am Jahrtausendende

196 Seiten, kt.
DM 26,– ISBN 3-926841-83-4

Die Frage nach dem Bösen hat am Jahrtausendende an Aktualität gewonnen. Allerdings mangelt es auf diesem Gebiet oft an klaren Begriffen; Ängste, unbestimmte Erwartungen, Vorurteile und falsche Bilder trüben den Blick für eine sachliche Auseinandersetzung mit dem Bösen. Um so notwendiger ist deshalb eine differenzierte Darstellung dessen, was man allgemein das Böse nennt. Denn das Ringen mit diesen Mächten gehört zu den elementaren Grundfragen der Menschheit.

Wie ist das Böse entstanden? Was ist der Sinn des Bösen? Ist das Böse eine anonyme Macht, oder kann man in ihm verschiedene und auf sehr bestimmte Weise wirkende Mächte erkennen? Welche Beziehung hat das Böse zum Menschen und zu den Zeitereignissen?

Frank Linde gibt in diesem Band einen Überblick über die Darstellungen Rudolf Steiners zum Bösen und zum Wirken von Luzifer, Ahriman, Sorath und den Asuras in der Menschheitsentwicklung – in Vergangenheit, Gegenwart und Zukunft.

FLENSBURGER HEFTE 57

Die Welt im Umbruch

Globalisierung und Kampf aller gegen alle

196 Seiten, 29 farb. Abb., kt.
DM 28,– ISBN 3-926841-79-6

Die Welt befindet sich im Umbruch. In atemberaubendem Tempo schreitet die Globalisierung voran, deren Motor die transnationalen Konzerne und die Finanzdienstleister sind, die weltweit operieren. Aber während für die Wirtschaft und die Informationstechnologie die Erde zum globalen Dorf wird, bleiben die Politik und das Bewußtsein der Menschen hinter der Entwicklung zurück.

Wir erleben nicht nur nationalistische und protektionistische Rückzugsbewegungen in den westlichen Industrienationen, sondern darüber hinaus die weltweite Tendenz zur Balkanisierung der Nationalstaaten, den Zerfall in immer kleinere Staaten, sich bekämpfende Gruppen und Ethnien. Die zunehmende Zersplitterung der Menschheit, die im Kampf aller gegen alle zu kulminieren droht, erscheint wie das Gegenbild zur Dynamik der ökonomischen Globalisierung.

Doch wir sind der gegenwärtigen Entwicklung nicht ohnmächtig ausgeliefert, sondern vielmehr gefordert, Initiative und Ideen zu entwikkeln und gestaltend einzugreifen. Daß eine Kurskorrektur dringend notwendig ist und daß es für jeden konkrete Handlungsmöglichkeiten gibt, zeigen wir in diesem Band.

Mit Beiträgen u.a. von:

Dr. Hans-Josef Dreckmann, ARD-Korrespondent; Dr. Hans-Peter Martin, *Spiegel*-Redakteur; Peter Spiegel, „Terra – One World Network“; Michael Steiner, deutscher Sonderbotschafter in Bosnien-Herzegowina, heute Kanzlerberater; Wolfgang Weirauch, Red. FH.

Hans-Diedrich Fuhlendorf

Rückkehr zum Paradies oder Erbauen des Neuen Jerusalem?

Geschichtsbetrachtungen in apokalyptischer Zeit

352 Seiten, kt.
DM 39,– ISBN 3-926841-37-0

In diesem Buch wird ein Bild vom apokalyptischen Charakter unserer Zeit entworfen. Juden, Muslime, Christen, von moderner Wissenschaft und Technik Begeisterte, Sozialisten und Nationalisten kommen zu Wort, fast alle in einem Kampf zwischen Gut und Böse, Gott und Satan darinnenstehend, viele von dem Willen erfüllt, eine altgewordene Welt zu zerschlagen, um eine neue, bessere, menschlichere aufzubauen. Dabei wird das, was die einen als gottgewollte neue Weltordnung erstreben, von anderen als von Satan herrührend verdammt. Die Erwartungen hinsichtlich der neuen Weltordnung reichen von einer Sehnsucht nach Rückkehr zum Paradies bis zu der Hoffnung, das Neue Jerusalem, die Stadt auf dem Hügel, erbauen zu können.

Jimmy Carter

Frieden schaffen im Gespräch

Ein Impuls für die nächste Generation

206 Seiten, 10 Abb., kt.
DM 32,– ISBN 3-926841-71-0

Übersetzt aus dem Amerikanischen von Sebastian J. Rechenberger

Jimmy Carter hat auf der ganzen Welt an der friedlichen Lösung von Konflikten gearbeitet, erst vom Weißen Haus und heute vom gemeinnützigen Carter Center in Atlanta/Georgia aus, das er 1982 mit seiner Frau Rosalynn gründete. In *Frieden schaffen im Gespräch,* dem ersten und einzigen Buch eines ehemaligen Präsidenten der USA, das sich an junge Erwachsene wendet, zeigt Carter Möglichkeiten für jeden Menschen jeder Altersgruppe auf, einen Grundstein für den Weltfrieden zu legen. Der Architekt des Camp-David-Abkommens führt in lebendiger Weise an seine Techniken des Friedenstiftens heran und läßt zum Erlebnis werden, daß Idealismus einen praktischen und wirksamen Ansatz im Dienst der Menschenrechte und des Friedens finden kann.

Wolfgang Weirauch

Im Spiegel der Finsternis

Roman

252 Seiten, geb.
DM 33,– ISBN 3-926841-86-9

Geheimnisvolle Lichtzeichen in der Burg auf der Insel rauben Samuel den Atem. Wer schleicht dort über die verbotene Insel? Wer ist der unheimliche Fremde, der nachts zu der Insel vor der Küste hinüberrudert?

Jeden Abend sitzt der Junge Samuel auf den Klippen hoch über dem Meer und sinnt über sein Leben nach. Von einem schweren persönlichen Schicksal getroffen, wird die ferne Insel mit der Burg Ziel seiner Träume. Noch ahnt er nicht, daß er kurz vor dem Drama seines Lebens steht.

Seine Neugier wird zu einer aufregenden Reise in das eigene Innere. In vielen Abenteuern, persönlichen Krisen und durch eine harte Schulung lernt er die Quelle des Bösen im Menschen kennen. In der Hitze der Wüste, in finsteren Grotten, durch Liebe, Eifersucht und Mordlust, aber auch durch viele praktische Übungen lernt Samuel sich selbst kennen und erfährt, wie man den Drachen im Menschen überwinden kann.

Dieser Roman erzählt von einem Jugendlichen, der sich aufmacht, die Welt kennenzulernen und dabei den für ihn überraschenden Weg der Selbsterkenntnis betritt. Die Reise in sein Inneres geht so weit, daß er die Kräfte des Bösen real kennenlernt, die in jedem Menschen schlummern.

Gerade in der heutigen Zeit der Perspektivlosigkeit der Jugend und der zunehmenden weltweiten Gewalt wird die Auseinandersetzung mit dem Bösen im Menschen immer wichtiger. Der Roman spricht konkret über Angst, Macht, Wut, Habgier, Aggression und Mordlust, aber auch über Mut, Initiativkraft, spirituelle Kräfte, geistige Wesen und von einem zielorientierten Übungsweg, mit Hilfe dessen man der Bestie im Menschen ein wirksames Gegengewicht setzen kann.

Ein spannender Roman für Jugendliche und Erwachsene. Ab 13 Jahren.

SONDERHEFT 16

Die Schande Europas

Der Krieg auf dem Balkan

200 Seiten, kt.
DM 28,– ISBN 3-926841-70-2

Vielen Menschen ist der Überblick über die Abläufe im jugoslawischen Trümmerfeld verlorengegangen, zu viel ist geschehen, zu wechselreich waren die Ereignisse. Dieses Buch gibt einen Überblick über den Verlauf des Krieges im ehemaligen Jugoslawien und zeigt die vielfältigen Konfliktursachen und historischen Hintergründe auf.

Die Beiträge des Buches machen deutlich, daß der Krieg auf dem Balkan Ausdruck europäischer Geschichte ist, deren Vermächtnisse nicht einfach abgeschüttelt werden können, von deren Bewältigung aber die Zukunft ganz Europas abhängen wird. Durchgängig ist eine ausgewogene, facettenreiche Darstellung. Die Autoren wollen dazu beitragen, daß nicht aus dem Bewußtsein verloren wird, was im ehemaligen Jugoslawien geschehen ist, wer die Verantwortung trägt und was eigentlich zu tun wäre, um den Menschen der Region ein wirklich friedliches Zusammenleben zu ermöglichen. Immer wieder wird daher auch der Blick auf die direkt betroffenen Menschen und ihr Schicksal gelenkt. Ein Buch gegen das Vergessen und für eine verantwortliche Gestaltung der Zukunft.

Beiträge

Das Ende Jugoslawiens
Artikel von Thomas Höfer, Red. FH

Für ein multikulturelles Bosnien
Interview mit Fadila Memisevic und Tilman Zülch, Gesellschaft für bedrohte Völker

Als Therapeut in Bosnien
Im Gespräch mit Dr. Willi Butollo, Prof. für Klinische Psychologie

Bosnien ist unsere Zukunft
Interview mit Dr. Bassam Tibi, Universitätsprofessor für Internationale Politik

FLENSBURGER HEFTE 41

Anthroposophie und Rassismus

212 Seiten., kt.
DM 24,80 ISBN 3-926841-54-0

FLENSBURGER HEFTE 40

Ausländerhaß, Nationalismus, Rassismus

188 Seiten., 13 farb. Abb., kt.
DM 24,80 ISBN 3-926841-52-4

Flensburger Hefte 68

Liebe Leben

Homosexualität und die Vielfalt der Lebensformen in Zeiten der Individualisierung

192 Seiten, kt.
DM 28,– ISBN 3-926841-93-1

Die Bandbreite anthroposophischer Literatur ist umfassend, zu fast allen Bereichen des Lebens ist etwas geschrieben worden – allerdings nur zu *fast* allen: Homosexualität wird bisher kaum thematisiert, und das in einer Zeit, in der sich immer mehr Menschen zu den unterschiedlichen Formen der Liebe bekennen. Angesichts dieser erstaunlichen Einseitigkeit hat sich eine Gruppe von Menschen auf den Weg gemacht, moderne Gedanken der Anthroposophie aufzugreifen, um Erkenntnisstreben und Lebensrealität in ein neues Verhältnis zu bringen.

In diesem Buch wird ein weiter Bogen geschlagen: von der Klärung methodischer Voraussetzungen bis hin zur höchsten Dimension der Liebe, der spirituellen. Dazwischen entfaltet sich die Vielfalt des realen Lebens: die vier Dimensionen der Liebe, die wichtigsten Richtungen der Liebe, die Frage nach Mann und Frau als Geschlechtern der Liebe, die sozialen Formen der Liebe, und schließlich Materialien zu einer Pädagogik der Liebe. Viele Interviews und biographische Berichte, aber auch einige Auszüge aus der Schönen Literatur ergänzen die theoretische Auseinandersetzung.

Während bis heute viel zu oft nur die Risiken und Nebenwirkungen „abweichender“ Lebens- und Liebensformen beschworen wurden, suchen die Autorinnen und Autoren dieses Buches vor allem die *Chancen* und möglichen *Aufgaben,* die mit der Vielfalt des Lebens und Liebens einhergehen.

Dieses Buch ist innerhalb mehrerer Jahre im Arbeitskreis „Bi/Homosexualität und Anthroposophie“ entstanden. Mitgewirkt haben:

Christoph Kranich, Anna Merklin, Linda Steger, Christiane Hauch, Marnix Schaubroeck, Gabriele Schneider, Elisabeth Buser, Erika Gdynia, Jan Wandtke, Michael Schlegel.

Etliche weitere Autorinnen und Autoren können oder wollen aus den verschiedensten Gründen nicht namentlich genannt werden.

Flensburger Hefte 65

Doppelgänger

Der Mensch und sein Schatten

228 Seiten, 8 farb. Abb., kt.
DM 28,– ISBN 3-926841-91-5

Wissen Sie, daß Sie selbst in der größten Einsamkeit nicht allein sind? Kennen Sie das Erlebnis, daß Sie sich auf der Straße plötzlich selbst entgegenkommen? Gesellte sich zu Ihnen schon einmal eine menschenähnliche Gestalt und peinigte Sie mit bohrenden Fragen, und schlagartig wurde Ihnen bewußt: Das bin ich selbst!?

Jeder Mensch hat einen unbewußten Schattenbereich, der wesenhaft durch sogenannte Doppelgänger geprägt wird. Das sind Wesen, die uns unter Umständen quälen, durchs Leben hetzen oder durch innere Stimmen zum Wahnsinn treiben können. Es sind Teile von uns selbst, die unsere finsteren Abgründe verkörpern, aber es sind auch Wesen, die uns in vielen Bereichen des Lebens unterstützen. Es gibt auch Doppelgänger, die als Idealbild des Menschen, als Zukunftsziel erscheinen.

Dieses Buch gibt einen Einblick in die Schattenseiten des Menschen, seine Abgründe und die verschiedenen Wesen, die mit ihm verbunden sind, und es bietet eine Fülle von Anregungen, den Menschen umfassender zu verstehen. Die Erkenntnis des Schattens und der verschiedenen Doppelgänger eröffnet erst die Möglichkeit eines sinnvollen Umgangs, der Beherrschung ihrer vielfältigen Zerstörungsmacht und ihrer Verwandlung.

FLENSBURGER HEFTE 49

Depression

200 Seiten, 8 farb. Abb., kt.
DM 24,80 ISBN 3-926841-67-2

Dieses Buch gibt Verständnishilfen für die Zeitkrankheit Depression. Es wird dargestellt, wie sich Depressionen äußern und wie groß die Spannweite depressiver Erkrankungen sein kann – von einer leichten Verstimmung, die zwar das Lebensgefühl beeinträchtigt, aber die Betroffenen kaum an der Erfüllung ihrer täglichen Pflichten hindert, bis zu schweren, psychiatrisch relevanten Fällen, die aus eigenem Antrieb so gut wie keine Aktivität mehr entfalten können.

Wege werden aufgezeigt, wie die Entstehung einer Depression erklärt und wie betroffenen Menschen geholfen werden kann. Ärzte, Psychologen, Psychotherapeuten und Psychiater vermitteln jeweils ihre Sicht des Phänomens Depression. Dabei wird deutlich, daß Depressive häufig in einen Teufelskreis geraten sind, aus dem sie sich selbst kaum befreien können, wenn sie nicht jemanden finden, der sie in ihrem Kummer und Schmerz ernst nimmt.

Mit Beiträgen u.a. von:

Prof. Dr. Dr. Klaus Dörner, Leiter des Landeskrankenhauses Gütersloh und Lehrstuhlinhaber für Psychiatrie an der Universität Witten-Herdecke; Dr. Martin Hautzinger, Prof. für Klinische Psychologie; Dr. med. Olaf Koob, prakt. Arzt; Markus Treichler, leit. Arzt der Abt. für Psychosomatische Medizin an der Filderklinik bei Stuttgart.

FLENSBURGER HEFTE 48

Angst

188 Seiten, 16 farb. Abb., kt.
DM 24,80 ISBN 3-926841-66-4

Viel zu oft leugnen wir die Angst in unserem Leben und versuchen, vor ihr davonzulaufen. Dabei ist Angst ein alltägliches und allgegenwärtiges Phänomen. Sie setzt uns z.B. die Grenzen, innerhalb derer wir uns gefahrlos bewegen können. Wer nicht weiß, was Angst ist und welche Rolle sie in seinem Leben spielt, wird auf die Dauer nur schwerlich zurechtkommen. Es gilt, die eigene Angst und auch die Angst anderer zu akzeptieren, sie zu verstehen und zu lernen, mit ihr umzugehen.

Mit diesem Band wollen wir dazu anregen, sich mit der Angst im eigenen Leben und im Leben anderer auseinanderzusetzen. Wir möchten von Angst gepeinigten Menschen Mut machen, standzuhalten und den Ursachen ihrer Angst auf den Grund zu gehen, auch mit Hilfe anderer.

Mit Beiträgen u.a. von:

Dr. Willi Butollo, Prof. für Klinische Psychologie; Dr. med. Henning Elsner, Oberarzt am Krankenhaus Lahnhöhe; Dr. Hanna Gekle, Psychoanalytikerin am Sigmund-Freud-Institut Frankfurt a.M.; Dr. med. Hertha Lauer, Leiterin der psychiatrischen Abt., Gemeinschaftskrankenhaus Herdecke; Markus Treichler, leit. Arzt der Abt. für Psychosomatische Medizin an der Filderklinik.

FLENSBURGER HEFTE 47

Übungen zur Selbsterziehung

2. Aufl., 216 Seiten, 16 farb. Abb., kt.
DM 28,– ISBN 3-926841-65-6

Niemand von uns ist vollkommen, und jeder kann sich auf den Weg machen, an sich und seinen eigenen

Unzulänglichkeiten zu arbeiten. Die in diesem Band vorgestellten Übungen zur Selbsterziehung ermöglichen jedem Menschen, sein Leben besser in den Griff zu bekommen und alltägliche Schwächen – wie z.B. Vergeßlichkeit, Konzentrationsschwäche oder Willenlosigkeit – zu erkennen und auf verschiedene Weise praktisch zu beheben bzw. Einseitigkeiten zu mildern.

Wir wollen dazu ermuntern, aus den zahlreichen von Rudolf Steiner gegebenen Übungen eine oder mehrere auszuwählen und einen Übungsweg zu beschreiten.

Der Band widmet sich auch der notwendigen Selbsterkenntnis des Menschen, er enthält persönliche Darstellungen des eigenen Übungsweges sowie Interviews und Artikel, in denen Übungen vorgestellt und genau beschrieben werden. – Mit einem Verzeichnis aller in diesem Buch besprochenen Übungen.

FLENSBURGER HEFTE 45

Hüter der Schwelle

Der Mensch am Abgrund

172 Seiten, kt.
DM 24,80 ISBN 3-926841-61-3

Weltweit steht die Menschheit in Auflösungsprozessen, denen sich niemand mehr entziehen kann. Alles, was einst Bestand hatte, zerbröckelt, zerfällt, löst sich auf. Der Zerfall harmonischer und sicherer Zusammenhänge führt die Menschen zunehmend in eine Schwellensituation, in Bereiche, in denen sie mit geistigen Realitäten konfrontiert werden. Begleitet werden diese Prozesse von einer Konstitutionslockerung des Menschen und einer Tendenz zur Persönlichkeitsspaltung im Seelenleben. Will man in diesen Wogen nicht untergehen, bedarf es einer klaren spirituellen Begrifflichkeit und Seelenschulung.

FLENSBURGER HEFTE 44

Scheidung – warum?

Partnerschaftsprobleme und ihre Bewältigung

2. Aufl., 228 Seiten, 11 farb. Abb., kt.
DM 28,– ISBN 3-926841-59-1

„Die meisten Partnerprobleme haben weniger mit den Eigenarten der Menschen zu tun, als vielmehr mit den inneren Gesetzmäßigkeiten des Zusammenlebens und Zusammenwachsens.“ (Michael Cöllen)

Die Scheidungsquote steigt beständig, immer mehr Partnerschaften gehen zu Bruch. Sind Trennung und Scheidung oder die Resignation in der Beziehung unvermeidbar? Das vorliegende Buch macht deutlich daß die Entzweiung in der Partnerschaft unaufhaltsam ist, wenn die Partner sich nicht aktiv um den Erhalt der Beziehung bemühen. Es wird gezeigt, wie es zur Entfremdung der Partner kommt, welche verhängnisvollen Automatismen ablaufen und wie man ihnen entgegenwirken kann.

Die Gesetzmäßigkeiten in der Entwicklung von Partnerschaft und Ehe die typischen Probleme und Konflikte sowie die Gründe, die zur Trennung führen, werden unter dem Blickwinkel der Scheidungsvermeidung dargestellt. Darüber hinaus werden aber auch Wege aufgezeigt wie eine Scheidung, die Scheidungsfolgen und die Konsequenzen für die Kinder verträglich bewältigt werden können.

FLENSBURGER HEFTE 38

Konfliktbewältigung

224 Seiten, 10 farb. Abb., kt.
DM 24,80 ISBN 3-926841-50-

Eine Eigenschaft des Menschen ist seine Konflikthaftigkeit. Kaum ei Bereich des menschlichen Lebens in dem Einigkeit und Frieden herr schen würde: Ob in der Partnerschaft, der Familie, der Ausbildung oder im Beruf – überall kommt es immer wieder zu Auseinandersetzungen. Und immer wieder führt das Unvermögen der Menschen, mit Konflikten konstruktiv umzugehen, zum Entgleisen der Situation, zur Eskalation mit all den unangenehmen Folgen, die damit verbunden sind: Freundschaften, Ehen und Familien zerbrechen, Menschen gehen sich aus dem Weg und sprechen nicht mehr miteinander. Den Erscheinungsformen von Konflikten, ihren Wirkungen im Sozialen und den Wegen der Konfliktdiagnose und -lösung versuchen wir mit diesem Band auf die Spur zu kommen.

Mit Beiträgen u.a. von:

Dr. Friedrich Glasl, Konfliktberater; Stefan Leber, Dozent am Seminar für Waldorfpädagogik; Dr. Manfred Leist, Justitiar des Bundes der Freien Waldorfschulen; Wolfgang Schlüter, Möbelfabrikant; Prof. Dr. Friedemann Schulz von Thun, Prof. für Psychologie an der Universität Hamburg; Prof. Dr. Dr. Helm Stierlin, Psychoanalytiker, Familientherapeut.

FLENSBURGER HEFTE 26

Michael

Januskopf Bundesrepublik

184 Seiten, 8 farb. Abb., kt.
DM 16,80 ISBN 3-926841-22-2

Herbsteszeit ist Michaelszeit. Jedes Jahr steht man erneut vor der Frage, was es mit der Michaelszeit auf sich hat, wer der Erzengel Michael ist, wie man sich ihm nähern und wie man wohl ein Michaelsfest feiern kann. Die Michaelszeit ist keineswegs nur eine Festeszeit für Kinder im Waldorfkindergarten und in der Waldorfschule, sondern auch eine Herausforderung für jeden Erwachsenen. Die Michaelszeit ist schwer zu greifen, da ihre Bedeutung u.a. gedacht und verstanden werden muß, z.B. in bezug auf die Auseinandersetzung mit den Kräften des Bösen, das Erringen einer neuen Spiritualität und den Kampf um eine zusammenhängende Geisteswissenschaft.

Nationalismus und Rassismus sind die Schattenwürfe bzw. Gegenbilder des Michaelwirkens, mit denen sich dieser Band auch auseinandersetzt. So ist das Buch nicht nur wegen seiner umfassenden Annäherung an das Wesen Michaels, den Geist der Freiheit, hochaktuell, sondern auch wegen der weltweit zunehmenden fremdenfeindlichen und rassistischen Tendenzen, die derzeit auch in Deutschland stärker werden.

SONDERHEFT 12

Schwarze und weiße Magie

Von Satan zu Christus

184 Seiten, kt.
DM 24,80 ISBN 3-926841-55-9

Die Fülle von Veröffentlichungen in den letzten Jahren zur Magie, vor allem zur schwarzen Magie, trägt keineswegs nur zur Erhellung dessen bei, was man wissen muß, wenn man sich mit Magie beschäftigen will oder gar mit ihr experimentiert. Sie stiftet eher Verwirrung. Die meist darin enthaltenen Teilwahrheiten führen auf falsche Fährten, über ungesichertes Terrain, oftmals sogar völlig in die Irre.

Längst ist der Markt mit Literatur über Spiritismus und Magie gesättigt, wenn nicht gar überfrachtet. Vor allem in den Publikationen über schwarzmagische Praktiken läßt die Qualität allerdings oft zu wünschen übrig. Eine lückenlose Darstellung der Äußerungen Steiners zum weitem Bereich der Magie liegt bisher ebenfalls nicht vor. Mit diesem Buch möchten wir die Lücke etwas schließen.

Von Satan zu Christus
Ulla von Bernus, ehemalige Satanspriesterin, ging 44 Jahre den schwarzen Weg, nun hat sie die Seiten gewechselt. Sie schildert im Interview ihre persönlichen Erlebnisse, die sie dazu veranlaßt haben, nicht mehr Satan, sondern Christus als ihren Gott anzuerkennen. Auch bekennt sie einige Irrtümer, die sie der schwarzen Seite geglaubt und auch öffentlich verbreitet hat.

Schwarze und weiße Magie
Wolfgang Weirauch gibt im Hauptteil des Buches einen Einblick in schwarzmagische Praktiken heutiger Zeit und erläutert ausführlich die anthroposophischen Erkenntnisgrundlagen zur schwarzen und weißen Magie.

FLENSBURGER HEFTE 53

Gedächtnis und Erinnerung

184 Seiten, kt.
DM 26,00 ISBN 3-926841-74-5

Das menschliche Gedächtnis ist eines der großen Rätsel der Naturwissenschaft. Zwar sind inzwischen zahlreiche Zusammenhänge zwischen Gehirnleistungen und Gedächtnisprozessen bekannt, aber die Frage, wie aus Gehirnprozessen z.B. bewußte Erinnerungen werden, ist bis heute nicht einmal im Ansatz geklärt. In diesem Buch geben wir einen Einblick in den aktuellen Stand der naturwissenschaftlichen Gedächtnisforschung und zeigen auf, welche Anstöße von einer anthroposophischen Weltsicht für das Verständnis des Gedächtnisses und der Erinnerung ausgehen können.

Weitere Themen: Die Anwendung psychometrischer Testverfahren zur Erkennung von Gedächtnis-, Hirnleistungsstörungen und Demenz – z.B. Alzheimer –, die Arbeit einer Memory Clinic und Therapiefragen. – Ein spannender Übungsteil bietet die Möglichkeit, die Gedächtnisleistung zu prüfen, und stellt Methoden zur Steigerung der Merkfähigkeit vor.

Beiträge

Zwischen Furchen und Windungen
Interview mit Dr. Hans J. Markowitsch, Prof. für Physiologische Psychologie

Bilder im Innern
Interview mit Dr. Ernst-Michael Kranich, Dozent für Waldorfpädagogik

Lebendige Formen schaffen. Geistig-seelische Aspekte der Erinnerung
Artikel von Klaus-Dieter Neumann, Red. FH

Wann? Was? Wer? Wie? Wo? Gedächtnisübungen und -tests
Artikel von Wolfgang Weirauch, Red. FH

Memory Clinic
Interview mit Hartmut Fahnenstich, Memory Clinic Essen

Geistig fit bis ins hohe Alter!
Interview mit Brita Rentsch, Geromed GmbH

Altersdemenz – Leben im Vergessen. Bericht aus einem Modellversuch in Hamburg
Artikel von Hardy Tasso, freier Autor für Hörfunk und Fernsehen (ARD)

Vorankündigung

FLENSBURGER HEFTE 75

Einsamkeit

Dez. 2001, ca. 200 Seiten, kt.
DM 28,– ISBN 3-935679-04-

Das nächste Abo-Heft erscheint im Dezember 2001 zum Thema „Einsamkeit“ (Arbeitstitel).